语文课堂：一花一世界

YUWEN KETANG

YI HUA YI SHIJIE

王鹏伟 著

语文出版社
·北京·

图书在版编目（CIP）数据

语文课堂 : 一花一世界 / 王鹏伟著. — 北京 : 语文出版社, 2018.4
ISBN 978-7-5187-0548-1

Ⅰ. ①语… Ⅱ. ①王… Ⅲ. ①中学语文课—课堂教学—教学研究 Ⅳ. ①G633.302

中国版本图书馆CIP数据核字(2017)第280394号

责任编辑 付 佳
装帧设计 张家智 徐晓森
出　　版 语文出版社
地　　址 北京市东城区朝阳门内南小街51号 100010
电子信箱 ywcbsywp@163.com
排　　版 北京科教创新书刊社有限公司
印刷装订 北京市科星印刷有限责任公司
发　　行 语文出版社 新华书店经销
规　　格 787mm×1092mm
开　　本 1/16
印　　张 23
字　　数 287千字
版　　次 2018年4月第1版
印　　次 2018年4月第1次印刷
印　　数 1-1,500
定　　价 48.00元

010-65253954(咨询) 010-65251033(购书) 010-65250075(印装质量)

自序

一花一世界

顾名思义，这是一本观察语文课堂的书。

先说书的来历。我多年应专业期刊约稿，点评教学设计和教学实录；又连续多年担任“中语杯”“圣陶杯”等课堂教学观摩课评委会主任，既然担任了这个角色，就要做综述。这本书就是这么来的。

再说为什么要出这样一本书。“敝帚自珍”之类的谦辞还真用不得，因为这里面含有青年教师的教学案例。这些青年教师或许不是名师，却有成为名师的潜质。有的当初不是名师，如今已有名气；有的正在“成名”的路上。这些案例价值何在？它留下了当时青年教师成长的足迹，可资借鉴，这是小而言之。大而言之，将来真要研究当今的教学现状，与一般的著述相比，教学案例有其独特价值，因为它保留了直观的“真实”。

下面说说怎么起了这样一个名字——“一花一世界”。

在整理书稿时，我的一个直觉就是：“一花一世界。”

每一朵花都是大自然孕育的菁华。它享受阳光，吸吮雨露，呼吸空气，栉风沐雨，绽放芳华。清晨时分，当你驻足一朵鲜花之前，心中会泛起一丝涟漪，感受到昨夜的微风、晨曦中的朝露。观摩青年教师的课常常给人这样的感受。那些有幸在大庭广众面前讲观摩课的青年教师，把自己的成长过程、学识修养、创造才华，凝结为一节课，努力把最好的姿态呈现在讲台上。我们从中可以窥见他们内在的世界，进而窥见语文的世界。

每一朵花都是不同的，有独特的色彩、光泽、形态；有独特的风韵，或绰约或飘逸；有独特的气质，或朴素或华丽；有自己的花期，或含苞或吐蕊或绽放。从一朵花中，你可以嗅出那块地域泥土的气息，感受到那个季节的物候，甚至会想象到风中飘落的那颗种子，原本就和别的种子不一样。从一堂课中，你会欣赏到独辟蹊径的教学设计、耳目一新的课程资源、气场迥异的教学氛围、神采各异的话语方式。总之，你会感受到教师的个性风格，甚至会察觉到他所来自的那个地区的文化印记。你会欣赏那个与众不同的教师。其实，这也正是那些青年教师的追求。

一个是有花的世界，一个是无花的世界，世界因花而不同——这是花的价值；一个是有我的世界，一个是无我的世界，世界因我而不同——这是“我”的价值。土豪客厅，挂幅牡丹，大红大绿，浓墨重彩，寄寓荣华富贵；文人案头，供株兰花，引为知己，以之自况，标榜超脱尘世。其实，都是世俗见识。对于大自然来说，花无贵无贱，每一种花都是不可替代的。在东北的林海雪原中，每当冰雪消融的季节，就有一种草本的金黄色小花，顶破冰凌，傲雪绽放。待冰雪融化之后，它的花期就结束了。它的名字叫“冰凌花”。稍晚的花期属于木本的金达莱（朝鲜语，高山杜鹃），分布雪山阳坡，一簇簇粉红，迎风招展。寒霜降临，百花凋零，硕大瑰丽的大丽菊担当起花期的守望者，而生命力最强，花期最长的，当属扫帚梅。扫帚梅有个好听的学名——“波斯菊”，它的种子具有自播能力，常常被播撒在公路边上，5 ~ 6 月开花，直到霜降，色彩缤纷，随风摇曳，紧傍公路，像一条彩色飘带延伸到天边。它像蒿草一样保护了路基，又消解了司机的视觉疲劳。从花的世界中，可以得到课堂教学的一些启示：你应该借鉴别人，却无须模仿，不必设立偶像，尤其不要模仿偶像的举手投足。你不是为了模仿别人才来到这个世界，没有必要长成别人的样子，即使那个人头顶名师或名家的光环。教育是一种职业，也是一种艺术，需要创造。不必羡慕别人的花期，你有自己成长的土壤和季节。你的学养，你的阅历，你的付出，使你成为自己。弱小的冰凌花成为春天的信使，是因为它的脚下是冰雪。

从一朵花窥见整个世界，从一片叶子感知一株菩提：以小观大，见微知著。其实“花”和“叶”的启示远不止这些。

“一花一世界，一叶一菩提”源于佛典。据《梵网经》记载：卢舍那佛坐千叶大莲花中，化出千尊释迦佛，各居千叶世界中，其中每一叶世界的释迦佛，又化出百亿释迦佛，坐菩提树。又《华严经》载：“佛土生五色茎，一花一世界，一叶一如来。”“一叶一菩提”与“一叶一如来”语义相通。何谓“菩提”，何谓“如来”？“菩提”为梵语，意为觉悟、智慧，指如梦初醒，大彻大悟。“如来”是佛的德号之一，“无所从来，亦无所去，故名如来”。“一花一世界，一叶一如来”说的是一真法界，万法自如，时时得道，处处成佛。

以佛学智慧观照教学和教师成长会别有一种见识。方法固然重要，但方法是探究真理的门径而不是真理本身。不要把某种教学法奉为圭臬，最终还是要在学识和思考上下功夫。急功近利使不得，否则，上轿现扎耳朵眼儿，临阵磨枪，手忙脚乱，捉襟见肘。“纸上得来终觉浅，绝知此事要躬行。”读书、实践都要思考，探究真谛，否则何以修炼悟性？读书，实践，思考，融会贯通，得心应手；诸法无相，万法自如。如此，逐渐接近教学的“真如”境界。正所谓“一花一世界，一叶一如来”。

王鹏伟

2017 年 7 月 12 日于深圳

目录

MULU

自序

设计研讨

目录

MULU

实录观察

目录

MULU

目录

MULU

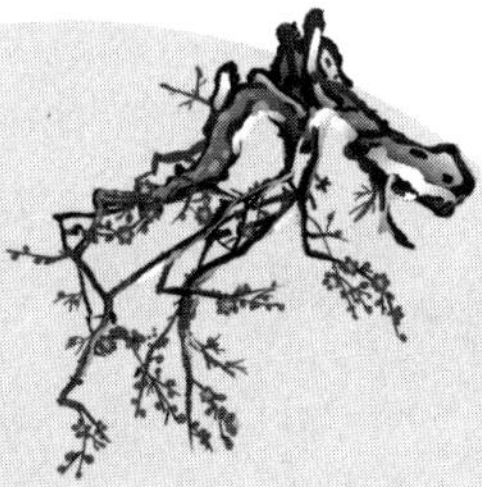

设计研讨

简约与缜密[①]

——沈艳春《与朱元思书》教学设计研讨

新课程实施以来，教学设计追求新意无可厚非，但教学设计繁杂的倾向日趋明显，有必要借助简约主义加以矫正。“简约”不等于“简单”，高品质的材料和缜密的结构设计是不可或缺的要素。教学内容的取舍是第一位的，这是由语文教材特点决定的。一篇课文，麻雀虽小，五脏俱全。面面俱到，浮光掠影；学有所得，取舍之间。教学结构犹如房屋框架，结构松散，砖瓦一堆。教学效率和效果取决于内容取舍和结构设计。

下面沈艳春老师《与朱元思书》教学设计给我们的启示正在于此。

☆教学设计☆

【教学目标】

1. 积累文言词汇，反复诵读，培养文言语感。
2. 体会文章的“结构之美、语言之美、意境之美、志趣之美”。
3. 体会作者高洁的志趣和追求自由的情怀。

【教学重点】

以诵读、自主合作探究的方式完成“积累—感悟—运用”的学习过程。

① 原载：中学语文教学，2014，（1）.

【教学难点】

理解“鸢飞戾天者，望峰息心；经纶世务者，窥谷忘反”等语句，体会“寓情于景”的写法。

【教学过程】

一、情境诱学，感受情趣之美

课前，老师布置学生们查找有关富春江的资料；课上，让学生诵读历代文人赞美富春江的名句。例如：

天下佳山水，古今推富春。（元·吴桓赞）

钱塘江尽到桐庐，水碧山青画不如。（唐·韦庄）

三吴行尽千山水，犹道桐庐景情美。（宋·苏轼）

一折青山一扇屏，一湾碧水一条琴。无声诗与有声画，须在桐庐江上寻。（清·刘嗣绾）

可见，富春江早已为世人所熟知。

古人云：“仁者乐山，智者乐水。”魏晋南北朝时期，政治黑暗，社会动乱，不少知识分子寄情山水，以此排解心中的苦闷。本文是吴均写给朋友朱元思的一封信，叙述了作者乘船自富阳至桐庐途中之所见，抒写了富春江山水之美，也抒发了作者对世俗官场和追求利禄之徒的蔑视之情，含蓄地流露出爱慕美好的大自然、避世退隐的高洁志趣。

二、初步感知，体会语言之美

1. 初读课文，疏通字音字义

（1）读准下列读音。

缥（piǎo） 湍（tuān） 夹（jiā） 轩（xuān） 邈（miǎo） 泠泠（líng） 嘤嘤（yīng） 鸢（yuān） 戾（lì） 窥（kuī） 柯（kē） 见（xiàn 通“现”）。

（2）解释下列词语。

“许”“急湍”“穷”“净”“经纶”“东西”“奔”“轩邈”……

（3）把握朗读节奏。

风烟 / 俱净，天山 / 共色。从流 / 飘荡，任意 / 东西。自 / 富阳至桐庐 / 一百许里，奇山 / 异水，天下 / 独绝。

水 / 皆缥碧，千丈 / 见底。游鱼 / 细石，直视 / 无碍。急湍 / 甚箭，猛浪 / 若奔。

夹岸 / 高山，皆生 / 寒树。负势 / 竞上，互相 / 轩邈，争高 / 直指，千百 / 成峰。泉水 / 激石，泠泠 / 作响；好鸟 / 相鸣，嘤嘤 / 成韵。蝉 / 则 / 千转不穷，猿 / 则 / 百叫无绝。鸢飞戾天 / 者，望峰 / 息心；经纶世务 / 者，窥谷 / 忘反。横柯 / 上蔽，在昼 / 犹昏；疏条 / 交映，有时 / 见日。

（4）理解下列修辞句的句意。

急湍甚箭，猛浪若奔——飞腾的急流，比箭更快；汹涌的浪涛，与奔马无异。（比喻、夸张）

负势竞上，互相轩邈——山峦各凭着自己的地势争相向上，枝叶尽力往高远展伸。（拟人）

鸢飞戾天者——那些像老鹰一样极想得到名利的人。（比喻）

2. 再读课文，体会语言特点

在了解文章大意的基础上，再读课文，教师做片段示范朗读，并指导学生读出语气和重音，特别强调要读出层次，同时感受语言韵味之美。

教师明确：本文是骈体。句式整齐——多用四字，间用六字，句式骈偶，平仄错落，音韵和谐。读来朗朗上口，节奏感极强，是六朝骈文的上乘之作。

3. 熟读成诵，感受语言魅力

该文情景兼美，辞章俱佳，能给我们以美的享受、心灵的愉悦。作者具有深厚的语言功底和艺术表现能力。

（1）善于多角度写景，从视觉和听觉方面激发人们的感受。

听觉：“泉水激石，泠泠作响；好鸟相鸣，嘤嘤成韵。蝉则千转不穷，猿则百叫无绝。”泉水泠泠，鸟鸣成韵，蝉声不断，猿啸无绝，组成了一部美妙的大自然交响曲，绘声绘色，使人产生亲临其境之感，令人神往。

视觉：“风烟俱净，天山共色”，作者在“天”这个壮阔背景下描绘出天清气朗、明快秀丽的景色。“从流飘荡，任意东西”，既写出富春江水随山形千回百转的特色，也表现了作者陶醉于大自然美好景色的闲适心情。“负势竞上，互相轩邈，争高直指，千百成峰”，用拟人的手法，把静止的山写活了，赋予它们以生命和动感。

（2）运用了大量对偶句，读来朗朗上口；用词精当，如作者用“箭”“奔”比喻江水的湍急汹涌，用“竞”“争”形容山峰相互依恃、争相向上崛起的形状，用拟人手法把静态的山写活了。

三、深入品读，感受结构之美

学生分段朗读，找出文中所描写的景物，梳理结构。

1. 本文结构上的突出特点是什么？

提示：文章首段以“奇山异水，天下独绝”八字总领全篇，第二、第三两段分承“异水”和“奇山”，凸显“独绝”，结构上纲举目张，脉络分明。

2. 写景顺序和详略上有何特点？

提示：写景先“水”后“山”，由近及远，逐层展开，符合“从流飘荡”的观景习惯，条理清楚。全文详写“山”，略写“水”，动静结合，突出了景物主要特征，详略适宜，轻重有度。

3. 在熟读课文的基础上，让学生填写结构图中的缺省部分，把握文章结构特点。

四、合作探究，品味意境之美

在熟读成诵的基础上，学生再默读课文，深入探究，从审美的角度梳理课文内容。教师可给出探究的角度，适当提出一些探究的问题，可鼓励学生自己提出问题，小组内合作解决；可围绕焦点问题，引导全班学生共同探讨，提出不同见解。

1. 文章是如何抓住“异”和“奇”两字来写水和山的?

提示：从水色、水深、水清、流急、浪大、势猛突出“异水”，从形、声、色角度突出山势之奇、空山天籁之奇、林中有日无光之奇。

2. 你从泉声、鸟声、蝉声、猿声中听到了什么?

提示：听到了欢快的声音，生命的欢歌；感受到了一个热闹、和谐、欢乐、祥和的世界。

3. 本文重在写景，直接抒情写志的语言很少，但中国历代写景文章都讲究情景相生。我们从作者只言片语的议论中，可以看出作者怎样的情感和志趣?

提示：文章表现了作者高雅的志趣、高洁的情怀。“从流飘荡，任意东西”，表现了一种享受自由、无拘无束、无牵无挂的轻松惬意；从对山水的描写中，表现了作者对自然、自由的热爱，对生命力的赞颂；“鸢飞戾天者，望峰息心；经纶世务者，窥谷忘反”，这几句不仅衬托出险峰的魅力，更传达出作者对功名利禄的鄙弃，对官场政务的厌倦。

4. 仔细品味作者的这种兴趣，比较其与“知其不可而为之”的积极入世态度以及“采菊东篱下，悠然见南山”的消极遁世态度有何不同?

提示：这是一种对自然的崇尚，对自由和谐的向往，对欢乐生命的礼赞。它比前者少了份严肃，多了份潇洒；比后者少了份悲观，多了份开朗。因而，它具有一个常人的心态，也就更容易使人接受并感到亲切。

五、拓展助学，比较《答谢中书书》

《答谢中书书》与本课在内容和形式上有许多相似点，请同学们比较本文与《答谢中书书》的异同点。

相同点：①文体相同，都是作者写给友人的书信；②都主要采用了描写的表达方式，突出描写了山水的景色，表现作者对大自然的欣赏和喜爱之情；③侧重写山，写出了山势高峻，其中提到了密林、泉水、猿啼；④描写的景物大体相同，《答谢中书书》主要有山、水、石壁、鱼、树木、猿鸟、夕阳、雾等，《与朱元思书》主要有水、山、鱼、鸟、石、树、蝉、猿等。

不同点：①描写顺序上，《答谢中书书》是按照四季常景和晨昏之景的顺序来写的。《与朱元思书》先写“水”，后写“山”，由近及远，逐层展开，符合“从流飘荡”的观景习惯，条理清楚，侧重动静结合的描写。②结构上，《答谢中书书》先总写山川之景，再具体描绘各种景色，最后抒发感慨（总—分—总）。《与朱元思书》文章首段以“奇山异水，天下独绝”八字总领全篇，第二、第三两段分承“异水”和“奇山”两方面，结构上纲举目张，脉络分明（总—分）。

六、结语

《与朱元思书》，如诗如画。它生动逼真地描绘出富春江沿途的旖旎风光，历来被视为骈文中写景的精品。

课后请根据课文的意境，充分展开联想和想象，把你认为富春江最美的一点，用优美的散文语言描述出来；也可以用画笔或电脑，创作一幅“富春江山水”画。

（设计者系东北师范大学附属中学沈艳春）

☆设计研讨☆

1. 先说教学内容取舍。教学内容犹如建筑材料，受两方面制约：一是从教学目标出发，哪些是必不可少的；二是从文本看，哪些是必须选取的。“麻雀虽小，五脏俱全”，一篇文章包罗万象，值得斟酌。从教学目标看，文言文教学中，古汉语知识积累必不可少，读准字音、理解词义、熟读成诵，并无新意，但不可或缺；从文本本身看，作为山水小品杰作，语言洗练、结构谨严、托物言志是其特色。这个教学设计在内容取舍上值得称道。

新课改以来，阅读教学偏重文本内容解读，而忽视基础知识落实和基本技能掌握，此种倾向至今未能得到纠正。该教学设计在正音、词句解释、课文诵读等环节一丝不苟，表现出回归语文教学传统的迹象。简约的目的，是实用而非装饰，无论是“现代的”还是“传统的”，都要服从实用价值。课堂教学也是这样，首要的是“有用”而不是“好看”。以我之见，这篇课文的基础知识教学还可以强化，否则难以落实。如“缥”“湍”“轩”“邈”“泠”“嘤”“鸢”“戾”“窥”“柯”等字，学生能认未必能写；教师只指导学生认读是不够的，应该听写。这篇课文仅 114 字，仅要求学生“熟读成诵”也是不够的，应该当堂默写下来。写字、背诵（特别是古诗文），朴实无华，简单实用，必不可少。一节课 40 ~ 45 分钟，落实基础知识大约需要 3 ~ 5 分钟就够了，可是很少有老师这样做，把大量的时间耗费在文本分析讨论上。无论写作方法还是思想内容，真的就那么深奥，需要老师花那么大的气力吗？是文本内容太复杂，还是老师讲授得太复杂？从教学实效来看，哪些内容是必不可少的，哪些是可以精简的，值得斟酌。

2. 再说教学结构设计。简约不等于粗略。简约的目的在于剔除烦冗的修饰，以简驭繁，用最经济的手段取得实效。因此，教学结构设计非但不可粗疏，反而要缜密精致，无可挑剔。《与朱元思书》一文是骈文经典，其教学设计可资借鉴。首先，教学设计从历代赞美富春江的佳作名句入手，“一折青山一扇屏，一湾碧水一条琴。无声诗与有声画，须在桐庐江上寻”（清·刘嗣绾），这首诗尤其妥帖，与课文内容契合，异曲同工。其次，初读课文把握节奏，再读课文体会语言特点，进而熟读成诵。再次，分析文章结构时，由《与朱元思书》而拓展至《答谢中书书》，两篇均为骈文小品，堪称双璧，连类而及，不仅拓宽了阅读视野，也拓展了学生自读空间。整体设计结构谨严，环环紧扣。引人瞩目的是，在熟读成诵的基础上，分析文章结构则水到渠成。古代蒙学就采用先背诵、后开讲的做法，此种做法适合短文教学实际，可供参考。最后，对文章结构的分析，紧扣“奇山”“异水”，不枝不蔓；抓住词句，具体而微，可谓纲举目张。

☆改进建议☆

尽管上述教学设计臻于完美，但从简约视角审视，还有值得商榷之处。其一，在第四个环节“合作探究，品味意境之美”中提出，文章如何抓住“奇”“异”二字来写山水？你从泉声、鸟声、蝉声、猿声中听到了什么？……这些都可以在此前的反复诵读中感悟到，不必作为一个独立的教学环节。其二，关于奇山与异水孰详孰略，作者并无用心，无关宏旨，且与教学目标无关，可以略去。其三，关于《与朱元思书》与

《答谢中书书》的比较，相同点显而易见，只讨论不同点就可以了。

☆附录☆

与朱元思书[①]

吴均[②]

风烟俱净，天山共色。从流飘荡，任意东西。自富阳至桐庐[③]一百许里，奇山异水，天下独绝。

水皆缥碧[④]，千丈见底。游鱼细石，直视无碍。急湍甚箭，猛浪若奔[⑤]。

夹岸高山[⑥]，皆生寒树，负势竞上，互相轩邈[⑦]，争高直指，千百成峰。泉水激石，泠泠[⑧]作响；好鸟相鸣，嘤嘤成韵[⑨]。蝉则千转不

① 《义务教育课程标准实验教科书·语文·七年级·下册》，长春出版社，2007 年版。选自《艺文类聚》，中华书局，1982 年版。本文为作者写给朱元思讲述行旅所见的信。朱元思：一作宋元思。书：信函，是古代的一种文体。

② ［吴均（469 — 520）］字叔庠（xiáng），吴兴故鄣（今浙江安吉）人，南朝梁文学家。

③ ［富阳］县名，在富春江下游。桐庐：县名，在富阳的西南。富阳、桐庐均属今浙江省。

④ ［缥（piǎo）碧］原作“漂碧”，据其他版本改为此。青白色。

⑤ ［奔］这里指飞奔的马。

⑥ ［夹岸高山］原作“夹峰高山”，据其他版本改为此。

⑦ ［轩邈］这些高山仿佛争着向高处和远处伸展。轩，高。邈，远。

⑧ ［泠泠（líng líng）］形容水声的清越。

⑨ ［嘤嘤成韵］鸣声嘤嘤，和谐动听。嘤嘤，鸟鸣声。

穷，猿则百叫无绝。鸢飞戾天[1]者，望峰息心；经纶世务者[2]，窥谷忘反[3]。横柯上蔽，在昼犹昏；疏条交映，有时见日。

① ［鸢（yuān）飞戾（lì）天］鸢鸟飞到天上。语出《诗经·大雅·旱麓》。这里比喻那些为名利而竭力攀高的人。鸢，一种形似鹰的猛禽。戾，至。

② ［经纶世务者］办理政务的人。经纶，筹划。

③ ［窥谷忘反］看到（这些幽美的）山谷，（就）流连忘返。反，通“返”。

准确把握主旨①

——王开东《寒风吹彻》教学设计研讨

教学中常出现对文本的不同解读。这存在两种情况：一种是“误读”，有违文本原意；另一种可以视为个性化解读。之所以产生误读，是因为文本采取了含蓄或隐晦的表达方式，文学作品尤其如此。个性化解读并非是对文本的曲解，而是超越文本原意，介入了读者的人生体验和感悟。但作为教学行为，准确把握文本主旨是解读文本的关键。

文本主旨是通过语言表达出来的。捕捉关键语句，联系具体的语境分析其含义，是解读文本主旨的通常做法。这实际上分为两个步骤，一是甄别出哪些语句直接或含蓄地表达了主旨；二是联系语境分析其含义，避免曲解文本原意。

下面结合王开东老师《寒风吹彻》教学设计进行研讨。

☆教学设计☆

【教学目标】

1. 用“鱼骨图”梳理出文章结构，获得一种快速分析文章和构思文章的方法。

2. 用“矛盾法”引导学生对文本发问，把握作品主题，鉴赏作品丰富的意蕴。

【教学重点】

“寒风”和“吹彻”在文章中的丰富内涵。

① 原载：中学语文教学，2012，（2）. 原题：准确把握主旨是解读文本的关键 .

【教学难点】

作者对生命的虚无认识，以及对生命充满悲情的独特审美。

【教学过程】

一、导入文本

他的出现是当代中国文坛的一个奇迹。更为神奇的是，他的出现一改几千年来中国文人相轻的陋习。无数的大作家都赞誉他。李锐认为他“获得了与天地万物的深情独处、对自己内心自由高远的开阔舒展”的体验。林贤治先生说他“活得太久了。才过而立之年，却经历了中国农村几千年的世事沧桑。多少庄稼人，牲畜，田野，小麦和树木，在他的眼中化入化出，生死衰荣”。李陀则说“他能把文字放到清亮透明的小河里淘洗一番，洗得每个字都干干净净。但洗尽铅华的文字里又有一种厚重，捧在手里掂一掂，每个字都重得要脱手”。

而他自己却这样说：“有时候我都觉得自己用了那么漫长的岁月，去经历的那么一点点东西，怎么忍心写出来，写出一句话都觉得心疼。”

他珍惜自己的文字，用生命写作，用审慎的态度和灵魂写作。比如他写《先父》，他说：“我好些年前就想为父亲写一篇东西，一直没写。一直在等待。写作就是这样一场等待。从 30 岁，等到 40 岁，等到 42 岁，那些文字终于到来了。”

他就是 20 世纪最后一位散文家——刘亮程。而我们今天要学习的《寒风吹彻》，就是他等候了 20 多年才姗姗而来的一部伟大作品。

二、梳理文本

对于复杂的文本，有一种很好的梳理办法，叫作“鱼骨图分析法”。

“鱼骨图分析法”是由日本管理大师石川馨先生所发明，又名石川法。它是一种发现问题“根本原因”的分析法。

这种分析法来源于一种假想。问题的特性总是会受到一些因素的影响，当我们找出这些因素，就能按照它们的相互关联整理出一种特性要因图。因其图形状如鱼骨，所以又叫鱼骨图，它是一种透过现象看本质的分析方法。

鱼骨图的鱼头和鱼尾总是有所呼应的，其余的则由鱼骨组成，鱼骨即为特性要因。

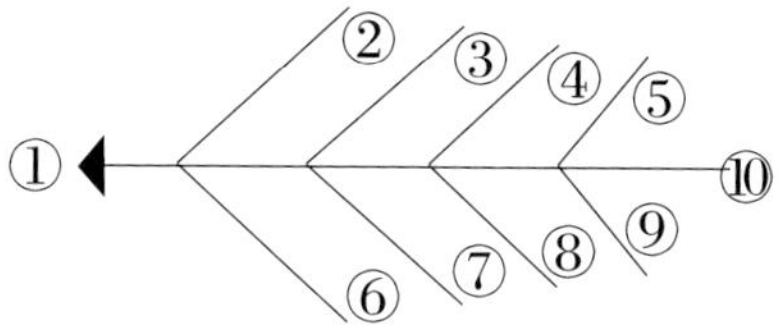

师生合作梳理鱼骨图：

明确：①是鱼头，是文章的重要描写对象，可以看成是“寒风”。根据首尾呼应的结果，⑩则是“吹彻”。整个文章就是写“寒风吹彻”，以及因“寒风吹彻”所产生的生命感悟。

那么，我们就可以发问，寒风吹彻了“谁”？

明确：②③④⑤鱼骨很自然地呼之欲出。寒风吹彻了：②我，③路人，④姑妈，⑤母亲。这就是散文中的形象，也就是作者在第二段中所说的“人和事情”：“许久以后我还记起我在这样的一个雪天，围抱火炉，吃咸菜啃馍馍想着一些人和事情，想得深远而入神。”

寒风吹彻的“彻”，表明程度，即吹得“彻底、彻骨、透彻、无所不至”。这时候，再具体问：寒风吹“彻”得“怎么样”？于是，⑥⑦⑧⑨完全浮出水面。

明确：⑥寒风吹彻了“我”，使得“我”的一块骨头被彻底冻坏；

⑦寒风吹彻了“路人”，使得这个为生计奔波的路人被活活冻死；⑧寒风吹彻了“姑妈”，使得姑妈终于没有等到春天；⑨寒风吹彻了“母亲”，使得母亲双鬓斑白，透心寒冷。

当然，鱼骨图分析法，并非只有唯一的一种。当我们换一个新的视角，那么又会有新的因素互相编织，伟大的作品都具备这样的特质。

三、探究文本

结合文本，探究鱼头——寒风，鱼尾——吹彻有哪些深刻的内涵？

（1）先看鱼头——寒风，找出文章中与寒风有关的词语。

明确：大雪，冷飕飕的，冬天，冰手，寒冷，很冷（冷漠），阴冷，腿冻坏，冰窟窿，浑身是冰，弄冷，结满冰霜，寒气，冻硬，冻僵，寒冷的心境，平淡，透心寒冷……

仅仅这些和寒风有关吗？

明确：火炉，棉袄，热茶，太阳，春天，孝心和温暖，这些词语作为对抗“寒风”的存在物，也与寒风密切相关。

对这些词语进行分类，从不同的侧面揭示寒风的丰富内涵：

①那是我多年前冻坏的一根骨头，我再不能像捡一根牛骨头一样，把它捡回到火炉旁烤热。它永远地冻坏在那段天亮前的雪路上了。

——实指北方自然环境的寒冷恶劣，这是自然的冬天。

②他的烂了几个洞、棉花露在外面的旧棉衣？底磨得快透了一边帮已经脱落的那双鞋？还有他的比多少个冬天加起来还要寒冷的心境？

——虚指人生旅途中的贫困磨难，这是心境的冬天。

③父亲一见就问我：怎么拉了这点柴，不够两天烧的。我没吭声，也没向家里说腿冻坏的事……母亲在那段路上告诉我姑妈去世的事。她说：“你姑妈死掉了。”母亲说得那么平淡，像在说一件跟死亡无

关的事情。

——指因生活的困苦而产生的亲情的冷漠，这是人情的冬天。

④许多年后有一股寒风，从我自以为火热温暖的从未被寒冷浸入的内心深处阵阵袭来时，我才发现穿再厚的棉衣也没用了。生命本身有一个冬天，它已经来临。

——是人面对生老病死的脆弱和无奈，这是生命的冬天。

分析：从自然的冬天寒冷，身体寒冷，再到心理的寒冷，心境的寒冷，是一层递进；再到因自然贫穷寒冷、心境寒冷而产生的亲情淡漠冷漠，是又一层递进；最后，人的生老病死的生命冬天，则是所有人的永恒归宿。

因为对于这些“寒风”，“火炉”不能烤热“我”那一天冻坏的那一块骨头，“热茶”也温暖不了那一个注定要为生计奔波的路人。姑妈的“太阳和春天”终于没有等到，或许姑妈等的并非是自然的“太阳和春天”，就算姑妈等到了“春天”，那又怎么样？下一个冬天姑妈照旧会被寒风吹彻。子女的“孝心和温暖”照样不能融化母亲满头的白雪，母亲注定要一个人面对生命的冬天。

（2）再看鱼尾——吹彻，它的含义也极其丰富。

明确：

①空间上：“但我知道雪在落，漫天地落。落在房顶和柴垛上，落在扫干净的院子里，落在远远近近的路上。”每一个地方都在落雪，每一个角落都被寒风吹遍，我们无法逃避。就像作者“没顾上割回来的一地葵花秆，将在大雪中站一个冬天”，所不同的是，我们要站一辈子。

②时间上：“我才渐渐明白自己再也躲不过雪，无论我蜷缩在屋子里，还是远在冬天的另一个地方，纷纷扬扬的雪，都会落在我正经

历的一段岁月里。”人的一生，每个阶段都将被“寒风吹彻”，作者说他过去被“寒风吹彻”，现在被“寒风吹彻”，预示自己余下的岁月也将被“寒风吹彻”。

③程度上：“腿上的一块骨头却生疼起来，是我从未体验过的一种疼，像一根根针刺在骨头上又狠命往骨髓里钻。”“当他坐在我的火炉旁时，炉火须臾间变得苍白。”“我想他的话肯定全冻硬了。”“他彻底地冻僵了。”寒风吹得人痛彻骨髓，寒风使得炉火变得苍白，寒风冻硬了人的话，寒风冻僵了人。这是从程度上对“吹彻”的具体化。

④广度上：“雪越下越大。天彻底黑透了。我围抱着火炉，烤热漫长一生的一个时刻。我知道这一时刻之外，我其余的岁月，我的亲人们的岁月，远在屋外的大雪中，被寒风吹彻。”从我扩展开去，不仅是我，所有的人将被寒风吹彻。这是人生而为人的一种宿命。

四、追究主旨

阅读是一种对抗，是读者和作家的一种对抗。作者写作是一种冒险，常常要超出读者的意料之中构思写作；而读者阅读则是一种探险，要把作家的意料之外转化为情理之中。因此，阅读要能找出作品中的“反常之处和矛盾之处”。这些矛盾纠缠处，往往是作者的情感聚焦所在，也是文章的主旨所在。

反常一：“冬天，有多少人放下一年的事情，像我一样用自己那只冰手，从头到尾地抚摸自己的一生。”作者只有30岁，怎么可能在冬天用自己的手抚摸自己的一生？

讨论并明确：作品中其实有三个“我”。一是过去的“我”，即十四岁的“我”，还有“每逢第一场雪，都会怀着莫名的兴奋，站在屋檐下观看好一阵，或光着头钻进大雪中，好像有意要让雪知道世上有我这样一个人”的“我”。二是现在30岁的“我”。“我”已经不再注意“雪落在那些年雪落过的地方……”，而更加关注“比落雪更重要的开始降临到生活中的事情”。“我”已经习惯了自然界的冬天，还认识到人生中也有冬天。“我”虽人到中年，可“我”分明感到生命的冬天已经悄然来临，“我”必须要储备好温暖来对付生命的冬天。这就是更重要的事情。三是将来的“我”。将来的冬天看不见，怎么能够抚摸？正如作者在《冯四》中说的那样：“一个人一出世，他的全部未来便明明白白摆在村里。当你十五岁或二十岁的时候，那些三十岁、五十岁、七十岁的人便展示了你的全部未来；而当你八十岁时，那些四十岁、二十岁、十七岁的人们又演绎着你的全部过去。你不可能活出另一种样子——比他们更好或更差劲。”那么，母亲现在的苍老憔悴，姑妈的等不到春天，她们的今天就是“我”的明天。“我”逃也逃不掉，甚至也可能如同那个路人，在将来的生命的旅途中猝然跌倒，再也不能爬起来。就是说，作者早已抚摸并预言未来：“每个人都在自己的生命中，孤独地过冬。我们帮不了谁。”

在一次访谈中，有个女孩子问刘亮程：“读着您的《一个人的村庄》，心里老有个强烈的愿望。如果我是和您同村的一个小女孩，能够和您共同读遍村庄的角角落落，让太阳把我们一起晒老，该多好。不过，那就不是一个人的村庄了。”刘亮程的回答是：“和我同村同龄的好多小女孩，都和我一起被太阳晒老了。村庄还是一个人的。人的孤独是不被拯救的。在我们的内心中，每个人都孤单地活了一生。《一个人的村庄》是一个人为了挣脱孤单而无限敞开的内心。”

反常二：“我”渴望寒冷被别人分担一点：“那种夜晚天再冷也不觉得。因为寒风在吹好几个人，同村的、邻村的、认识和不认识的，好几架牛车在这条夜路上抵挡着寒冷。而这次，一野的寒风吹着我一个人。似乎寒冷把其他一切都收拾掉了。现在全部地对付我。”姑妈渴望春天到来，哪怕她不能分享：“尽管春天来了，她没有一片要抽芽的叶子，没有半瓣要开放的花朵。春天只是来到大地上，来到别人的生命中。但她还是渴望春天，她害怕寒冷。”这两者是否矛盾？

明确：不矛盾，而且非常统一。这是无理而妙。别人无法替“我”分担寒冷，就像别人也无法排除姑妈而独享春天一样。这两个荒诞的想法，尽管无理可说，但都突出了人物彻骨的孤独，所有人都注定一个人面对寒风吹彻的痛苦和无奈。

反常三：刘亮程是一个温暖的作家，为什么要写这种寒冷的文字。他意欲何为？

明确：中国人写诗，写文，都有一个假想的阅读者。有的人是写给朋友看的；有的是写给领导看的；有的是写给后世人看的，比如司马迁的《史记》；还有的是写给自己看的。那么，作者写这篇文章是写给谁看的？是写给自己看的，是自己多年来对生命的体悟。写给自己看，为什么写了四个人呢？

明确：一个是路人，另外两个是姑妈和母亲，即亲人。路人、姑妈、母亲，这个安排很有匠心，既是按照关系的亲疏，又是按照寒风吹彻程度递进：从自然贫穷到亲情淡薄，再到生命的严冬。

其实，在人生的路途之上，我们也只有两种人：一种是亲人，还有一种是路人。但从本质上来说，亲人也是路人。

在生命的冬季到来之时，每个人都孤独地走在路上，至亲的人也无法帮助我们，我们只能独自面对。棉袄再厚，也不能御寒；炉火再旺，也显得苍白；热茶再热，也无法持久；春天来了，照样会走；就算儿孙满堂，子女孝敬，生命该衰老的还是要衰老，该飘零的还是要飘零。自己生命的冬天，还是要自己一个人面对。

这就回到了刘亮程的哲学。每个人都被抛在这个路上，所有的痛苦都需要我们独自承担，因此我们需要积攒温暖，不仅是为了资助他人，也是为了资助自己。须知，比寒冷贫穷更可怕的是人的自私与冷漠，这是比自然之冬、生命之冬更严酷的精神之冬。

五、课堂总结

《寒风吹彻》是一篇极富张力的散文，也是一篇独具审美体验的散文。作者在寒冷的冬天，在光线暗淡的屋内围抱火炉，散漫地回想一些人和事，传递了关于生命的抽象体验。文章反复在双重含义上使用“雪”“冬天”和“寒冷”这些字眼，既是对真实情境的描绘，也蕴含了作者对生命孤独、冷漠、脆弱、绝望的哀鸣。面对这样的困顿与孤独无助，也许我们需要一点温暖，只是，这温暖必须来自我们自己。任何人都走不出生命的冬天，任何人的双脚都将踏踏实实地走向虚无之途，但每个人都可以走出精神的冬天！

（设计者系江苏省张家港市外国语学校王开东）

☆设计研讨☆

这个教学设计，给我留下深刻印象的有以下几点：

1. 整体设计层次清晰。从有关评论导入文本解读，用鱼骨图展示文本结构，透过语言表层探究思想内涵，抓住“反常之处”追究文本主旨。

2. 从标题“寒风吹彻”入手切入文本内容，独辟蹊径。先问寒风吹彻了“谁”？寒风吹彻了：①我；②路人；③姑妈；④母亲。尤其是抓住一个“彻”字提挈文本内容。寒风吹“彻”得“怎么样”？寒风吹彻了“我”，使得“我”的一块骨头被彻底冻坏；寒风吹彻了“路人”，使得这个为生计奔波的路人被活活冻死；寒风吹彻了“姑妈”，使得姑妈终于没有等到春天；寒风吹彻了“母亲”，使得母亲双鬓斑白，透心寒冷。

这种解读方式对于一篇3500字的长文而言，适得其所。有些教师经常苦于文章篇幅长，教学时间不够，这与欠缺教学设计技巧不无关系。

3. 抓住“反常之处”追究文本主旨，提纲挈领。例如“反常一”提出的问题很有探究价值，提挈全文：作者只有30岁，怎么可能在冬天用自己的手抚摸“自己的一生”？那个将来的我是未曾经历的，怎么去抚摸？苍老憔悴的母亲、等不到春天的姑妈、旅途中猝然倒下的路人，不就是“将来的我”吗？对这一句话的追问，直抵作者凄冷的心灵。这正是见常人之所未见（学生有可能“看不见”），也正是教学价值之所在。

对这个问题的探究，援引了作者在《冯四》中说的一段话：“一个人一出世，他的全部未来便明明白白摆在村里。当你十五岁或二十岁的时候，那些三十岁、五十岁、七十岁的人便展示了你的全部未来；而当你八十岁时，那些四十岁、二十岁、十七岁的人们又演绎着你的全部过去。你不可能活出另一种样子——比他们更好或更差劲。”这段话充分印证了教师的解读切合作者的原意。

4. 文本内容解读披文入理。整个解读过程始终依据文本语句，不乏精彩之处。

例如：“人的生老病死的生命冬天，则是所有人的永恒归宿。因为对于这些‘寒风’：‘火炉’不能烤热我那一天冻坏的那一块骨头；‘热茶’也温暖不了那一个注定要为生计奔波的路人；姑妈的‘太阳和春天’终于没有等到……就算姑妈等到了‘春天’，那又怎么样？下一个冬天姑妈照旧会被寒风吹彻；子女的‘孝心和温暖’照样不能融化母亲满头的白雪，母亲注定要一个人面对生命的冬天。”这样的解读近似一种“复述”，却融入了读者的深切感触，把“文本的解读”转化成“解读的文本”。

这个课例的整体设计框架清晰，提出的问题提纲挈领；文本解读抓住关键语句，牵一发而动全身，于细微处见精神。整体解读大刀阔斧，关键之处游刃有余。

☆改进建议☆

这个教学设计也有值得商榷之处，关键在于文本主旨的准确把握。

关于这篇文章的主旨，教师的结论是：“每个人都被抛在这个路上……比寒冷贫穷更可怕的是人的自私与冷漠，这是比自然之冬、生命之冬更严酷的精神之冬。”这一观点在“探究文本”环节已有具体表达：“寒风”的内涵之一是，“因生活的困苦而产生的亲情的冷漠，这是人情的冬天”。其依据是：“父亲一见就问我：怎么拉了这点柴，不够两天烧的。我没吭声，也没向家里说腿冻坏的事。……母亲在那段路上告诉我姑妈去世的事。她说：‘你姑妈死掉了。’母亲说得那么平淡，像在说一件跟死亡无关的事情。”我以为，这与前面的文本分析“人的生老病死的生命冬天，则是所有人的永恒归宿”相抵牾，同时也忽略了下文：“母亲不是一个人在过冬，她有五六个没长大的孩子，她要拉扯着他们度过冬天，不让一个孩子受冷。她和姑妈一样期盼着春天。”既然母亲和姑妈一样盼望着春天，那么，她对姑妈死去的态度，看似冷漠，其实是一种无奈；与其说是对姑妈死去的无奈，莫如说是对自己未来“冬天”的无奈。如果这种理解可以成立的话，那么，这个教学设计接下来对文章线索的分析就失去了根基："从自然的冬天寒冷，身体寒冷，再到心理的寒冷，心境的寒冷，是一层递进；再到因自然贫穷寒冷、心境寒冷而产生的亲情淡漠冷漠，是又一层递进；最后，人的生老病死的生命冬天，则是所有人的永恒归宿。"

我认为，作者意在借自然界的冬天，来说人生的冬天——无情的岁月在啄食人生，人生的悲凉正在于此，并没有表达另外的意思。何以见得？第17段承上启下，作者说："冬天总是一年一年地弄冷一个人，先是一条腿、一块骨头、一副表情、一种心情……而后整个人生。"接下来写了路人、姑妈和母亲的命运。结尾作者说："我围抱着火炉，烤热漫长一生的一个时刻。我知道这一时刻之外，我其余的岁月，我的亲人们的岁月，远在屋外的大雪中，被寒风吹彻。"被寒风吹彻的是所有人的"整个人生"，谁也无法抗拒；冷漠的是"人生"，而不是"人"。

再有，关于"反常二"的探究，教师提出的问题击中要害，答案值得商榷。

姑妈渴望春天到来，哪怕她不能分享："春天只是来到大地上，来到别人的生命中。但她还是渴望春天，她害怕寒冷。"这两者是否矛盾？课文原意是：担心自己活不过冬天的姑妈是因"害怕寒冷"而渴望春天；但"春天只是来到大地上，来到别人的生命中"，即春天来了也不属于姑妈。这是从"生命"的层面来说的，而不是从自然的意义上来说的，即姑妈的生命里没有春天（"姑妈年老多病"）。为什么这样说呢？因为"姑妈死在几年后的一个冬天"，这说明她等来了几个春天，但那是自然的春天，而不是生命的春天。这正是原文的深意所在。而教师的解读是："别人无法替我分担寒冷，就像别人也无法排除姑妈而独享春天一样。这两个荒诞的想法，尽管无理可说，但都突出了人物彻骨的孤独，所有的人都注定一个人面对寒风吹彻的痛苦和无奈。"显然，教师的解读与作品的本意并不一致。问题提到了点子上，解读却超出了文本原意。这种解读并不是“误读”，而是读者与作者的“对话”，从读者的视角读出了超越文本的人生感悟。但作为教学行为的解读，首先要解读作品原意，在此基础上，再提出教师的个性化解读，供学生参考或借鉴，甚至可以作为个性化解读的示范。

总之，准确把握文章主旨是文本解读的关键。

☆附录☆

寒风吹彻[①]

刘亮程[②]

雪落在那些年雪落过的地方，我已经不注意它们了。比落雪更重要的事情开始降临到生活中。三十岁的我，似乎对这个冬天的来临漠不关心，却又好像一直在倾听落雪的声音，期待着又一场雪悄无声息地覆盖村庄和田野。

我静坐在屋子里，火炉上烤着几片馍馍，一小碟咸菜放在炉旁的木凳上，屋里光线暗淡。许久以后我还记起我在这样的一个雪天，围抱火炉，吃咸菜啃馍馍想着一些人和事情，想得深远而入神。柴禾在炉中啪啪地燃烧着，炉火通红，我的手和脸都烤得发烫了，脊背却依旧凉飕飕的。寒风正从我看不见的一道门缝吹进来。冬天又一次来到村里，来到我的家。我把怕冻的东西一一搬进屋子，糊好窗户，挂上

① 《普通高中课程标准实验教科书·语文·选修·现代散文选读》，江苏教育出版社，2007年版。选自散文集《一个人的村庄》，新疆人民出版社，2001年版。

② 刘亮程，生于1963年，新疆沙湾人，现代作家，作品有《风中的院门》《库车》等。

去年冬天的棉门帘，寒风还是进来了。它比我更熟悉墙上的每一道细微裂缝。

就在前一天，我似乎已经预感到大雪来临。我劈好足够烧半个月的柴禾，整齐地码在窗台下；把院子扫得干干净净，无意中像在迎接一位久违的贵宾——把生活中的一些事情扫到一边，腾出干净的一片地方来让雪落下。下午我还走出村子，到田野里转了一圈。我没顾上割回来的一地葵花杆，将在大雪中站一个冬天。每年下雪之前，都会发现有一两件顾不上干完的事而被搁一个冬天。冬天，有多少人放下一年的事情，像我一样用自己那只冰手，从头到尾地抚摸自己的一生。

屋子里更暗了，我看不见雪。但我知道雪在落，漫天地落。落在房顶和柴垛上，落在扫干净的院子里，落在远远近近的路上。我要等雪落定了再出去。我再不像以往，每逢第一场雪，都会怀着莫名的兴奋，站在屋檐下观看好一阵，或光着头钻进大雪中，好像有意要让雪知道世上有我这样一个人，却不知道寒冷早已盯住了自己活蹦乱跳的年轻生命。

经过许多个冬天之后，我才渐渐明白自己再也躲不过雪，无论我蜷缩在屋子里，还是远在冬天的另一个地方，纷纷扬扬的雪，都会落在我正经历的一段岁月里。当一个人的岁月像荒野一样敞开时，他便再无法照管好自己。

就像现在，我紧围着火炉，努力想烤热自己。我的一根骨头，却露在屋外的寒风中，隐隐作痛。那是我多年前冻坏的一根骨头，我再不能像捡一根牛骨头一样，把它捡回到火炉旁烤热。它永远地冻坏在那段天亮前的雪路上了。那个冬天我十四岁，赶着牛车去沙漠里拉柴禾。那时一村人都是靠长在沙漠里的一种叫梭梭的灌木取暖过冬。因为不断砍挖，有柴禾的地方越来越远。往往要用一天半夜时间才能拉回一车柴禾。每次拉柴禾，都是母亲半夜起来做好饭，装好水和馍馍，然后叫醒我。有时父亲也会起来帮我套好车。我对寒冷的认识是从那些夜晚开始的。

牛车一走出村子，寒冷便从四面八方拥围而来，把你从家里带出的那点温暖搜刮得一干二净，让你浑身上下只剩下寒冷。

那个夜晚并不比其他夜晚更冷。

只是这次，是我一个人赶着牛车进沙漠。以往牛车一出村，就会听到远远近近的雪路上其他牛车的走动声，赶车人隐约的吆喝声。只要紧赶一阵路，便会追上一辆或好几辆去拉柴的牛车，一长串，缓行在铅灰色的冬夜里。那种夜晚天再冷也不觉得。因为寒风在吹好几个人，同村的、邻村的、认识和不认识的好几架牛车在这条夜路上抵挡着寒冷。

而这次，一夜的寒风吹着我一个人。似乎寒冷把其他一切都收拾掉了。现在全部地对付我。

我掖着羊皮大衣，一动不动爬在牛车里，不敢大声吆喝牛，免得让更多的寒冷发现我。从那个夜晚我懂得了隐藏温暖——在凛冽的寒风中，身体中那点温暖正一步步退守到一个隐秘的有时连我自己都难以找到的深远处——我把这点隐深的温暖节俭地用于此后多年的爱情和生活。我的亲人们说我是个很冷的人，不是的，我把仅有的温暖全给了你们。

许多年后有一股寒风，从我自以为火热温暖的从未被寒冷浸入的内心深处阵阵袭来时，我才发现穿再厚的棉衣也没用了。生命本身有一个冬天，它已经来临。

天亮后，牛车终于到达有柴禾的地方。我的一条腿却被冻僵了，失去了感觉。我试探着用另一条腿跳下车，拄着一根柴禾棒活动了一阵，又点了一堆火烤了一会儿，勉强可以行走了。腿上的一块骨头却生疼起来，是我从未体验过的一种疼，像一根根针刺在骨头上又狠命往骨髓里钻——这种疼感一直延续到以后所有的冬天以及夏季里阴冷的日子。

太阳落地时，我装着半车柴禾回到家里，父亲一见就问我：怎么拉了这点柴，不够两天烧的。我没吭声。也没向家里说腿冻坏的事。

我想很快会暖和过来。

那个冬天要是稍短些，家里的火炉要是稍旺些，我要是稍把这条腿当回事些，或许我能暖和过来。可是现在不行了。隔着多少个季节，今夜的我，围抱火炉，再也暖不热那个遥远冬天的我；那个在上学路上不慎掉进冰窟窿，浑身是冰往回跑的我；那个跺着冻僵的双脚，捂着耳朵在一扇门外焦急等待的我……我再不能把他们唤回到这个温暖的火炉旁。我准备了许多柴禾，是准备给这个冬天的。我才三十岁，肯定能走过冬天。

但在我周围，肯定有个别人不能像我一样度过冬天。他们被留住了。冬天总是一年一年地弄冷一个人，先是一条腿、一块骨头、一副表情、一种心境……尔后整个人生。

我曾在一个寒冷的早晨，把一个浑身结满冰霜的路人让进屋子，给他倒了一杯热茶。那是个上了年纪的人，身上带着许多个冬天的寒冷，当他坐在我的火炉旁时，炉火须臾间变得苍白。我没有问他的名字，在火炉的另一边，我感觉到迎面逼来的一个老人的透骨寒气。

他一句话不说。我想他的话肯定全冻硬了，得过一阵才能化开。

大约坐了半个时辰，他站起来，朝我点了一下头，开门走了。我以为他暖和过来了。

第二天下午，听人说村西边冻死了一个人。我跑过去，看见这个上了年纪的人躺在路边，半边脸埋在雪中。

我第一次看到一个人被冻死。

我不敢相信他已经死了。他的生命中肯定还深藏着一点温暖，只是我们看不见。一个人最后的微弱挣扎我们看不见，呼唤和呻吟我们听不见。

我们认为他死了。彻底地冻僵了。

他的身上怎么能留住一点点温暖呢？靠什么去留住？他的烂了几个洞、棉花露在外面的旧棉衣？底磨得快透了、一边帮已经脱落的那双鞋？还有他的比多少个冬天加起来还要寒冷的心境……

落在一个人一生中的雪，我们不能全部看见。每个人都在自己的生命中，孤独地过冬。我们帮不了谁。我的一小炉火，对这个贫寒一生的人来说，显然微不足道。他的寒冷太巨大。

我有一个姑妈，住在河那边的村庄里，许多年前的那些个冬天，我们兄弟几个常手牵手走过封冻的玛河去看望她。每次临别前，姑妈总要说一句：天热了让你妈过来喧喧。

姑妈年老多病，她总担心自己过不了冬天。天一冷她便足不出户，偎在一间矮土屋里，抱着火炉，等待春天来临。

一个人老的时候，是那么渴望春天来临。尽管春天来了她没有一片要抽芽的叶子，没有半瓣要开放的花朵。春天只是来到大地上，来到别人的生命中。但她还是渴望春天，她害怕寒冷。

我一直没有忘记姑妈的这句话，也不只一次地把它转告给母亲。母亲只是望望我，又忙着做她的活。母亲不是一个人在过冬，她有五六个没长大的孩子，她要拉扯着他们度过冬天，不让一个孩子受冷。她和姑妈一样期盼着春天。

……天热了，母亲会带着我们，趟过河，到对岸的村子里看望姑妈。姑妈也会走出蜗居一冬的土屋，在院子里晒着暖暖的太阳和我们说说笑笑……多少年过去了，我们一直没有等到这个春天。好像姑妈那句话中的“天”一直没有热。

姑妈死在几年后的一个冬天。我回家过年，记得是大年初四，我陪着母亲沿一条即将解冻的马路往回走。母亲在那段路上告诉我姑妈去世的事。她说：“你姑妈死掉了。”母亲说得那么平淡，像在说一件跟死亡无关的事情。

“咋死的？”我似乎问得更平淡。

母亲没有直接回答我。她只是说：“你大哥和你弟弟过去帮助料理了后事。”此后的好一阵，我们再没说这事，只顾静静地走路。快到家门口时，母亲说了句：天热了。

我抬头看了看母亲，她的身上正冒着热气，或许是走路的缘故，不过天气真的转热了。对母亲来说，这个冬天已经过去了。

“天热了过来喧喧。”我又想起姑妈的这句话。这个春天再不属于姑妈了。她熬过了许多个冬天还是被这个冬天留住了。我想起爷爷奶奶也是分别死在几年前的冬天。母亲还活着。我们在世上的亲人会越来越少。我告诉自己，不管天冷天热，我们都常过来和母亲坐坐。

母亲拉扯大她的七个儿女。她老了。我们长高长大的七个儿女，或许能为母亲挡住一丝的寒冷。每当儿女们回到家里，母亲都会特别高兴，家里也顿时平添热闹的气氛。

但母亲斑白的双鬓分明让我感到她一个人的冬天已经来临，那些雪开始不退、冰霜开始不融化——无论春天来了，还是儿女们的孝心和温暖备至。

随着三十年的人生距离，我感受着母亲独自在冬天的透心寒冷。

我无能为力。

雪越下越大。天彻底黑透了。

我围抱着火炉，烤热漫长一生的一个时刻。我知道这一时刻之外，我其余的岁月，我的亲人们的岁月，远在屋外的大雪中，被寒风吹彻。

析文如解牛①

——吴高扬《听听那冷雨（节选）》教学设计研讨

常见一些青年教师讲教学观摩课时，选择一些构思奇妙、语意丰赡的篇章。这种偏好实在是“自讨苦吃”。为什么呢？有的篇章文理显明，语意明了，便于分析，适合“讲解”；有的文章文理曲折，语意含蓄，适合“品味”。“品味”出来的东西，常常“可意会而不可言传”，交流心得来得方便，如要“讲解”，实属不易。

由此想到庄子的《庖丁解牛》：“因其固然，技经肯綮之未尝……彼节者有间，而刀刃者无厚；以无厚入有间，恢恢乎其于游刃必有余地矣。”“技经肯綮之未尝”强调的是顺乎自然，游刃于骨肉交错之处，尚有空隙，不伤筋骨。文章犹如肌体，组织错综复杂；析文如解牛，要选好入手处，顺势而为。

下面结合吴高扬老师《听听那冷雨（节选）》教学设计进行研讨。

☆教学设计☆

【教学目标】

1. 由“行人的心”，理解文本中“雨”的“中国特质”。
2. 由“瓦的缺失”，体味作者对祖国文化的“忧与爱”。

① 原载：中学语文教学，2014，（7）. 原题：析文如解牛：技经肯綮之未尝.

【教学过程】

一、导入——“行人”与“雨”

说到“听雨”，我就想起小时候误读的一首诗——杜牧的《清明》。让我不明白的是，路上的“行人”，仅仅是因为看到清明的“雨纷纷”就一定会“断魂”吗？（出示“PPT1”）

清明

［唐］杜牧

清明时节雨纷纷，路上行人欲断魂。

借问酒家何处有？牧童遥指杏花村。

后来，我明白误读的是一个关键词——“行人”。“行人”在中国古典诗词中，是指羁旅行役之人，恰恰因为他心中装满了离家漂泊的苦难，所以才会被这清明细雨乘虚而入，断魂断肠。这给我们的一个启示是：雨本无知，境由心生。如果不能很好地理解“行人的心”（板书），也就自然无法理解“别人的雨”。我们今天对“冷雨”的解读，从“行人”开始。

二、“行人”

1.“还原”出那个行人：听雨的人是谁？他有着怎样的经历？他的心境如何？

（1）重点研读文本的第1段、末段。

学生发现：听雨者就是余光中，文章写于1974年，作者时年46岁，与大陆隔绝25年，在大陆有着21年的青春记忆。

（2）不仅关注外部的经历，更要引导学生体验“行人的心”：

二十五年，一切都断了，只有气候，只有气象报告还牵连在一

起……（因空间的隔绝而思念）

一位英雄，经得起多少次雨季……（因时间的流逝而感伤）

不能扑进她怀里，被她的裾边扫一扫，也算是安慰孺慕之情（因“雨自故乡来”而感到慰藉……）

（3）补充余光中的生命历程。（出示“PPT2”）

余光中的生命历程境遇坎坷：祖籍福建，1928 年出生于南京。母亲为江苏武进人，妻子为常州人，故又以江南人自命。抗战时，在四川读中学，感情上亦自觉为蜀人。后入金陵大学、厦门大学、台湾大学，数度赴美，十年留港。30 岁，母亡；36 岁，夭一子。

明确：“以江南人自命”，因此他笔下很多是江南的“雨”；“感情上亦自觉为蜀人”，因此他的“雨”下在了嘉陵江上；“后入金陵大学、厦门大学、台湾大学”，这里经历了社会的变迁；“数度赴美，十年留港”；“30 岁，母亡；36 岁，夭一子”，这是个人生活的变故。文中曾经提及“十年前，他曾在一场摧心折骨的鬼雨中迷失了自己”，就是指作者 36 岁时小儿子夭折这件事。因此这个“行人”不是一个标签式的“游子”，其内心是具体而丰富的：有家国的变迁，有颠沛流离的辛劳，有因地域隔绝带来的“想归归不得”的思念，也有因岁月流逝引发的沧桑与无奈……

2.“我”与“他”的重叠：这篇文章是第一人称还是第三人称叙述的？那个“我”去哪儿了？

教师提示：重点研读“每天回家，曲折穿过金门街到厦门街迷宫式的长巷短巷，雨里风里，走入霏霏令人更想入非非”这个句子。

讨论明确：“走入霏霏令人更想入非非”这个句子很重要。“走入霏霏”的是“他”，“我”则从半路上跳脱出来，驰骋想象，“想入非非”。尽管文本没有出现一个“我”字，但由“我”与“他”把文本切分成了两个时空。（出示“PPT3”）

教师启发：这种叙述视角形成了一种奇妙的效果：“他”和“我”相互观照，如同庄周梦蝶一般，我看见“另一个自己”踽踽独行在雨中。两个时态的雨交织，迷离惝恍——现实的雨是“黑白片”，没有声音；而思想记忆里的雨却是“声色光电”“鲜活鲜美”。这是为什么呢？好，我们来看第二个大问题——“雨纷纷”。

三、“雨纷纷”

1.“行人”想起了哪些雨？

师生归纳（出示“PPT4”）：

教师启发：不难发现，这些雨，并非一时一地之雨，可以说时空纵横，雨境阔大。从时间上看，从上古仓颉到台北的二十世纪七十年代；从空间上看，从美国到古大陆再到台湾。这些雨的形态各异，要通过多种感官相连——嗅嗅、看看、听听、舔舔，才能体验和感受得到。这些让我们眼花缭乱的“雨”，构成了我们阅读的“遮蔽”。由此我们应该追问：“作者为什么会想起这些雨？”

2.为什么会想起这些雨？（这些雨是否具有某种隐秘的关联，或者具有某种统一的“特质”？）

学生思考讨论，教师可引导学生关注以下语句（出示“PPT5”）：

杏花，春雨，江南。六个方块字，或许那片土就在那里面。

也许地上的地下的生命也许古中国层层叠叠的记忆皆蠢蠢而蠕……

要领略“白云回望合，青霭入看无”的境界，仍须来中国。

雨打在树上和瓦上，韵律都清脆可听。尤其是铿铿敲在屋瓦上，那古老的音乐，属于中国。

明确：这些“雨”都会让作者想起“中国”，就像流沙河在《就是那只蟋蟀》中所说：“中国人有中国人的心态，中国人有中国人的耳朵。”我们中国人的关情处只在——“中国的雨”（板书）。“瓦”连同那些中国所特有的“汉字”“古画”“诗文”一道，共同构成中国传统文化的表征。雨与它们联系在一起，就具有了“国籍”，也就具有了自己的“民族性”。

3. 如果没有了“汉字”，没有“诗文”，没有那种“风景”，尤其是没有了“瓦”，“雨”会失去什么？（重点关注第11段，师生对话讨论。）

生：雨会失去声音。

师：这个事情其实蛮滑稽的，雨难道不一样可以打在水泥屋顶上、玻璃窗上，不一样可以发出声音么？为什么说，没有了瓦，雨就会失去声音？

生：瓦是中国特有的，雨打在瓦上，那种声音可以让作者联想起中国。作者要听的是中国的“声音”，如果没有了瓦，雨便失去了中国特有的文化意蕴。

师：说得真好！如果没有了瓦，雨便失去了中国的情韵。那么，瓦为什么会消失呢？

生：因为台北在飞速地发展，工业时代来临了。

师：文中是怎么讲的？

生：“但不久公寓的时代来临，台北你怎么一下子长高了，瓦的音乐竟成了绝响。千片万片的瓦翩翩，美丽的灰蝴蝶纷纷飞走，飞入历史的记忆。”

师：这里面有一种什么感情？

生：有一种悲伤，有一种痛心。

师：对，工业文明的到来，台北的雨季成了“没有音韵的雨季”，成了“一张黑白的默片”。那种带有中国情韵、传统意趣的东西逐渐消亡了，那些能给“行人”以安慰的、最关情的声音就此终结，我们“行走在消逝中”。（出示“PPT6”）

“当台北一下子长高了”，“古屋不再”，“瓦的音乐成为绝响”，周遭已成“默片”，作者所深深记取的“文化中国”将何处安放？无“乡”可返，“行人”又归于何处？

师生小结：那个“文化的中国”，那个带有中国情韵的“中国”，找不到了。这篇文章“冷”的最主要的意味，不在于外部自然环境的“冷”，不在于单纯的地域意义上的“思乡”；这篇文章的“冷”，就“冷”在这个文化家园的消逝，就“冷”在“前尘隔海”而“古屋不再”。

四、“断魂”

（出示“PPT7”）

当一个出走25年之久的“行人”，走在“现实无声的默片里”，想起“一场又一场中国特质的雨”……

请在第2、5、11段中挑选一段，读出它的“情味”，谈谈自己的理解。

（学生自由朗读，教师点拨，约10分钟。）

师生交流：第2段：热爱、骄傲、坚定、眷念……（主基调：饱含自己对祖国文化的热爱。）

第5段：伤感、沧桑、悲凉、凄迷……（主基调：融入了个人身世经历的沧桑。）

第11段：失落、忧虑、沉痛、怨艾……（主基调：弥散着对传统文化意趣消逝的忧思。）

（板书：爱、悲、忧）

五、“听听那冷雨”

教师总结：一个内蕴深厚的文本我们用一节课是无法读尽、读完的。我用这样的三个词去概括它的情味，显然也是很肤浅的。就在前两天备课过程中，我还有了这样的发现（出示“PPT8”）：

现实是一张默片，可作者偏要你去“听听”——恰恰是“听”，才能凸显其“缺失”，才能凸显其“冷”，才能引发我们当下的思考。

“杏花春雨已不再，牧童遥指已不再，剑门细雨渭城轻尘也都已不再。然而他日思夜梦的那片土地，究竟在哪里呢？”

那个行人或许至今还在雨中踟蹰，可能是你，也可能是我，请问：中国人的“中国”到底在哪里？

（设计者系江苏省扬州中学吴高扬）

☆设计研讨☆

这篇散文意境开阔，思绪飞扬，驰骋想象，纵横捭阖。从文字“雨”的字形、水墨画意，到黑白默片；从台湾到大陆，从大陆到台湾；由实而虚，由虚而实；用语古雅，意象迭出。读起来心绪跌宕，忧思绵长，可要理出个头绪并非易事。

设计者借助杜牧的《清明》一诗来解构作品，这是个巧慧的联想。通常人们对这首诗有误解，把行人断魂与清明扫墓联系在一起，以今释古。岂不知古代习俗是借祭扫而郊游踏青，“断魂”二字与缅怀逝者并无干系。此处的“断魂”与马致远《天净沙·秋思》“断肠人在天涯”类同，说的是他乡之客，羁旅愁思。设计者抓住“行人”在中国古典诗词中的羁旅意象，以及“雨”的意境，来破解作者的故国之思。即设计者所谓：“境由心生。”

这样一来教学思路就豁然开朗了："行人"（作者）的阅历—"雨"的特质（中国"雨"的隐秘联系）—"断魂"的故国之思。

通常情况下，授课者总是要设计一段辞采华丽的导语，意在引入情境；而这段导语（关于《清明》的误读）别出心裁，是解读作品的钥匙。通常情况下，授课伊始要介绍作家作品，但其对解读作品作用不大；而这个教学设计中对作家的介绍却是解读作品的依据。作者并没有把精力放在分析作品对雨的渲染上，而是领悟雨的"中国"特质，由"瓦的缺失"体味作者对祖国文化的"忧与爱"，显示出"技经肯綮之未尝"的功力，"所好者道也，进乎技矣"。

应该注意的是，作者所眷恋的"故国"就是远在大陆的"故乡"吗？或者说，作品中的"大陆"就是今天的大陆吗？正是基于对"雨"的特质的诠释，教学设计对文本的解读切中肯綮，即"残瓦"的缺失：

那个"文化的中国"，那个带有中国情韵的"中国"已经找不到了。"冷"的最主要意味，不在于外部自然环境的"冷"，而是"冷"在这个文化家园的消逝，"前尘隔海"而"古屋不再"。

简言之，作者眷恋的并不是今天的故乡，而是"青苔"上的深深记忆，残存在他的"舌底，心底"。

☆改进建议☆

从文本语言理解看，这个教学设计紧扣冷雨与故国的隐秘关系进行解读，汉字、国画、诗文、瓦屋的绝响、秋虫的绝唱……引导学生抓住具体语句去体味文章旨趣。如果要做点儿补充的话，我想应该留意到"现在只剩下一张黑白片，黑白的默片"这一句，作者为什么要重复着说？"黑白片"说的是故乡影像已成历史遗痕，"黑白的默片"

道尽了乡愁无言的隐痛。

这个教学设计有一个重要环节：“‘走入霏霏令人更想入非非’这个句子很重要。‘走入霏霏’的是‘他’，‘我’则从半路上跳脱出来，驰骋想象，‘想入非非’。尽管文本没有出现一个‘我’字，但由‘我’与‘他’把文本切分成了两个时空。”一个很简单的事情，何必“绕”着说呢？文中的“他”不过是个泛指，那个“他”不就是“我”吗？现实与想象，历史与今天，台北的厦门街与大陆故乡，本来就是两个时空，何谈切分？不过是惯常的联想和想象而已。摘录刘勰的《文心雕龙·神思》中的一段话以供参考：

古人云：“形在江海之上，心存魏阙之下。”神思之谓也。文之思也，其神远矣。故寂然凝虑，思接千载；悄焉动容，视通万里；吟咏之间，吐纳珠玉之声；眉睫之前，卷舒风云之色；其思理之致乎！

☆附录☆

听听那冷雨（节选）①

余光中

惊蛰一过，春寒加剧。先是料料峭峭，继而雨季开始，时而淋淋漓漓，时而淅淅沥沥，天潮潮地湿湿，即连在梦里，也似乎有把伞撑着。而就凭一把伞，躲过一阵潇潇的冷雨，也躲不过整个雨季。连思想也都是潮润润的。每天回家，曲折穿过金门街到厦门街迷宫式的长巷短

① 《普通高中课程标准实验教科书·语文·必修二》，江苏教育出版社，2008年版。选自《余光中集》第三卷，百花文艺出版社，2004年版。

巷，雨里风里，走入霏霏令人更想入非非。想这样子的台北凄凄切切完全是黑白片的味道，想整个中国整部中国的历史无非是一张黑白片子，片头到片尾，一直是这样下着雨的。这种感觉，不知道是不是从安东尼奥尼那里来的。不过那一块土地是久违了，二十五年，四分之一的世纪，即使有雨，也隔着千山万山，千伞万伞。二十五年，一切都断了，只有气候，只有气象报告还牵连在一起，大寒流从那块土地上弥天卷来，这种酷冷吾与古大陆分担。不能扑进她怀里，被她的裙边扫一扫也算是安慰孺慕之情吧。……

杏花，春雨，江南。六个方块字，或许那片土就在那里面。而无论赤县也好神州也好中国也好，变来变去，只要仓颉的灵感不灭，美丽的中文不老，那形象那磁石一般的向心力当必然长在。因为一个方块字是一个天地。太初有字，于是汉族的心灵他祖先的回忆和希望便有了寄托。譬如凭空写一个“雨”字，点点滴滴，滂滂沱沱，淅淅沥沥，一切云情雨意，就宛然其中了。视觉上的这种美感，岂是什么 rain 也好 pluie 也好所能满足？翻开一部《辞源》或《辞海》，金木水火土，各成世界，而一入“雨”部，古神州的天颜千变万化，便悉在望中，美丽的霜雪云霞，骇人的雷电霹雹，展露的无非是神的好脾气与坏脾气，气象台百读不厌门外汉百思不解的百科全书。

听听，那冷雨。看看，那冷雨。嗅嗅闻闻，那冷雨，舔舔吧，那冷雨。雨在他的伞上这城市百万人的伞上雨衣上屋上天线上，雨下在基隆港在防波堤海峡的船上，清明这季雨。雨是女性，应该最富于感性。雨气空而迷幻，细细嗅嗅，清清爽爽新新，有一点点薄荷的香味，浓的时候，竟发出草和树林之后特有的淡淡土腥气，也许那竟是蚯蚓的蜗牛的腥气吧，毕竟是惊蛰了啊。也许地上的地下的生命也许古中国层层叠叠的记忆皆蠢蠢而蠕，也许是植物的潜意识和梦吧，那腥气。

第三次去美国，在高高的丹佛他山居住了两年。中国诗词里“荡胸生层云”或是“商略黄昏雨”的意趣，是落基山上难睹的景象。要领略“白云回望合，青霭入看无”的境界，仍须来中国。台湾湿度很高，最饶云气氤氲雨意迷离的情调。两度夜宿溪头，树香沁鼻，宵寒袭肘，枕着润碧湿翠苍苍交叠的山影和万缀都歇的俱寂，仙人一样睡去。山中一夜饱雨，次晨醒来，在旭日未升的原始幽静中，冲着隔夜的寒气，踏着满地的断柯折枝和仍在流泻的细股雨水，一径探入森林的秘密，曲曲弯弯，步上山去。溪头的山，树密雾浓，蓊郁的水气从谷底冉冉升起，时稠时稀，蒸腾多姿，幻化无定，只能从雾破云开的空处，窥见乍现即隐的一峰半堑，要纵览全貌，几乎是不可能的。至少上山两次，只能在白茫茫里和溪头诸峰玩捉迷藏的游戏。回到台北，世人问起，除了笑而不答心自闲，故作神秘之外，实际的印象，也无非山在虚无之间罢了。云缭烟绕，山隐水迢的中国风景，由来予人宋画的韵味。那天下也许是赵家的天下，那山水却是米家的山水。而究竟，是米氏父子下笔像中国的山水，还是中国的山水上纸像宋画，恐怕是谁也说不清楚了吧？

雨不但可嗅，可亲，更可以听。听听那冷雨。听雨，只要不是石破天惊的台风暴雨，在听觉上总是一种美感。大陆上的秋天，无论是疏雨滴梧桐，或是骤雨打荷叶，听去总有一点凄凉，凄清，凄楚，于今在岛上回味，则在凄楚之外，再笼上一层凄迷了，饶你多少豪情侠气，怕也经不起三番五次的风吹雨打。一打少年听雨，红烛昏沉。再打中年听雨，客舟中江阔云低。三打白头听雨的僧庐下，这更是亡宋之痛，一颗敏感心灵的一生：楼上，江上，庙里，用冷冷的雨珠子串成。十年前，他曾在一场摧心折骨的鬼雨中迷失了自己。雨，该是一滴湿漓漓的灵魂，窗外在喊谁。

雨打在树上和瓦上，韵律都清脆可听。尤其是铿铿敲在屋瓦上，那古老的音乐，属于中国。王禹偁的黄冈，破如椽的大竹为屋瓦。据说住在竹楼上面，急雨声如瀑布，密雪声比碎玉，而无论鼓琴，咏诗，下棋，投壶，共鸣的效果都特别好。这样岂不像住在竹和筒里面，任何细脆的声响，怕都会加倍夸大，反而令人耳朵过敏吧。

雨天的屋瓦，浮漾湿湿的流光，灰而温柔，迎光则微明，背光则幽黯，对于视觉，是一种低沉的安慰。至于雨敲在鳞鳞千瓣的瓦上，由远而近，轻轻重重轻轻，夹着一股股的细流沿瓦槽与屋檐潺潺泻下，各种敲击音与滑音密织成网，谁的千指百指在按摩耳轮？“下雨了”，温柔的灰美人来了，她冰冰的纤手在屋顶拂弄着无数的黑键啊灰键，把晌午一下子奏成了黄昏。

在古老的大陆上，千屋万户是如此。二十多年前，初来这岛上，日式的瓦屋亦是如此。

在旧式的古屋里听雨，春雨绵绵听到秋雨潇潇，从少年听到中年，听听那冷雨。雨是一种单调而耐听的音乐是室内乐是室外乐，户内听听，户外听听，冷冷，那音乐。雨是一种回忆的音乐，听听那冷雨，回忆江南的雨下得满地是江湖下在桥上和船上，也下在四川在秧田和蛙塘，下肥了嘉陵江下湿布谷咕咕的啼声，雨是潮潮润润的音乐下在渴望的唇上，舔舔那冷雨。

因为雨是最最原始的敲打乐从记忆的彼端敲起。瓦是最最低沉的乐器灰蒙蒙的温柔覆盖着听雨的人，瓦是音乐的雨伞撑起。但不久公寓的时代来临，台北你怎么一下子长高了，瓦的音乐竟成了绝响。千片万片的瓦翩翩，美丽的灰蝴蝶纷纷飞走，飞入历史的记忆。现在雨下下来下在水泥的屋顶和墙上，没有音韵的雨季。树也砍光了，那月桂，那枫树，柳树和擎天的巨椰，雨来的时候不再有丛叶嘈嘈切切，闪动湿湿的绿光迎接。鸟声减了啾啾，蛙声沉了咯咯，秋天的虫吟也减了唧唧。七十年代的台北不需要这些，一个乐队接一个乐队便遣散尽了。

要听鸡叫，只有去诗经的韵里找。现在只剩下一张黑白片，黑白的默片。

握着雨伞，他听那冷雨打在伞上。索性更冷一些就好了，他想。索性把湿湿的灰雨冻成干干爽爽的白雨，六角形的结晶体在无风的空中回回旋旋地降下来。等须眉和肩头白尽时，伸手一拂就落了。二十五年，没有受故乡白雨的祝福，或许发上下一点白霜是一种变相的自我补偿吧。一位英雄，经得起多少次雨季？他的额头是水成岩削成还是火成岩？他的心底究竟有多厚的苔藓？厦门街的雨巷走了二十年与记忆等长，一座无瓦的公寓在巷底等他，一盏灯在楼上的雨窗子里，等他回去，向晚餐后的沉思冥想去整理青苔深深的记忆。

前尘隔海。古屋不再。听听那冷雨。

要有章法意识①

——彭玉华《礼拜二午睡时刻》教学设计研讨

新课程实施以来，泛“人文性”的倾向渐成趋势，甚至走向了极端。例如2007年人教版课标实验教材研讨会有一节观摩课，课文是富尔格姆的《信条》。这篇课文不足800字，大约5分钟的时间学生就读完了。剩下的时间讨论“你的信条”是什么。学生各言其志，课堂气氛热烈。问题是：这是思想品德课，还是语文课？语文课的目标不是“你的信条是什么”，而是“怎样阐述你的信条”。

近年来，语文教学逐渐由偏向文本内容的空泛讨论转向对文本语言的体悟，这种迹象值得关注。它被认为是对语文教学泛“人文性”的矫正，是向“培养理解和运用语言能力”的学科本位的回归。

下面结合彭玉华老师的《礼拜二午睡时刻》教学设计进行研讨。

☆教学设计☆

【设计说明】

本设计是笔者参加第三届“中语杯”课堂教学大赛时，依据当时具体学情随机修改而成的。

【教学准备】

1.发放助读资料：马尔克斯简介，《百年孤独》内容、艺术手法简介，《圣经》中圣彼得的钥匙等。

① 原载：中学语文教学，2013，（2）.原题：阅读教学要有章法意识.

2. 用一节课的时间让学生初读课文，发现问题。每人至少提出一个问题。

3. 教师对学生提出的问题进行筛选、概括，整合成几个可以带动全篇的“主问题”。当时课堂上的25位学生共提出了66个问题，教师归纳概括成四个问题，大体涵盖了小说的主题、人物、环境等基本要素。

【教学目标】

在“问题发现”中实现读懂主题与赏析手法的统一。

【教学过程】

一、初读：提出问题

（一）教师用投影显示概括整理学生提出的问题（附学生姓名）。采用教师读、学生读等不同方式对照投影复述。

1. 儿子究竟是不是小偷？女人对儿子严于教育，又说他听话，他最终会做出偷窃的勾当吗？而女人对他的评价仍是“非常好”的人？（胡漩、方治强、吴冰瑶等同学）

2. 女人说：“往后就是渴死了，你也别喝水。尤其不许哭。”这句话是什么意思？女人“流露出各种各样的复杂感情”，有哪些感情？（张璐璐、凌丰、方源等同学）

3. 女人在盯住神父时，神父的脸为什么红了？后来女人在填表时，神父头上为什么冒汗了？（陈剑颖、刘若莎等同学）

4. 文章前一部分用大量笔墨对自然环境与人文环境进行描写，有何意图？为什么多次写到小镇的荒凉？（方田、程昀、王睿等同学）

（二）明确本课任务，通过解决以上四个问题勾连全篇，试着对文本进行解读和赏析。

二、细读：探究问题

（一）文本阅读要求：课文长，且难度大，要求细读文本。投影：

汪曾祺：写小说就是写语言。

吕叔湘：从语言出发，再回到语言。

（二）文本细读要求：回归文本，回归文段，回归语言；咀嚼品味，倾听文本的声音。要求结合具体的语言环境（上下文）回答问题。

（三）学生结合文本语言回答投影问题，教师结合学生的回答随机引导。

1. 回答问题一：

问题一：投影句子与原文比较有什么不同。（投影）

我告诉过他不要偷人家的东西，他很听我的话。过去他当拳击手，有时候叫人打得三天起不来床。

明确：投影句子与原文相比少了一个“吃”字，原文突出他偷东西是为了吃，为了维持最起码的生存，以此照应文中母亲所说“他是一个非常好的人”，进而引导学生发现一个“非常好的人”却成了小偷，其原因在于社会。

2. 回答问题二：

问题二：品读文句中加点的词语，从中可读出人物怎样的心理。（投影）

（1）小女孩坐了下去，她母亲愣愣地站在那里，两只手紧紧抓住皮包。

（2）神父打量了她一眼。那个女人忍住悲痛，两眼直直地盯住神父。神父的脸刷的一下子红了。

（3）她透过纱门朝大街上看了看，然后从小女孩的手里把鲜花夺过去，就向大门走去……“谢谢！”那个妇女回答说，“我们这样很好。”

明确：小女孩没有心理压力“坐”了下去，而母亲“站”着，表明她内心十分紧张，因为她这时还不能确定是否能见到神父；神父“打量”了母亲一眼，表明在神父眼里这只是一个普通的女人（母亲），而母亲两眼直直地“盯”住神父，则表明母亲由慌乱紧张到镇静（实际这一句与“问题三”也有很大关系，神父的脸红表明母爱唤醒了神父，突出“爱是宗教”的主题，教师可动态把握）；母亲“夺”过鲜花，回答“很好”，让我们看到了母亲的勇敢坚毅，母亲的形象至此凸显。

3. 回答问题三：

问题三：品读文句中重复出现的部分，读出其内涵。（投影）

（1）“天太热了，”他说，“你们可以等到太阳落山嘛！”

（2）“等一会儿走吧。”他说。说话的时候，他没有看那个女人。

（3）“等到太阳落山再去吧！”神父说。

明确：第（1）处，神父还不知道母亲的具体情况，是一般情况而言的，不带有什么感情色彩；第（2）处神父被母亲感动了，而且自己觉得内疚，当他看到外边的很多人，就说了这句话，是发自内心的关怀；第（3）处也是真诚的，但有些无奈的感觉。由此可看出神父对母亲情感的变化，既表现出神父的悲悯情怀，更突出了是母爱唤醒了神父的悲悯情怀，伟大的母爱是拯救昏睡、冷漠、麻木灵魂的钥匙。

4. 回答问题四：

这个问题主要是明确文中环境是贫穷、落后、愚昧、冷酷的社会的象征，因比较简单，无须预设。

（四）小结这一主要教学环节，先请学生谈感受，然后教师用投影展示内容并配乐（音乐《往事》），指导学生读出自己的感受，以此强化阅读体验。

闷热的午后，荒凉的世界；昏睡的不仅是人们的躯体，更是冷漠麻木的灵魂！

而平静的伟大的母爱打破了“午睡时刻”众人昏睡麻木的状态，在母亲的直视下，连神父都羞愧不安……母爱在这一刻闪烁出灼人的人性光辉。

自然，这也是伟大的马尔克斯想要告诉我们的：唯有爱——闪烁着人性光辉的超越所有的爱，才是拯救昏睡、冷漠、麻木灵魂的钥匙！

三、深读：发现问题

1. 教师投影余华的文字，引出最后一个环节。

当他不断地展示细部的时候，他也在不断地隐藏着什么，被隐藏的总是更加令人着迷。它会使阅读走向不可接近的状态，因为后面有着一个神奇的空间，而且是一个没有疆界的空间，可以无限扩大，也可以随时缩小……这也是我喜爱《礼拜二午睡时刻》的一个原因。

——余华《温暖和百感交集的旅程》

明确：好的作品就像一座迷宫，无法穷尽其奥妙，钻之弥深，问题愈多，收获也就更大。这篇小说阅读到此，我们其实刚刚入门。在进一步的阅读过程中会有更多的问题，请提出来。我们课后乃至伴随人生旅程慢慢品读！

2. 学生再次提出问题，带着问题结束这堂课。

（设计者系浙江省绍兴市鲁迅中学柯桥校区彭玉华）

☆设计研讨☆

彭玉华老师的《礼拜二午睡时刻》教学设计立足文本，抓住小说细节，体悟文本语言，切中关键。例如他归纳整理出的三个问题，对于索解人物心理和小说主题至关紧要。那个殒命少年究竟是怎样的一个人？“罪犯”的母亲怀着怎样的心情？神父的心灵为什么会引起震颤？这些都指向了隐藏在小说情节背后的人物命运和主题。

教师归纳出的三个问题集中在小说的后半部，抓住了耐人寻味的细节。课例对小说后半部细节的剖析很到位。例如“问题三”：（1）“天太热了，”他说，“你们可以等到太阳落山嘛！”（2）“等一会儿走吧。”他说。说话的时候，他没有看那个女人。（3）“等到太阳落山再去吧！”神父说。教师以敏锐的眼光捕捉到了普通读者视而不见的东西——简单的“重复”。从重复的话语中，窥测到人物心理，以及心理变化的轨迹：从关心的提醒（教师认为（1）不含感情未必妥当）到因内疚而怜悯，因怜悯而无奈。对于这几句话，不同读者的理解可能会有差异，但不会相去甚远。重要的是，如此设计的目的意在引导学生领会：是母爱唤醒了神父的悲悯情怀。从艺术手法来看，就是从人物关系中，侧面凸显母爱的感染力量。

课例的三个预设问题显示出教师扎实的阅读理解能力和严谨的教学风格。教师首先是一个读者，更是一个“职业读者”。教师的阅读体验是重要的课程资源，而不是教学参考书。有些教师备课时并没有把功夫下在文本阅读上，自己还没反复深入地研读课文，就急着阅读参考资料，思考新奇的教学形式，这实在是本末倒置。这样完成的教学设计，讲起课来文本解读力不从心，捉襟见肘；教学手段翻新，内容大于形式。岂不知教师的阅读体验是教学设计的前提条件。

这个教学设计的独到之处在于，让学生在自读基础上提出问题，教师进行归纳。在此过程中，明确了学生关注了什么，忽视了什么，增强了教学针对性。所体现的教学理念是基于学习的教学，而不是基于教学的学习。

☆改进建议☆

这个课例美中不足之处是缺乏章法意识。

上文提到，近几年来语文教学呈现出回归文本语言的迹象，值得肯定；但在此过程中也出现了重视语言而忽视篇章的倾向，即缺乏章法意识。整体感知是从篇章开始的，语句是附着在篇章骨架上的，离开了上下文，语句含义就会失去依托。“词不离句，句不离篇。”语文教学不仅要学语言，也要学章法。至少在高中阶段要解决这个问题——文章是怎么写的。

就《礼拜二午睡时刻》教学设计而言，小说是怎么制造悬念，怎样构思的？为什么用接近一半的篇幅写火车行进中母女俩的举止和小镇的荒凉（关于小镇的荒凉教学设计中提到了）？为什么一再写那束用报纸裹着的枯萎鲜花，一再写小姑娘脱鞋穿鞋？为什么那个女人（母亲）穿着褴褛丧服却神情镇定安详？为什么这个故事发生在一个闷热的中午……这正是作者的匠心所在。如果不采用这种叙述方式，效果会怎样呢？

遗憾的是，这个教学设计没有从小说构思的角度设置教学目标，取舍教学内容，教学过程显得松散。学生提出的问题可以在解读小说构思的过程中解决，教学过程的整体感也会随之增强。

小说叙述的故事是隐藏在母女俩整个行程中的。

一个塑料食品袋和一束用报纸裹着的鲜花，暗示了人物命运和出行使命。小说是这样述说的：①旅途中，小姑娘把随身带的东西——一个塑料食品袋和一束用报纸裹着的枯萎鲜花，放在靠窗口的座位上。②小姑娘脱掉鞋子，然后到卫生间去，把那束枯萎的鲜花浸在水里，把剩下的饼干塞进袋子里，连忙穿上鞋。③“梳梳头！”女人说，“往后就是渴死了，你也别喝水。尤其不许哭。”④女人把装着吃剩下来的食物的塑料袋卷起来，放进皮包里。在走出神父家，走向公墓的那一刻，女人透过纱门朝大街上看了看，然后从小女孩的手里把鲜花夺过去，就向大门走去。女人坚毅的性格至此脱颖而出。如果不是为了获取那一点充饥的食物，那个可怜的少年何至于殒命？那束用“报纸裹着”的鲜花寄托了家人对他的无尽哀思，成为贯穿全文的线索。小说是从火车驶出隧道那一刻开始的，但悲惨的故事早已结束。

马尔克斯精明地避开了对母女悲伤情感和少年罹难场面的渲染，不动声色地描述母女在行程中的简单举止，使小说呈现出强烈的内在张力，犹如平静水面下涌动的潜流，简约含蓄，动人心魄。

小说的这一特点也表现在主题表达上。比如，“神父又走到柜子跟前……神父本人大概也曾经设想过圣彼得的钥匙就是这么个样子。”这一段文字表面看来似乎漫不经心，实则隐含了主题。作者用公墓钥匙隐喻圣彼得的钥匙——在小姑娘以及她妈妈小时候的心中，在神父心中，就是那个样子——生满了锈。

据《圣经》记载，耶稣对彼得说：“我要把天国的钥匙给你，凡你在地上捆绑的，在天上也要捆绑；凡你在地上所释放的，在天上也要释放。”圣彼得的“钥匙”是无形的，喻指上帝审判的权柄。那个少年是个“非常好的人”，以拳击养家糊口，把牙齿全都拔掉了，却因为获取一点食物而殒命他乡。“圣彼得的钥匙”真的锈蚀了吗？

如果能围绕小说的整体构思来进行教学设计，把学生提出的问题串联起来，着力发掘小说在不断地展示细节的时候，教学效果或许会更好。

☆附录☆

礼拜二午睡时刻[①]

［哥伦比亚］加西亚·马尔克斯

火车刚从震得发颤的橘红色岩石的隧道里开出来，就进入了一望

① 《普通高中课程标准实验教科书·语文·选修·外国小说欣赏》，人民教育出版社，2007 年版。选自《加西亚·马尔克斯中短篇小说集》（上海译文出版社 1982 年版），刘瑛译。加西亚·马尔克斯，生于 1928 年，哥伦比亚作家。拉美魔幻现实主义代表作家，1982 年获诺贝尔文学奖，代表作有长篇小说《百年孤独》《霍乱时期的爱情》等。

无际、两边对称的香蕉林带。这里空气湿润，海风消失得无影无踪。不时从车窗里吹进一股令人窒息的煤烟气。和铁路平行的狭窄的小道上，有几辆牛车拉着一串串碧绿的香蕉。铁路的另一边是光秃秃的空地，那里有装着电风扇的办公室、红砖盖的兵营和一些住宅，住宅的阳台掩映在沾满尘土的棕榈树和玫瑰丛之间，阳台上摆着乳白色的椅子和小桌子。这时候正是上午十一点，天气还不太热。

“你最好把车窗关上，”一个女人说。“要不，你会弄得满头都是煤灰的。”

小女孩想把窗子关上，可是车窗锈住了，怎么也拽不动。

她们是这节简陋的三等车厢里仅有的两名乘客。机车的煤烟不停地吹进窗子来。小姑娘换了个座位。她把她们随身带的东西——一个塑料食品袋和一束用报纸裹着的鲜花——放在靠窗口的座位上。她离开车窗，坐到对面的位子上，和妈妈正好脸对脸。母女二人都穿著褴褛的丧服。

小姑娘十二岁，这是她第一次出远门。那位妇女眼皮上青筋暴露，身材矮小孱弱，身上没有一点儿线条，穿的衣服像件法袍。要说她是小姑娘的妈妈，她显得太老了一些。在整个旅途中，她一直是直挺挺地背靠着椅子，两手按着膝盖上的一个漆皮剥落的皮包。她脸上露出那种安贫若素的人惯有的镇定安详的神情。

十二点，天气热起来了。火车在一个荒凉的车站上停了十分钟，加足了水。车厢外面的香蕉林里笼罩着一片神秘的静谧，树荫下显得十分洁净。然而，凝滞在车厢里的空气却发出一股没有硝过的臭皮子味。火车慢腾腾地行驶着。又在两个一模一样的镇上停了两次，镇上的木头房子都涂着鲜艳的颜色。那位妇女低着头，昏昏沉沉地睡着了。小姑娘脱掉鞋子，然后到卫生间去，把那束枯萎的鲜花浸在水里。

小姑娘回来的时候，妈妈正在等她吃饭。妈妈递给她一片奶酪、半个玉米饼和几块甜饼干，又从塑料袋里给自己拿出来一份。吃饭的时候，火车徐徐穿过一座铁桥，又经过了一个镇子。这个镇子也和前两个镇子一模一样，只是在镇子的广场麇集着一群人。在炎炎的烈日下，乐队正在演奏一支欢快的曲子。镇子的另一端，是一片贫瘠龟裂的土地。这里再也看不到香蕉林了。

那位妇女停下来不吃了。

“把鞋穿上！”她对小女孩说。

小姑娘向窗外张望了一下。映入她眼帘的还是那片荒凉的旷野。从这里起，火车又开始加快速度。她把剩下的饼干塞进袋子里，连忙穿上鞋。妈妈递给她一把梳子。

“梳梳头！”妈妈说。

小姑娘正在梳头的时候，火车的汽笛响了。那个女人擦干脖子上的汗水，又用手抹去脸上的油污。小姑娘刚梳完头，火车已经开进一个镇子。这个镇子比前面几个要大一些，然而也更凄凉。

“你要是还有什么事，现在赶快做好！”女人说。“往后就是渴死了，你也别喝水。尤其不许哭。”

女孩子点点头。窗外吹进一股又干又热的风，夹带着火车的汽笛声和破旧车厢的哐当哐当声。女人把装着吃剩下来的食物的塑料袋卷起来，放进皮包里。这时候，从车窗里已经可以望见这个小镇的全貌。这是八月的一个礼拜二，小镇上阳光灿烂。小女孩用湿漉漉的报纸把鲜花包好，稍微离开窗子远一些，目不转睛地瞅着母亲。她母亲也用慈祥的目光看了她一眼。汽笛响过后，火车减低了速度。不一会儿就停了下来。

车站上空无一人。在大街对面杏树荫下的便道上，只有弹子房还开着门。小镇热得像个蒸笼。母女俩下了车，走过荒凉的车站，车站地上墁的花砖已经被野草挤得开始裂开。她俩横穿过马路，走到树荫下的便道上。

快两点了。在这个时候，镇上的居民都困乏得睡午觉去了。从十一点起，商店、公共机关、学校就关了门，要等到将近四点钟火车返回的时候才开门。只有车站对面的旅店和旅店附设的酒馆和弹子房以及广场一边的电话局还在营业。这里的房子大多是按照香蕉公司的式样盖的，门从里面关，百叶窗开得很低。有些住房里面太热，居民就在院子里吃午饭。还有些人把凳子靠在杏树荫下，坐在街上睡午觉。

母女俩沿着杏树荫悄悄地走进小镇，尽量不去惊扰别人的午睡。她们径直朝神父家走去。母亲用手指甲敲了敲纱门，等了一会儿又去叫门。屋子里电风扇嗡嗡作响，听不见脚步声。又过了一会儿，只听见大门轻轻地吱扭一声，在离纱门不远的地方有人细声慢语地问："谁啊？"母亲透过纱门朝里张望了一眼，想看看是谁。

"我要找神父，"她说。

"神父在睡觉呢！"

"我有急事，"妇女固执地说。

她的声调很平静，又很执拗。

大门悄悄地打开了一条缝，一个又矮又胖的中年妇女探身出来。她肤色苍白，头发是铁青色的，戴着一副厚厚的眼镜，眼睛显得特别小。

"请进来吧！"她一面说着，一面把门打开。

她们走进一间花香袭人的客厅。开门的那个妇女把她们引到一条木头长椅前，用手指了指，让她们坐下。小女孩坐了下去，她母亲愣愣地站在那里，两只手紧紧抓住皮包。除了电风扇的嗡嗡声外，听不到一点其他的声音。

开门的那位妇女从客厅深处的门里走出来。

"他叫你们三点钟以后再来，"她把声音压得低低地说，"他才躺下五分钟。"

“火车三点半就要开了，”母亲说。

她的回答很简短，口气很坚决，不过声音还是那么温和，流露出各种各样的复杂感情。开门的女人第一次露出笑容。

“那好吧！”她说。

客厅深入的门又关上的时候，来访的女人坐到她女儿身边。这间窄小的客厅虽然简陋，但是很整洁。一道木栏杆把屋子隔成两半儿。栏杆里边有一张简朴的办公桌，上面铺着一块用胶布做的桌布。桌上有一台老式的打字机，旁边放着一瓶花。桌子后面是教区的档案。看得出这间办公室是一位单身妇女给收拾的。

房间深处的门开了。神父用手帕揩拭着眼镜，从里面走出来。他一戴上眼镜，马上可以看出他是那位开门的妇女的哥哥。

“你有什么事？”他问。

“我要借用一下公墓的钥匙。”女人说。

女孩子坐在那里，把那束鲜花放在膝盖上，两只脚交叉着伸在椅子底下。神父瞅了女孩一眼，又看了看那个女人，然后又透过纱窗望了望万里无云的明朗的天空。

“天太热了，”他说，“你们可以等到太阳落山嘛！”

女人默默地摇了摇头。神父从栏杆里面走出来，从柜子里拿出一个皮面笔记本、一支蘸水钢笔和一瓶墨水，然后坐在桌子旁边。他的头已经谢顶了，两手却是毛茸茸的。

“你们想去看哪一座墓？”他问道。

“卡洛斯·森特诺的墓。”女人回答说。

“谁？”

“卡洛斯·森特诺。”女人重复了一遍。

神父还是听不明白。

“就是上礼拜在这儿被人打死的那个小偷，”女人不动声色地说，“我是他母亲。”

神父打量了她一眼。那个女人忍住悲痛，两眼直直地盯住神父。神父的脸刷地一下子红了。他低下头，准备填一张表。他一边填表一边询问那个女人的姓名、住址等情况。她毫不迟疑地、详尽准确地做了回答，仿佛是在念一份写好的材料。神父头上开始冒汗了。女孩子解开左脚上的鞋扣，把鞋褪下一半，用脚后跟踩在鞋后帮上。然后把右脚的鞋扣解开，也用脚趿拉着鞋。

事情发生在上礼拜一凌晨三点钟，离开这里几条街的地方。寡妇雷薇卡太太孤身一人住在一所堆满东西的房子里。那一天，在细雨的淅沥声中雷薇卡太太听见有人从外边撬临街的门。她慌忙起来，摸着黑从衣箱里拿出一支老式手枪。这支枪自从奥雷利亚诺·布恩迪亚上校那时候起就没有人用过。雷薇卡太太没有开灯，就朝大厅走去。她不是凭门锁的响声来辨认方向的。二十八年的独身生活在她身上产生的恐惧感使她不但能够想象出门在哪里，而且能够准确地知道门锁的高度。她两手举起枪，闭上眼睛，猛一扣扳机。这是她生平第一次打枪。枪响之后，周围立刻又寂然无声了，只有细雨落在锌皮屋顶上发出滴滴答答的声响。她随即听到在门廊的水泥地上响起了金属的碰击声和一个低哑的、有气无力的、极度疲惫的呻吟声：“哎呦，我的妈呀！”清晨，在雷薇卡太太家的门前倒卧着一具男尸。死者的鼻子被打得粉碎，他穿着一件花条的法兰绒上衣，一条普通的裤子，腰中没有系皮带，而是系着一根麻绳，光着脚。镇上没有人认识他是谁。

“这么说他叫卡洛斯·森特诺。”神父填完表，嘴里咕咕哝哝地说。

“卡洛斯·森特诺，”那个女人说，“是我的独生子。”

神父又走到柜子跟前。在柜子里钉子上挂着两把大钥匙，上面长满了锈。在小女孩的想象中公墓的钥匙就是这个样子；女孩子的妈妈在小的时候也这么想过。神父本人大概也曾经设想过圣彼得的钥匙就是这么个样子。神父把钥匙摘下来，放在栏杆上那本打开的笔记本上，用食指指着写了字的那一页上的一处地方，眼睛瞧着那个女人，说：

“在这儿签个字吧！”

女人把皮包夹在腋下，胡乱地签上了自己的名字。小姑娘拿起鲜花，趿拉着鞋走到栏杆前，两眼凝视着妈妈。

神父吁了一口气。

“您从来没有想过要把他引上正道吗？”

女人签字回答说：

“他是一个非常好的人。”

神父看看那个女人，又看看那个孩子。看到她们根本没有要哭的意思，感到颇为惊异。那个女人还是神色自如地继续说：

“我告诉过他不要偷人家的东西吃，他很听我的话。过去他当拳击手，有时候叫人打得三天起不来床。”

“他没有办法，把牙全部拔掉了。”女孩子插嘴说。

“是的，”母亲证实说，“那时候，我每吃一口饭，都好像看到礼拜六晚上他们打我儿子时的那个样子。”

“哎！上帝的意志是难以捉摸的。”神父说。

神父本人也觉得这句话没有多大的说服力，一则是因为人生经验已经多少把他变成一个怀疑主义者了，再则是因为天气实在太热。神父叮嘱她们把头包好，免得中暑。他连连打着哈欠，几乎就要睡着了。他睡意朦胧地指点母女俩怎样才能找到卡洛斯·森特诺的墓地。还说回来的时候不要叫门，把钥匙从门缝下塞进来就行了。要是对教堂有什么施舍，也放在那里。那个女人注意地谛听着神父的讲话，然后向他道了谢，脸上没有丝毫的笑容。

在临街的大门打开之前，神父就觉察到有人把鼻子贴在纱门上往里瞧。那是一群孩子。大门敞开后，孩子们立刻一哄而散。在这个钟点，大街上通常是没有人的。可是现在不光是孩子们在街上，在杏树下面还聚集着一群群的大人。神父一看大街上乱哄哄的反常样子，心里顿时就明白了。他悄悄地把大门关上。

“等一会儿走吧。”他说。说话的时候，他没有看那个女人。

神父的妹妹从里面的门里出来。她在睡衣外面又披上了一件黑色的上衣，头发散披在肩上。她一声不响地瞅了瞅神父。

“怎么样？”他问。

“人们都知道了。”神父的妹妹喃喃地说。

“那最好还是从院子的门出去。”神父说。

“那也一样，”他妹妹说，“窗子外面净是人！”

直到这个时候，那个女人好像还不知道出了什么事。她透过纱门朝大街上看了看，然后从小女孩的手里把鲜花夺过去，就向大门走去。女孩子跟在她的后面。

“等到太阳落山再去吧！”神父说。

“会把你们晒坏的，”神父的妹妹在客厅深处一动也不动地说，“等一等，我借给你们一把阳伞。”

“谢谢！”那个妇女回答说，“我们这样很好。”

她挽着小姑娘的手朝大街走去。

教学节点与文本脉络①

——窦建丽《鸟啼》教学设计研讨

兵书上有“常山蛇阵”的说法。《孙子·九地》有曰：“故善用兵者，譬如率然。率然者，常山之蛇也。击其首则尾至，击其尾则首至，击其中则首尾俱至。”古代传说中的常山蛇，首尾相顾，互相救应。兵家以此喻指首尾相顾的阵势，学者也可以用来喻比文章脉络。好的文章犹如一个生命有机体，不仅一脉贯通，还能首尾呼应。解读文本时，先要把握文章脉络，整体感知；再设置教学节点，提出关键问题。但在实际教学设计过程中常常会出现这样一种情况：首先引起关注的是文本的精彩片段，而文本脉络则成为盲区。其原因是，精彩片段是文字的直接呈现，而文本脉络则如生命气息，潜藏在语言表层下。把握文章脉络，可以看清作者的构思、文章的布局。构思、布局是作者的匠心所在，没有布局的话，文章不就成了语言的堆砌吗？写文章如此，读文章也如此。写文章与读文章是一个互逆过程，写文章是构思在前，先要整体布局，再构建各部分内容；读文章是感知局部在前，从局部联系感知整体，把局部贯穿为整体的就是文脉。教学设计如果没有触摸到文本脉络，文本解读就会呈现松散状态。

下面窦建丽老师的《鸟啼》教学设计可供研讨。

① 原载：中学语文教学，2011，（12）.

☆教学设计☆

【教学目标】

1. 体会文章中不同情境下鸟啼的特点及其蕴含的深意。

2. 学习将抽象道理具体化的方法。

【教学过程】

一、情境导入

《鸟啼》是英国作家劳伦斯的一篇散文，在浩如烟海的世界散文名篇中，《鸟啼》凭借什么被选入我们的中学教材呢？细细品味一下，原因至少有两个：其一，它是一曲别具一格、有感召力的生命赞歌；其二，它行文笔法独特。今天就让我们跟随作者的聆听、思考、礼赞的脚步，一起走进这首生命的赞歌。

二、文本研习

（一）聆听：鸟啼

1. 文中怎样写鸟啼。

默读课文第一部分（1—5 段），画出文中表现“鸟啼”的句子，体会这些句子的含义。

学生表达交流，教师点拨：这些或微弱或清越的鸟啼，显示着作者笔下的小鸟充满了生命的冲动。

2. 鸟啼是在怎样的环境中出现的？又是如何变化的？

学生从文中勾画相关语句（这些语句在第 1、3、7、8 自然段中）。

学生表达交流，教师点拨：这些描写展示了一个鲜血淋漓的场面——严寒持续，鸟尸横陈，鸟儿死亡的场景凄惨至极，让人倍感凄凉。

3. 鸟啼又是如何变化的？请用课文的语句加以描述。

提示：从鸟啼的强度、数量上品味体会：由弱变强，由少变多，由微弱到悦耳。

“吃力”“微弱”—“隐约而清越”—“含糊”“若断若续”—“活泼”“悦耳”。

学生表达交流，教师点拨：在这里，作者运用了对比的手法，把象征死亡的严冬的鸟尸与象征新生命的暖春的鸟啼进行对比，肯定了生命冲动的力量不可阻挡。

小结：作者首先以细腻的笔触给我们展示了一幅严冬生命消沉图，真是令人触目惊心。但接着于一片萧瑟中突然响起了清脆的鸟鸣声，让我们感受到生命在欢呼。在鸟儿越来越欢快的叫声中，在开放得越来越鲜艳的花朵中，作者唱出了生命的赞歌。聆听美妙的鸟啼，我们禁不住张开想象的翅膀——

（二）想象：色彩及含义（冬—春）

同学们，色彩本身是没有灵魂的，但人们却能感受到色彩的情感，这是因为色彩会在人的心理上引出某种情绪。“日出江花红胜火，春来江水绿如蓝”，“两只黄鹂鸣翠柳，一行白鹭上青天”，色彩使这些诗句都更能表达出诗人的思想感情。那么，你能凭借色彩来把握作者的情感吗？请你找出文中涉及色彩的语句并进行分析。

1. 黑色与红色。

“有一天，黑色的浪潮……番红花就会……胜利地摇曳。”

学生分析交流：黑色是毁灭与绝望的象征；红色是热烈、冲动的色彩，是胜利、希望与生命力复活的象征。在这里，红色与黑色是两种对立的颜色。

2. 银色。

（学生可能会找到一处或几处，引导学生将第 5、6、10、11、12 自然段中有关语句找出）

作者为什么喜欢用银色来修饰泉流呢？银色有什么象征意味？

提示：在西方社会中，银色是纯洁、博爱、美德和富裕的象征。银色在作者眼中，不单单是纯洁的象征，还是一种生命力的体现，是一种纯洁的生命力的展示。当春天来临，“深埋着的春天的生机”“喷涌而出”，展现了强大的生命的活力，谁也无法阻挡它蓬勃而茁壮地成长。

3. 其他颜色：“血色”“黄色”。

①田间与灌木篱下，横陈着田凫、椋鸟、画眉等数不清的腐鸟的血衣……

②白屈菜总要遍地闪烁，那就是新的天堂和新的大地。

提示：第一句中的“血色”是死亡的象征。第二句中白屈菜花的“黄色”是亮度最高的色，它灿烂、辉煌，在这里是生命力复活、强盛的象征，也是作者所要表达的“对于新生命、新世界的渴望与追求”。

想象着这些五彩的颜色，感受着生命的绚烂多姿，我们也会像作者一样坚信：冬天必将过去，春天定会到来，生命的冲动谁能阻挡？让我们随作者一起礼赞生命吧！

（三）思考：为生炽烈歌唱（死—生）

1. 倾听鸟啼，引发作者对生命的感悟。劳伦斯在文中对死亡与再生有着自己的独特思考，你能找出这些语句，并说说你的理解吗？（此处可随意调整顺序）

①生命与死亡全不相容。我们是为着生的，或是为着死的，非此即彼，在本质上不可兼得。

（生死虽不能相容，有生无死，有死无生，但是在文中，我们分明感受到作者对生的一种肯定，生命的冲动谁也无法阻止，生必定战胜死）

②死去的，就让它死去。

③就如向死而生的鸟儿。

2. 介绍海德格尔的哲学理念“向死而生”。（“PPT”）

海德格尔提出的“向死而生”不失为一种大彻大悟的人生态度。正视现实，直面人生，这种“向死而生”的生命解读，实际暗含了知死守生、视死而生、轻死重生的哲学理解和积极的人生态度。

正像海德格尔辩证分析的那样：理解了死，才能理解生；看清了人生的有限，才能看清人自身发展的无限。

3. 劳伦斯怎么会有如此深刻的生命体会？让我们一起来了解作者。

劳伦斯：英国作家、小说家、散文家，被称为“英国文学史上最伟大的人物之一”。20 世纪英国文学史上最独特、最有争议的作家，一位难容于时世、难容于常人的特立独行的作家。他的散文是在他那个喧哗的时代和骚动的文化氛围中，一个孤独者发出的生的感叹，字里行间渗透着哲学的思辨和诗的意境。他曾说过，我的文章是写给 50 年后的人看的。

学生交流，教师点拨小结：这些关于生与死的思考，正是作者对鸟啼的一种心灵感受。那困境中的鸟儿分明就是他自己，漫长而残酷的严冬则是他当时所处的困境惨境。当作者诅咒死亡、诅咒寒冬时，当他倾情讴歌生命、讴歌春天时，我们能感受到他对新生命、新世界的强烈渴望与追求，能真切地触摸到一个不屈的灵魂。鸟啼这一动物的本能行为由此获得了意义的升华。

三、体悟：发现、体会鸟啼（你—我）

1. 生命中存在很多神奇的事情，在你的经历中，有过这样的发现和体会吗？

学生可从生活、电视、书中选择材料谈自己的体会。

面对苦难，我们应该是承担苦难而不是屈从苦难，应该是创造新生而不是沉湎于死亡……

2. 探讨生与死原本是一个抽象的问题，为什么我们读来并不觉得枯燥？

学生交流：作者运用拟人、象征等手法，托物言志，将鸟人格化，把自然当人看待。

如："当大地仍在束缚中时，那小小的清越之声已经在柔弱的空气中呼唤春天了。……无论人们情愿与否，月桂树总要飘出花香，绵羊总要站立舞蹈，白屈菜总要遍地闪烁，那就是新的天堂和新的大地。"

学生交流：将自然人格化，是人与自然建立生命对话的有效途径。

如："当大地仍在束缚中时，那小小的清越之声已经在柔弱的空气中呼唤春天了。它们的啼鸣，虽然含糊，若断若续，却把明快而萌发的声音抛向苍穹……"

学生交流，教师点拨：句式整齐而抑扬顿挫，在素朴纯粹的文字下面，跳跃着诗意。或白描，或比喻，或拟人，使人们从鸟儿美妙的清音中听到自然的消息，听出欢乐和自由，感悟到生活的哲理。它记录了作者感悟生命的心路历程。

小结：劳伦斯发现并描写了鸟儿勃发的生命力，赞美了大自然蓬勃的生机。更可贵的是，他们使我们体会到了生命的另一重要意义，即只有创造的生命才是有价值的生命。当那些坚强的鸟儿经历了严寒的洗礼迎来了春天之后，它们以美妙的歌喉宣告春天的到来，并为春天增添了光彩。这不由让我们想到：生命是美丽的。人总在经历了一定的磨难以后，才能格外地珍惜自己所拥有的一切。所以，我们不应拒绝死亡、病痛……因为那也是生命的不同表现形式。

四、总结：倾听鸟啼

《鸟啼》是人与自然的对话，是人与大自然里的生命的对话。生命充满神奇的力量。当我们处于生命的低谷时，我们要学会去寻找生命中的“鸟啼”，把它们作为我们的精神支柱，去接受暴风雨的洗礼，倾听鸟啼！

作业：写出你对生命的感悟，并试着把你的生命感悟通过象征手法写出来。

（设计者系南京大学附属中学窦建丽）

☆设计研讨☆

劳伦斯的《鸟啼》采用了象征手法，即托物言志，借讴歌“向死而生”的鸟来讴歌“向死而生”的生命。只有感知所托之物，才能体悟所言之志。教师将《鸟啼》的教学目标设定为“体会不同情境下鸟啼的特点及其蕴含的深意”“学习将抽象道理具体化的方法”，是切合教学实际的。据此设计教学过程，教学思路清晰可见：由聆听鸟啼到想象色彩，由想象色彩到思考生命，由理解语句到体悟象征写法，最后是读写结合“试着把你的生命感悟通过象征手法写出来”。前者指向第一个教学目标，后者指向第二个教学目标。从教学过程设计看，前者详而后者略，这是有道理的。因为前一个目标解决了，后一个目标则水到渠成。

如何设置教学节点是教学设计的关键。文本研读初始阶段的设问起到了关键作用：鸟啼是在怎样的环境中出现的？（严冬肆虐，鸟尸横陈）这个问题本身包含着暗示——对比写法，而对比写法关系到对“死亡与生命”这一命题的思考。在教学中，一个好的提问往往是一种暗示，而这种暗示又应该出现在学生“视而不见”之处。学生稍加思索会有“恍然大悟”的感觉——啊，我怎么没留意到啊！当然，难度较大的问题也自有其价值，关键是要点中要害，促使学生收到茅塞顿开的效果。

接下来的点拨意欲因势利导，但操之过急："把象征死亡的严冬的鸟尸与象征新生命暖春的鸟啼进行对比，肯定了生命冲动的力量不可阻挡。"文本研读进度还没到关于生命思索的段落，怎么就得出了严冬象征死亡、鸟啼象征新生命的结论呢？这样一来，文章的主旨和写法就都提前交代了，在这个节点上，对文章主旨和象征手法的索解被提前"结束"。结论的提前到来，影响到教学过程的整体生成，使后续教学环节失去了应有价值。

☆改进建议☆

教学节点设定与文本脉络密切相关。在阅读教学中，不管教学目标如何设定、教学内容如何取舍，文脉把握至关紧要。否则，文本解读就有"肢解"之危，并影响整体感知。那么，这篇文章的脉络是怎样的呢？按原文语句：夜色下的蔷薇棘丛中，传出"微弱""隐约的清越"的鸟鸣，"它活泼，像泉水，从那里，春天慢慢滴落而又喷涌而出……开辟出银色的通道"；"我们就是这样，是银色晶莹的泉流……注入盛开的鲜花"；"银色的泉流在心底奔涌"，"我们便变成水溪下微弱但美丽的喷泉，朝向鲜花奔去"；"在心底，泉流在涌动，激励着我们前行"（结尾）。再概括一下：鸟鸣—泉水—心泉。"鸟鸣"之于"泉水"是移觉，"鸟鸣"之于"心泉"是象征。如果按照这样的脉络来解读文本，教学设计或许会是另一番模样。

☆附录☆

鸟啼[1]

［英］劳伦斯

严寒持续了好几个星期，鸟儿很快地死去了。田间与灌木篱下，横陈着田凫、椋鸟、画眉等数不清的腐鸟的血衣，鸟儿的肉已被隐秘的老饕吃净了。

突然间，一个清晨，变化出现了。风刮到了南方，海上飘来了温暖和慰藉。午后，太阳露出了几星光亮，鸽子开始不间断地缓慢而笨拙地发出咕咕的叫声。这声音显得有些吃力，仿佛还没有从严冬的打击下缓过气来。黄昏时，从河床的蔷薇棘丛中，开始传出野鸟微弱的啼鸣。

当大地还散落着厚厚的一层鸟的尸体的时候，它们怎么会突然歌唱起来？从夜色中浮起的隐约的清越的声音，使人惊讶。当大地仍在束缚中时，那小小的清越之声已经在柔弱的空气中呼唤春天了。它们的啼鸣，虽然含糊，若断若续，却把明快而萌发的声音抛向苍穹。

冬天离去了。一个新的春天的世界。田地间响起斑鸠的叫声。在不能进入的荆棘丛底，每一个夜晚以及每一个早晨，都会闪动出鸟儿的啼鸣。

它从哪儿来呀，那歌声？在这么长的严酷后，鸟儿们怎么会这么快就复生？它活泼，像泉水，从那里，春天慢慢滴落又喷涌而出。新生活在鸟儿们喉中凝成悦耳的声音。它开辟了银色的通道，为着新鲜的春日，一路潺潺而行。

---

① 《普通高中课程课程标准实验教科书·语文·必修 2》，江苏教育出版社，2008 年版。

当冬天抑制一切时，深埋着的春天的生机一片沉默，只等着旧秩序沉重的阻碍退去。冰消雪化之后，顷刻间现出银光闪烁的王国。在毁灭一切的冬天巨浪之下，蛰伏着的是宝贵的百花吐艳的潜力。有一天，黑色的浪潮精力耗尽，缓缓后移，番红花就会突然间显现，胜利地摇曳。于是我们知道，规律变了，这是一片新的天地，喊出了崭新的生活！生活！

不必再注视那些暴露四野的破碎的鸟尸，也无须再回忆严寒中沉闷的响雷，以及重压在我们身上的酷冷。冬天走开了，不管怎样，我们的心会放出歌声。

即使当我们凝视那些散落遍地、尸身不整的鸟儿腐烂而可怕的景象时，屋外也会飘来一阵阵鸽子的咕咕声，那从灌木丛中发出的微弱的啼鸣。那些破碎不堪的毁灭了的生命，意味着冬天疲倦而残缺不全的队伍的撤退。我们耳中充塞的，是新生的造物清明而生动的号音，那造物从身后追赶上来，我们听到了鸟儿们发出的轻柔而欢快的隆隆鼓声。

世界不能选择。我们用眼睛跟随极端的严冬那沾满血迹的骇人的行列，直到它走过去。春天不能抑制，任何力量都不能使鸟儿悄然，不能阻止大野鸽的沸腾，不能滞留美好世界中丰饶的创造，它们不可阻挡地振作自己，来到我们身边。无论人们情愿与否，月桂树总要飘出花香，绵羊总要站立舞蹈，白屈菜①总要遍地闪烁，那就是新的天堂和新的大地。

那些强者将跟随冬天从大地上隐遁②。春天来到我们中间，银色的泉流在心底奔涌，这喜悦，我们禁不住。在这一时刻，我们将这喜悦接受了！变化的时节，啼唱起不平凡的颂歌，这是极度的苦难所禁

① ［白屈菜］一种多年生草本植物，叶互生，花黄色。

② ［隐遁］隐居避世。这里指消失。

不住的，是无数残损的死亡所禁不住的。

多么漫长漫长的冬天，冰封昨天才裂开。但看上去，我们已把它全然忘记了。它奇怪地远离了，像远去的黑暗。看上去那么不真实，像长夜的梦。新世界的光芒摇曳在心中，跃动在身边。我们知道过去的是冬天，漫长、可怖。我们知道大地被窒息、被残害。我们知道生命的肉体被撕裂，零落遍地。所有的毁害和撕裂，啊，是的，过去曾经降临在我们身上，曾经团团围住我们。它像高空中的一阵风暴，一阵浓雾，或一阵倾盆大雨。它缠在我们周身，像蝙蝠绕进我们的头发，逼得我们发疯。但它永远不是我们最深处真正的自我。我们就是这样，是银色晶莹的泉流，先前是安静的，此时却跌宕①而起，注入盛开的花朵。

生命和死亡全部不相容。死时，生便不存在，皆是死亡，犹如一场势不可挡的洪水。继而，一股新的浪头涌起，便全是生命，便是银色的极乐的源泉。

死亡攫住了我们，一切残断，沉入黑暗。生命复生，我们便变成水溪下微弱但美丽的喷泉，朝向鲜花奔去。当炽烈而可爱的画眉，在荆棘丛中平静地发出它的第一声啼鸣时，怎能把它和那些在树丛外血肉模糊、羽毛纷乱的残骸联系在一起呢？在死亡的王国里，不会有清越的歌声，正如死亡不能美化生的世界。

鸽子，还有斑鸠、画眉……不能停止它们的歌唱。它们全身心地投入了，尽管同伴昨天遭遇了毁灭。它们不能哀伤，不能静默，不能追随死亡。死去的，就让它死去。现在生命鼓舞着、摇荡着到新的天堂，新的昊天②，在那里，它们禁不住放声歌唱，似乎从来就这般炽烈。

---

① ［跌宕（dàng）］起伏变化。
② ［昊（hào）天］广大无边的天。

从鸟儿们的歌声中，听到了这场变迁的第一阵爆发。在心底，泉流在涌动，激励着我们前行。谁能阻挠到来的生命冲动呢？它从陌生的地方来，降临在我们身上，使我们乘上了从天国吹来的清新柔风，就如向死而生[①]的鸟儿一样。

① ［向死而生］意指明白了生与死的关系，因而能勇敢地面对死亡，积极地生活。

教学思路与文本思路①

——陶健《拿来主义》教学设计研讨

阅读一篇文章首先要理清文本思路。如果把一篇文章比作一棵树，文本思路就是树干，段落就是树枝，语句就是树叶。有的语文课，抓住一些精彩片段或语句进行赏析，学生兴趣盎然，气氛活跃。但一堂课下来，缺乏整体感，其原因是没有用文本思路贯穿解读过程。从阅读与作文教学整体化的角度看，课文是范文。学生作文立意不明，思路不清，与阅读教学忽视文本思路解读不无关系。

文本思路不仅表现为文本的整体结构，也表现于段落内在结构和句群的内在联系中。其实一个表达完整意思的段落或句群，独立出来就是具体而微的“篇”。因此，即便是解读一个段落，也要理清枝节的分布；即便是解读一组句子，也要看清叶片的脉络。

有的课文教学重点不在文本结构，并不意味着文本思路的解读可有可无。无论从哪个角度去解读课文，文本思路总是要贯穿其中的。再好的珍珠没有一条线穿起来，就不能成为一条项链。

文本解读有两种方式：一种是从主干入手，理清枝叶；一种是从枝叶入手，触摸主干。恰如“须弥藏芥子，芥子纳须弥”：“须弥藏芥子”，显而易见；“芥子纳须弥”，隐含玄机。

文本思路是教学思路的依据，但教学思路又不等同于文本思路。这是因为，教学解读是对文本解读过程的重构，在重构过程中要有由

① 原载：中学语文教学，2011，（6）. 原题：教学思路不等同于文本思路 .

"芥子"窥"须弥"的思维。

下面结合陶健老师的教学设计来具体讨论。

☆教学设计☆

【教学重点】

理清作者思路和文章结构。

人民教育出版社出版的高中语文课标教材（必修 4）"单元提示"中要求："阅读时不妨从文章结构入手，沿着作者的思路，看作者怎样提出问题、分析问题和解决问题，怎样把观点与材料紧密结合起来。"在课后"研讨与练习"中要求："阅读课文，理清作者思路，总体把握文意，说说'拿来主义'的含义是什么。"

【教学方法】

采用问题探究的方式，引导学生自主学习：提出问题—自主探究—合作研讨。

【教学过程】

一、全文总思路

1. 什么是"拿来主义"。

题目是"拿来主义"，通读全文，请用原话回答：什么是"拿来主义"？

明确：在文章的第 5 段中，鲁迅有明确的表述："送去"之外，还得"拿来"，是为"拿来主义"。

2. 什么是真正的"拿来主义"。

"拿来主义"就是主张"拿来"吗？

明确：鲁迅先生的"拿来主义"不只是主张"拿来"，同时也主张“送去”，既送出去与人交流，又拿进来学习创造，这才是真正的“拿来主义”。

3. 给文章分段。

第5段中说：“我在这里也并不想对于‘送去’再说什么”，“我只想鼓吹我们再吝啬一点，‘送去’之外，还得‘拿来’”。请你据此划分文章的段落层次。

明确：这是一个过渡段。文章分为两部分：前面论述“送去”，是破；后面论述“拿来”，是立。前面部分论述的是“送去”的表现与危害，后面论述的是“拿来”的主张及意义。这是全文总的思路。

二、“送去”的表现

1. 区分“闭关主义”“送去主义”与“拿来主义”。

拿来主义主张“既送又拿”，请阅读第1段，找出“闭关主义”“送去主义”与“拿来主义”的本质区别。

明确：闭关主义，不送不拿；送去主义，只送不拿；拿来主义，既送又拿。

2. 找出第1、2段的主旨句。

阅读第1、2段，在文中勾画出统领这两段文字的主旨句。

明确：第1、2段论述了中国从“不送不拿”的闭关主义失败后，“到现在，成了什么都是‘送去主义’了”。这句话是第1、2段的观点，不只是第1段的观点。主义是系统的主张，“送去”要上升为“送去主义”，只有第1段论述的“送去”是不够的，还必须有第2段“不拿”的支撑，只有“只送不拿”的主张和表现才是“送去主义”，否则，就只是“送去”而不是“送去主义”。

第2段表明，在送去的同时，不但没有人“拿来”，甚至没有人说过要“拿来”，而且连“礼尚往来”的“仪节”都放弃。只有加上这段论述，才是一味地“送去”，才是“送去主义”。第2段实际上是第1段的结束句，为了强调没人主张“拿来”，将它独立成段。

3. 我们现在也把优秀文艺作品送出去，是不是也在实行“送去主义”？为什么？

明确：二者的区别在于：民国时期只有送出去，没有拿进来。如今在“送去”的同时，也“拿来”。（可以根据当时文化交流的情况举出一些实例。）

4. 第1段用了哪些论据来证明“到现在，成了什么都是‘送去主义’了”？用了什么论证方法？

明确：第1段用例证法。用“学艺”的例子来证明“什么都是‘送去主义’了”；用“送古董”“送古画和新画”“送活人”的例子，证明“学艺”上全是“送去”。

三、“送去”的危害

1. 你能从第1段中读出“送去主义”的危害吗？

明确：从送去的时间看，“先”“还有”“不远”表明一直在送。从送去的内容看，“古董”代表古代最有价值的国宝；“古画”到“新画”表明实物成果没有了，代之以画；而且古画也没有了，代之以新画；甚至连新的艺术成果都没有了，代之以“活人”。从送去的数量看，“一批”言其多，“几张”言其少，“一个”表明快没了。“送去主义”的直接后果就是断送了民族文化。

2. 第3、4段是怎样论述“送去主义”危害的？

明确：用类比方法论述了“送去主义”的危害。类比的对象是尼采和中国，类比点是“丰富”“大度”及其“结果”。在自诩“丰富”“大度”上，尼采是“光热无穷”“只给不取”；中国是“地大物博”，单“煤”就能供全世界用“几百年”。在“结果”上尼采是“发了疯”，

“太阳”再无光热，也无法再给予；中国是子孙再无可以作为“礼品”送的东西，只有国粹“磕头”，讨得“抛给”的残羹冷炙。

四、“拿来”的主张

“拿来”的主张是分两个层次来阐明的。一方面，阐明了什么是拿来（第6、7段）；另一方面，用大量篇幅论述怎样拿来（第8、9段），这一部分的文字几乎占全文的二分之一，是重点论述部分。

1. 文章是怎样阐明“什么是拿来”的？

明确：分两个层次来阐明。先从反面说“什么不是拿来”（第6段），然后从正面说“什么是拿来”（第7段）。

从字面上看“拿来”，就是把国外的东西拿作我用。但国外无用的东西已经“吓怕”了我们，英国的鸦片、法国的香粉、日本的小东西、德国的废枪炮，这些毒害肌体、腐蚀心灵、掠夺财富、妨害军力的“洋货”，使我们产生了“恐怖”；但这并不表示国外的东西不能“拿来”为我所用，其根本原因在于这些东西不是我们根据需要自己“拿来”的，而是他人根据他们的利益“送来”的。这是从反面揭示出“什么不是拿来”。第7段从正面揭示出“什么是拿来”，即“运用脑髓，放出眼光，自己来拿”。

2. 作者认为应该“怎样拿来”？

明确：文章采用比喻论证。把文化遗产比作“大宅子”，以小见大，阐明抽象、深刻的大道理。第9段开头说“他占有，挑选”，这是一个承上启下的过渡句，“占有”是对第8段的总结，“挑选”是对第9段的总起。作者认为要“运用脑髓，放出眼光，自己来拿”，首先要占有国外的东西，把它拿过来，然后进行挑选，有用的留下，没用的舍去。

3. 作者认为应该“如何占有”？

明确：从正反两个方面阐明——主张拿来，反对不拿。不拿分三类，“孱头”不敢拿，“昏蛋”不愿拿，“废物”不辨拿，他们都是没有“运用脑髓，放出眼光”去拿。

4. 作者认为应该“如何挑选”？

明确：第 9 段运用辩证思维，根据外来文化对我们的作用进行分类阐述。按照精华、糟粕，部分精华、部分糟粕进行分类，以确定是使用、存放或毁灭它，并使其为我所用，发展出我们的新文化。

五、“拿来”的意义

1. 第 10 段是怎样总结上文的？

明确：“我们要拿来”对应第 8 段如何占有；“我们要或使用，或存放，或毁灭”对应第 9 段如何挑选。

2. 作者是怎样阐明“拿来”的意义的？

明确：从正反两面指出：拿来，人成为新人，文艺成为新文艺；没有拿来的，人不能自成为新人，文艺不能自成为新文艺。

3. 实行“拿来”的人要具备什么条件？

明确：沉着，勇猛，有辨别，不自私。

六、总结全文结构

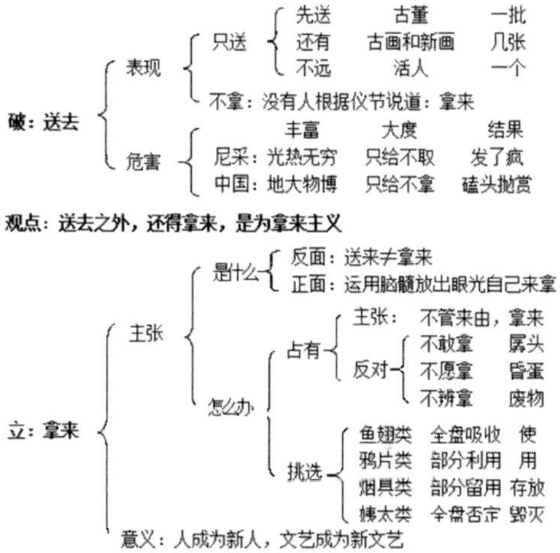

（设计者系重庆市复旦中学陶健）

☆设计研讨☆

这个教学设计的精彩之处有以下几点：

第一，思路清晰，不蔓不枝。解读文章犹如解剖麻雀，俗话说：麻雀虽小，五脏俱全。但教学一篇文章却不能面面俱到，否则教学就会没重点；各篇教学无所侧重，这是教学效率低下的一个很重要原因。该教学设计从文章思路入手，不蔓不枝，一以贯之，层层剥笋。开门见山：什么是“拿来主义”；接下来追问：“拿来主义”就是主张“拿来”吗；再深究：“闭关主义”“送去主义”与“拿来主义”有何区别。进而联系现实，印证对“送去主义”的理解：我们现在也把优秀文艺作品送出去，是不是“送去主义”？提出问题固然重要，而问题的逻辑联系更为重要。问题的逻辑联系体现出文本解读的思路。

第二，提纲挈领而不失精微。论说文以逻辑力量见长，教学上提纲挈领容易做到，而往往疏于深究精微之处。这个教学设计在这方面有引人瞩目之处。例如对第1、2段主旨句的探讨，很有针对性，预见了阅读误区：只是“送去”不是“送去主义”，“只送不拿”才是“送去主义”。又如，“你能从第1段中读出‘送去主义’的危害吗？”——例证不仅说明当局实行“送去主义”，本身也暗示了一味“送去”的危害。教师对这段文字的分析可谓精到。

第三，板书设计呈现了文章思路，浓缩了文章内容。提纲挈领，细致入微，条清缕析，丝丝入扣。能将文本解读到这种程度，教学中足以得心应手，学生可以据此背诵课文。板书文字或为对文本的主观评价，或为对教学目标与过程的表述。常见的一些板书设计，简单地写几句话或几个词，缺乏逻辑联系，既起不到理清文本思路的作用，又游离于文本之外，不得要领，流于形式。目前的语文教学，热衷于媒体手段的使用，传统板书日益被冷落，教学基本功缺失。而像这么缜密的板书设计已是凤毛麟角，实属罕见，岂不知，一个好的板书设计，体现着教师对文本的把握程度和教学设计水准。当然，这个板书设计也可以简约一些。

☆改进建议☆

总的来说，该教学设计显得平铺直叙，问题出在哪里呢？

抓住文章思路解读文本，这固然没错；遗憾的是，在某种程度上把教学思路简单地等同于文本思路。事实上，教学思路不等同于文章思路；同理，教学结构也不等同于文本结构。教学思路是对文本解读过程的重构，而不是文本思路的简单重现。具体来说，教学思路指向文本思路是怎样呈现的，而不止于文本思路本身。前面提到解剖麻雀，说到“解剖”，就要选择一个入手处，一刀下去，切中关键，迎刃而解。教学是一门艺术，不同的教师会有不同的设计。例如，本文是从“送去主义”谈起的，解读什么是“送去主义”是必要的；但文本解读的关键并不在此，而在为什么说“活人替代了古董”也算是一种“进步”。再如第5段，“我只想鼓吹再吝啬一点”，“吝啬”具体指什么？“吝啬”之前为什么要加上个“再”字？回头联系第3段中的“大度”，“送去主义”的危害也就显而易见了。又如，可以先不具体分析第9段所谈的如何“占有，挑选”，可以从最后一段“我们要或使用，或存放，或毁灭”入手，回头讨论其具体所指。这样来设计，教学内容就会简约一些，教学思路或许显得灵活一些，可以使学生在解读文本时，不止于“知其然”，进而“知其所以然”。

再有，“大宅子”是文章主旨所在，通俗地说，前面的“破”是摆事实，这里的“立”是讲道理。教学设计对此进行了详细解读，可以从比喻论证的角度再深入一步。“大宅子”一段从论证方法看是比喻论证，从修辞方法看是博喻。可以深究喻体和本体的对应关系，明确喻体（如鱼翅、鸦片、烟具、姨太等）所指，确切地理解比喻论证的运用，从而体会本文讽刺与幽默的韵味。

☆附录☆

拿来主义[1]

鲁迅

中国一向是所谓"闭关主义[2]"，自己不去，别人也不许来。自从给枪炮打破了大门之后，又碰了一串钉子[3]，到现在，成了什么都是"送去主义"了。别的且不说罢，单是学艺[4]上的东西，近来就先送一批古董到巴黎去展览[5]，但终"不知后事如何"；还有几位"大师"们捧着几张古画和新画，在欧洲各国一路的挂过去，叫作"发扬国光"[6]。听说不远还要送梅兰芳博士到苏联去，以催进"象征主义"[7]，此后是顺便到欧洲传道。我在这里不想讨论梅博士演艺和象征主义的关系，总之，活人替代了古董，我敢说，也可以算得显出一点进步了。

但我们没有人根据了"礼尚往来[8]"的仪节[9]，说道：拿来！

当然，能够只是送出去，也不算坏事情，一者见得丰富，二者见

---

① 《普通高中课程标准实验教科书・语文・必修 4》，人民教育出版社，2006 年版。选自《鲁迅全集》第六卷《且介亭杂文》，人民文学出版社，1981 年版。

② ［闭关主义］指清政府奉行的闭关自守政策。

③ ［碰了一串钉子］指鸦片战争以后，清政府与英、法、俄、日、美、意、德等国家相继签订了一系列丧权辱国的不平等条约。

④ ［学艺］泛指学术文艺。

⑤ ［送一批古董到巴黎去展览］指当时国民党政府在巴黎的中国古典艺术展览。

⑥ ［还有几位……叫作"发扬国光"］指当时国民党政府在西欧各国举办的中国绘画展览。

⑦ ［听说不远……以催进"象征主义"］《大晚报》在 1934 年 5 月 28 日刊载了一条文艺新闻，说著名美术家徐悲鸿等在莫斯科举办中国书画展览会，"切合苏俄正在盛行之象征主义作品"，还说"因拟……邀中国戏曲名家梅兰芳等前往奏艺"。鲁迅针对这一则新闻，在同年 5 月 30 日写了《谁在没落？》一文，指出象征主义已经在苏联没落的事实，并斥责那种认为中国画和戏剧切合象征主义的说法。象征主义是 19 世纪末在法国兴起的文艺流派。

⑧ ［礼尚往来］社会交往中应当有来有往。尚，崇尚、重视。

⑨ ［仪节］礼节。

得大度[①]。尼采[②]就自诩过他是太阳，光热无穷，只是给与，不想取得。然而尼采究竟不是太阳，他发了疯。中国也不是，虽然有人说，掘起地下的煤来，就足够全世界几百年之用，但是，几百年之后呢？几百年之后，我们当然是化为魂灵，或上天堂，或落了地狱，但我们的子孙是在的，所以还应该给他们留下一点礼品。要不然，则当佳节大典之际，他们拿不出东西来，只好磕头贺喜，讨一点残羹冷炙[③]做奖赏。

这种奖赏，不要误解为“抛来”的东西，这是“抛给”的，说得冠冕[④]些，可以称之为“送来”，我在这里不想举出实例[⑤]。

我在这里也并不想对于“送去”再说什么，否则太不“摩登[⑥]”了。我只想鼓吹我们再吝啬一点，“送去”之外，还得“拿来”，是为“拿来主义”。

但我们被“送来”的东西吓怕了。先有英国的鸦片，德国的废枪炮，后有法国的香粉，美国的电影，日本的印着“完全国货”的各种小东西。于是连清醒的青年们，也对于洋货发生了恐怖。其实，这正是因为那是“送来”的，而不是“拿来”的缘故。

所以我们要运用脑髓，放出眼光，自己来拿！

譬如罢，我们之中的一个穷青年，因为祖上的阴功[⑦]（姑且让我这么说说罢），得了一所大宅子，且不问他是骗来的，抢来的，或合

---

① ［大度］大方，气量宽宏。

② ［尼采］德国哲学家。著有《悲剧的诞生》《扎拉图斯特拉如是说》等。他对西方传统的基督教文化持批判态度，高喊“上帝死了”，提出“重新估定一切价值”。他主张唯意志论，提倡超人哲学，并以“太阳”自命，后发疯而死。

③ ［残羹冷炙（zhì）］吃剩的饭菜，借指权贵的施舍。炙，烤肉。

④ ［冠冕（miǎn）］“冠冕堂皇”的省语，意思是很体面、有气派。冕，古代帝王的礼帽。

⑤ ［我在这里不想举出实例］暗指按1933年国民党政府与美国签订的“棉麦借款”协定运来的剩余的小麦、面粉和棉花。

⑥ ［摩登］英语“modern”的音译，“现代的”“时髦的”的意思。

⑦ ［阴功］迷信的说法，认为人们做了好事，阴间就给记功，可以泽及后代子孙。

法继承的，或是做了女婿换来的[①]。那么，怎么办呢？我想，首先是不管三七二十一，“拿来”！但是，如果反对这宅子的旧主人，怕给他的东西染污了，徘徊不敢走进门，是孱头[②]；勃然大怒，放一把火烧光，算是保存自己的清白，则是昏蛋。不过因为原是羡慕这宅子的旧主人的，而这回接受一切，欣欣然的蹩进卧室，大吸剩下的鸦片，那当然更是废物。“拿来主义”者是全不这样的。

他占有，挑选。看见鱼翅[③]，并不就抛在路上以显其“平民化”，只要有养料，也和朋友们像萝卜白菜一样的吃掉，只不用它来宴大宾；看见鸦片，也不当众摔在茅厕里，以见其彻底革命，只送到药房里去，以供治病之用，却不弄“出售存膏，售完即止”的玄虚[④]。只有烟枪和烟灯，虽然形式和印度，波斯[⑤]，阿刺伯的烟具都不同，确可以算是一种国粹[⑥]，倘使背着周游世界，一定会有人看，但我想，除了送一点进博物馆之外，其余的是大可以毁掉的了。还有一群姨太太，也大以请她们各自走散为是，要不然，“拿来主义”怕未免有些危机。

总之，我们要拿来。我们要或使用，或存放，或毁灭。那么，主人是新主人，宅子也就会成为新宅子。然而首先要这人沉着，勇猛，有辨别，不自私。没有拿来的，人不能自成为新人，没有拿来的，文艺不能自成为新文艺。

六月四日[⑦]。

---

① ［做了女婿换来的］这里是讽刺做了富家翁的女婿而自我炫耀的邵洵美之流。

② ［孱（càn）头］懦弱无能的人。

③ ［鱼翅］一种用鲨鱼的鳍（qí）干制成的名贵海味。

④ ［玄虚］这里指用来掩盖真相、使人迷惑的手段。

⑤ ［波斯］伊朗的旧称。

⑥ ［国粹］原指民族文化中的精华，这里是反语。

⑦ ［六月四日］指 1934 年 6 月 4 日。

文本拓展与课程建构[①]

——廖昌燕《辩证评价历史人物专题》教学设计研讨

在当前的语文教学中，文本拓展渐成趋势，这表明教师的课程资源意识逐渐强化。教材是重要的课程资源，但不是唯一资源；教材是课程载体，但不是课程本身。教师有理由根据教学的实际需求，选择性地使用教材，并自行补充教学文本。教学文本拓展属于课程资源范畴，在此基础上如何进行课程建构，值得深入探讨。教学专题设计，是课程建构的途径之一。下面的课例可供参考。

☆教学设计☆

一、“苏武与李陵”教学专题的确定

文言文教学，应该既要注重教授文言知识、文学知识，培养学生的文言文阅读能力，同时又要重视挖掘文章独特的人文价值，体会其中传统文化的精神内涵，给学生以思想情感的熏陶。

《苏武传》是一篇体现中华民族传统文化精神内涵的优秀人物传记，但每次在教学中，学生对苏武、李陵的评价都存在很大争议。有的赞同苏武否定李陵，有的赞同李陵否定苏武，有的模棱两可，谁也无法说服谁。与其让学生们争论不休，不如针对他们争论的问题设计“苏武与李陵”这一专题，放手让学生去查阅资料，开阔视野，深入思考，自己得出结论；使学生在认识、评价历史人物的过程中，学习

① 原载：中学语文教学，2013，（8）. 原题：专题设计：文本拓展与课程建构 .

传统美德与高尚品格，同时思考现实社会的人生观、价值观，从而促进情感态度与思维水平的提升；让学生学会从不同角度（历史的、现实的、个人的、传统文化的、社会发展的）认识、评价历史人物，能够全面辩证地评价人物，而不是静止局部地简单评说。这正是学生探究此专题的意义和价值，也是新课标赋予的目标与任务。

二、“苏武与李陵”专题教学的相关资料

1. 苏武、李陵的相关史料

为使学生对相关背景有全面深入的了解，为认识、评价人物做准备，可让学生阅读下面这些文章：司马迁《史记·李将军列传》、班固《汉书·苏武传》《汉书·李陵传》，贾江伟、李静《司马迁笔下的李广家族》，金州《读史李陵事》，冯天林《班固为李陵立传》。

2. 评价苏武、李陵的相关文章

为使学生从多个角度了解古今人们对苏武、李陵的不同看法，并能概括出作者的不同观点，培养学生在对比中发现问题、分析问题、解决问题的能力，在思考和追问中，形成自己的观点，得出自己的结论，可让学生阅读这些文章：孙新峰《李陵投降匈奴原因略说》、倪昭敏《论李陵的失败和投降》、李零《汉奸发生学》、任玲《李陵为历史提供的另类视角》、赵无眠《李陵有没有投降的权利》、古轩《忠与奸·解读李陵》、张西望《苏武精神，中华文化的宝贵财富》、肖龙《苏武的结局》、王江霞《悲境中的苏武》。

3. 中国传统文化中体现儒家生死观、人生观、价值观的文章

儒家的生死观、人生观在历史上影响深远。古人面对死亡、面对人生的选择，大多打上了儒家烙印。阅读这类文章，使学生了解中国传统文化的生死观、人生观、价值观，可以从另一角度思考古人道德选择的方式及成因，进而对苏武、李陵的人生选择有更为深入的认识，

从中受到人生追求的启迪。

可让学生阅读这些文章：博文《从李广和李陵的遭遇看中华文化的特征》《中国传统文化中关于人生观、价值观的一些论述》《儒家的生死观论析》，刘衍永、周晓阳《中国传统文化观的死亡观及其现代意义》。

三、《苏武传》教学步骤

1. 导学式文言积累（2 ～ 3 课时）（师生互动）

用两课时阅读文本，了解内容，完成梳理情节、感受人物形象的任务。这两节课侧重阅读技能的训练，将文言文知识的积累、文言文阅读能力的培养，融于阅读梳理之中。

在了解文章大意的过程中，让学生重点讨论、认识班固笔下的苏武形象（学生若对人物有不同看法，留待后面探究研讨）。

（1）宁死不辱。“见犯乃死，重负国。”“屈节辱命，虽生，何面目以归汉！”从这两句话可以看出，苏武临危不惧、宁死不屈，是为了维护国家尊严，维护汉朝荣誉。忠于国家，坚守节操，不辱使命，这是苏武的精神准则。

（2）严词拒降。面对卫律逼降，苏武厉声谴责；面对故友劝降，苏武坚守大义。忠和义，是苏武人格的核心。这样的道德准则与价值取向，使他坚守节操矢志不渝，使他在面对逼降、诱降、劝降，面对个人与国家、臣子与君主、得与失、生与死的严峻考验时，能够不为所动，宁死不降，使他做出与卫律、张胜和李陵完全不同的选择，表现出他崇高的爱国精神和民族气节。

（3）流放持节。苏武持节牧羊坚守19年，在荒无人烟的凄凉之中，在遥遥无期的孤独之中，在饥寒交迫的磨难之中，汉朝就是他的精神支柱，就是他的天地魂灵，就是他战胜一切困难的力量源泉。从这样的描写中，我们看到了一个顽强坚毅的忠君爱国的形象。

2. 自主式思考评论（2 课时）（小组合作）

这两节课用于学生查阅资料，或阅读教师提供的相关资料，了解不同观点，比较鉴别，初步提出自己的观点，然后分小组展开交流讨论。

以下探究问题供学生参考选择（或引导学生提出自己的探究问题）：

（1）苏武角度。① 试评苏武的功过得失和价值意义。②苏武为中国人提供了怎样的精神范例？③苏武精神的意义和价值是什么？苏武名垂千古之原因探究。

（2）李陵角度。①李陵之败的原因探究。②李陵悲剧的原因思考。③李陵——一个矛盾痛苦的悲剧人物。

（3）二者比较角度（如何评价苏武的忠君爱国？如何看待李陵的投降？）①站在今天角度，你如何看待苏武和李陵的不同选择？②李陵与苏武——背叛与守节。③是李陵背叛还是苏武愚忠？④苏武、李陵如何看待生命？

3. 探究式展示研讨（2 ~ 4 课时）（师生互动）

这几节课侧重生生、师生之间的深入交流研讨，探究对苏武、李陵的评价，展开学生与历史人物的对话，展开现实与历史的对话，并以小组汇报、论文及小报形式展示。

在小组汇报、论文交流展示的过程中，教师应针对学生认识的不足，或适时提出问题引发深入思考、展开讨论，或在关键处给予点拨指导，或进行概括总结提升认识水平，以使学生学习从不角度看待、分析问题。讨论时会有不同观点，得出不同结论，但不能简单地让学生照本宣科交流论文。

教师引导点拨关键问题：

（1）如何评价苏武的忠君爱国？

①将人物置于历史环境中。以今天眼光看苏武，有时代局限性，但不能简单说“愚忠”。因为分析人物不能脱离人物所处的历史环境，把苏武放在历史条件下考察，“忠、孝、仁、义”是苏武时代的价值观和道德标准。

对苏武而言，“忠君”就是爱国。我们不能苛求苏武超越他所生活的时代，让他清醒认识封建王朝统治的本质。

②将人物置于传统文化中。孟子说：“生，亦我所欲也；义，亦我所欲也；二者不可得兼，舍生而取义者也。”这是因为“义”之价值要远高于“生”之价值，这种文化及思想对后世影响很大，历史上许多人物在生死关头都奉行这样的道德准则。

班固评价：“孔子称‘志士仁人，有杀身以成仁，无求生以害仁’，‘使之四方，不辱君命’，苏武有之矣！”

③将人物置于历史发展中。从古至今，有许多这样的忠烈之士。文天祥、岳飞，乃至抗日先烈，在国家、民族危亡时刻挺身而出，为国捐躯，表现出惊天地、泣鬼神的感人力量，显示了震撼人心的气节与人格。苏武就是中华民族坚贞不屈形象的一个代表，是民族精神、爱国精神的化身。

④将人物置于现实生活中。从现实看，苏武作为一个代表国家的外交使臣，把个人生死置之度外，维护国家尊严和荣誉，忠于国家、坚守节操、不辱使命，是他的精神准则。这种准则今天看来，仍然值得称道。

（2）如何评价李陵投降？

①从传统文化看。李陵之败，客观原因在于李广利的援军迟迟不至，而李陵以五千将士力抗匈奴八万骁勇之敌，坚持近十日，不可谓

不尽力。如果李陵战死或自尽，他必然是垂范千古的民族英雄；如果李陵心甘情愿地做奴才，为人驱使，如卫律、张胜一般，也很简单。然而李陵却选择了另一条路，一条对他来讲充满矛盾痛苦的路，他每迈出一步，都备受民族大义的拷问，良心的煎熬。

在中国传统的伦理道德和价值观中，在一个注重人格尊严超过了生命，并渴望在人格实现中实现个人价值的社会里，李陵的做法决不能被容许、被肯定。这正是李陵为后人所痛恨和不齿的原因。

②从西方文化看。从李陵与苏武告别的对话（补充课文删节部分）中可以看到，李陵的价值观是将个人利益放在国家利益之上，他要求的是权利与义务的结合，朝廷剥夺了他的家人的生存权利，他就不再为朝廷尽义务。这种带有鲜明的个人主义色彩的价值观，与西方价值观非常相近。在西方，人们对李陵投降能给予充分理解，因为个人生存权至高无上。然而在中国，李陵的投降就是千夫所指的卖国行为，为人不齿。在中国文化中，只有苏武的行为才被认可被肯定，因为他是不讲权利地尽义务。这是由苏武所生活时代的道德准则及传统文化观念所决定的。

③从今天看。在当今高度发展的现代社会，我们对苏武和李陵的认识评价更加多元。苏武的坚贞不屈仍然值得我们景仰赞叹，而李陵的屈辱投降，也能够被充分理解。同时我们也认识到，当面对个人与国家、生与死、情与理、公与私等人生选择的时候，要坚守社会的道德准则和价值取向，这正是由我们所生活的社会道德准则以及文化传统所决定的。

（设计者系中国人民大学附属中学廖昌燕）

☆设计研讨☆

《苏武传》是人民教育出版社出版的《普通高中课程标准试验教

科书·语文·必修 4》中的一篇课文，廖昌燕老师将其设计为一个教学专题，这是一个值得关注的动向。此类教学设计的价值不止于文本拓展，更在于课程建构。

首先要回答的问题是：如何看待和使用教材。教学的依据是课程标准而不是教材，同一个课程标准，可以有不同版本的教材。教材是重要的课程资源，但不是课程资源的全部。教师有权对教材中的篇目进行取舍，也有权根据教学需要补充教学文本，重组课程资源。

课程建构是通过教学设计来实现的。从目前语文教学整体情况来看，教学设计视野尚处于微观状态，大多局限于教材篇目，很少向“课外”拓展；大多局限于单篇文本，很少进行专题设计。当然，专题设计完全脱离教材也不切合实际，可以教材篇目为基础，由此向“课外”拓展。其实，“课外”不过是一个约定俗成的说法，教材之外，并不等于课程之外。从课程的宏观视野来看，教学文本由课内向课外拓展是课程建构的必要手段。否则，教学设计空间岂不局限在教材的一篇课文之内了吗？

从课程建构角度来看，此专题设计有可资借鉴之处。

1. 根据教学实际确立专题

以往教学情况表明，学生对苏武、李陵的评价分歧很大，于是教师针对争议设计了“苏武与李陵”专题。这一题目的确立提纲挈领，抓住了文本解读的关键，引导了文本解读的方向。

2. 根据专题补充相关文本

根据专题需要，补充相关文本，由《汉书·苏武传》拓展至《汉书·李陵传》，这一设计至关紧要。二者比照来读，还原历史背景，帮助学生理解人物处境，对历史人物做出客观评价。其实，即使身为汉代史官的司马迁和班固，对李陵还是持宽容态度的。下面摘录《汉书·李陵传》中的部分文字以供参考：

群臣皆罪陵，上以问太史令司马迁，迁盛言："陵事亲孝，与士信，常奋不顾身以殉国家之急。其素所畜积也，有国士之风。今举事一不幸，全躯保妻子之臣随而媒蘖其短，诚可痛也！且陵提步卒不满五千，深輮戎马之地，抑数万之师，虏救死扶伤不暇，悉举引弓之民共攻围之。转斗千里，矢尽道穷，士张空拳，冒白刃，北首争死敌，得人之死力，虽古名将不过也。身虽陷败，然其所摧败亦足暴于天下。彼之不死，宜欲得当以报汉也。"上以迁诬罔，欲沮贰师，为陵游说，下迁腐刑。久之，上悔陵无救，乃遣使劳赐陵余军得脱者。

陵在匈奴岁余，上遣因杅将军公孙敖将兵深入匈奴迎陵。敖军无功还，曰："捕得生口，言李陵教单于为兵以备汉军，故臣无所得。"上闻，于是族陵家，母弟妻子皆伏诛。陇西士大夫以李氏为愧。其后，汉遣使使匈奴，陵谓使者曰："吾为汉将步卒五千人横行匈奴，以亡救而败，何负于汉而诛吾家？"使者曰："汉闻李少卿教匈奴为兵。"陵曰："乃李绪，非我也。"

补充的相关文本不仅充实了语文学习资源，也充实了历史知识，还开阔了人文视野。

3. 由专题深入到中国传统的伦理道德和价值观层面

"苏武与李陵"专题的探究，深入到中国传统的伦理道德和价值观层面，凸显了新课程强调的"情感、态度和价值观"目标。教学设计从不同时代背景和文化背景讨论苏武与李陵的成败得失，有利于引导学生进行多元而理性地思考。

该教学设计给我们的另一个启发是，要引导学生的治学态度。通常人们以为治学是大学生或学者的事情，其实不然。学识无论深浅，治学态度同样重要。语文课堂讨论常常谈主观感想，言无凭据，表面看来"脱离文本"，其实与治学态度不无关系。该教学设计为学生提供了大量参考文献，例如《从李广和李陵的遭遇看中华文化的特征》《中国传统文化中关于人生观、价值观的一些论述》等，尽管学生未必把这些文章全部读完，但至少可以影响学生的治学态度，发生治学意识，讨论问题不至于信口开河。

☆改进建议☆

当然，这个教学设计也有明显不足，例如相关文献的索引和探究题目的设置显得芜杂，应予以优化，使之清晰简明。

☆附录☆

苏武传①

班固

武，字子卿②，少以父任，兄弟并为郎③。稍迁至栘中厩监④。时汉连伐胡，数通使相窥观⑤。匈奴留汉使郭吉、路充国等，前后十余

① 《普通高中课程标准实验教科书·语文·必修4》，人民教育出版社，2006年版。节选自《汉书·李广苏建传》，中华书局，1962年版。《汉书》是我国第一部纪传体断代史。它记载了从汉高祖刘邦元年（前206）到王莽地皇四年（23）之间229年的历史。班固（32-92），字孟坚，东汉安陵（今陕西咸阳）人，著名史学家和文学家。

② ［武，字子卿］苏武的传是附在父亲苏建的后面的，所以这里不再写明他的姓。

③ ［少以父任，兄弟并为郎］年轻时，因为父亲任职的关系而被任用，兄弟都做了皇帝的侍从官。任，指他父亲的职任。汉朝制度，凡职位在两千石以上的官吏可以保举子弟一人做郎官。并，都。郎，官名，汉代专指皇帝的侍从官。

④ ［稍迁至栘（yí）中厩监］渐渐升到栘中厩监。稍，渐渐。迁，升迁、升任。栘中，厩名。监，管事的官员，这里是指管理马厩的官。

⑤ ［时汉连伐胡，数通使相窥观］当时汉朝接连讨伐匈奴，屡次互派使者窥探观察（对方的情况）。伐，征讨。胡，此处指匈奴。通使，互派使者。

辈[①]。匈奴使来，汉亦留之以相当[②]。天汉元年[③]，且鞮侯单于[④]初立，恐汉袭之，乃曰[⑤]：“汉天子我丈人行也[⑥]。”尽归汉使路充国等。武帝嘉其义[⑦]，乃遣武以中郎将使持节送匈奴使留在汉者[⑧]，因厚赂[⑨]单于，答其善意[⑩]。武与副中郎将张胜及假吏常惠等募士斥候百余人俱[⑪]，既至匈奴，置币遗单于[⑫]；单于益骄[⑬]，非汉所望也[⑭]。

方欲发使送武等[⑮]，会缑王与长水虞常等谋反匈奴中[⑯]。缑王者，

---

① ［十余辈］十几批。

② ［当（dàng）］抵押。

③ ［天汉元年］公元前 100 年。天汉，汉武帝年号（前 100- 前 97）。

④ ［且鞮（jūdī）侯单于］且鞮侯，单于名。单于，匈奴的最高首领。

⑤ ［乃曰］就说。

⑥ ［汉天子我丈人行（háng）也］汉天子是我的长辈啊。丈人，对老人和长辈的尊称。行，辈。

⑦ ［嘉其义］赞许他这种合乎情理的做法。义，宜，做事合乎情理。

⑧ ［乃遣武以中郎将使持节送匈奴使留在汉者］（武帝）就派苏武以中郎将的身份，让他持节出使匈奴，送留在汉朝的匈奴使者。节，旄（máo），以竹为竿，上缀以牦牛尾，是使者所持的信物（即凭证）。匈奴使留在汉者，就是“留在汉之匈奴使”。

⑨ ［厚赂（lù）］赠以丰厚的礼物。赂，赠送礼物。

⑩ ［答其善意］回报他的好意。

⑪ ［武与副中郎将张胜及假吏常惠等募士斥候百余人俱］苏武与副中郎将张胜以及临时充任使臣属吏的常惠等招募士卒和侦察兵一百多人，一同（前往）。假吏，指临时充任使臣属吏。募，招募。士，士卒。斥候，侦察兵。俱，一同。“俱”后省略动词谓语。

⑫ ［置币遗（wèi）单于］备办了一些财物给单于。

⑬ ［益骄］更加倨傲。

⑭ ［非汉所望也］不是汉朝所期望的。

⑮ ［方欲发使送武等］单于正要派使者护送苏武等人归汉。

⑯ ［会缑（gōu）王与长水虞常等谋反匈奴中］适逢匈奴国内缑王与原长水校尉虞常等人密谋反叛。缑王，匈奴的一个王。长水，水名，在今陕西蓝田西北。长水虞常，指汉朝投降匈奴的原长水校尉虞常。

昆邪王[①]姊子也，与昆邪王俱降汉，后随浞野侯没胡中[②]。及卫律所将降者[③]，阴相与谋劫单于母阏氏归汉[④]。会武等至匈奴，虞常在汉时，素与副张胜相知[⑤]，私候胜[⑥]曰："闻汉天子甚怨卫律，常能为汉伏弩射杀之[⑦]。吾母与弟在汉，幸蒙其赏赐[⑧]。"张胜许之，以货物与常[⑨]。

后月余，单于出猎，独阏氏子弟在[⑩]。虞常等七十余人欲发[⑪]，其一人夜亡[⑫]，告之[⑬]。单于子弟发兵与战。缑王等皆死，虞常生得[⑭]。单于使卫律治其事[⑮]。张胜闻之，恐前语发[⑯]，以状语武[⑰]。武曰："事

---

① ［昆邪（húnyé）王］匈奴的一个王，其部落在今甘肃省西北部。

② ［后随浞（zhuó）野侯没胡中］后来又跟随浞野侯陷没在匈奴。浞野侯，是汉将赵破奴的封号，太初二年（公元前 103 年）出击匈奴，兵败投降。没，陷没。

③ ［及卫律所将降者］以及卫律所带领过的那些被迫投降匈奴的人。卫律，长水胡人，生长于汉，曾任汉使出使匈奴，后因事株连，畏罪逃亡，投降匈奴，封为丁灵（匈奴的一个部落）王，成为单于的亲信。将，领。降者，投降匈奴的人。

④ ［阴相与谋劫单于母阏氏（yānzhī）归汉］暗地里一起密谋劫持单于的母亲阏氏归附汉朝。阴，暗地里。相与，互相、一起。阏氏，匈奴单于配偶的称号，如同王后。

⑤ ［相知］相熟识，有交情。

⑥ ［私候胜］私自拜访张胜。

⑦ ［常能为汉伏弩射杀之］我虞常能为汉朝暗中用弩弓射死他（指卫律）。

⑧ ［幸蒙其赏赐］希望得到皇帝的赏赐。幸，希望。蒙，蒙受、得到。其，代词，指汉天子。

⑨ ［以货物与常］把财物给虞常。货物，指一般财物。

⑩ ［独阏氏子弟在］只有阏氏和单于的子弟在家。

⑪ ［欲发］准备动手。

⑫ ［其一人夜亡］他们当中有一个人夜里跑了出来。其，代词。

⑬ ［告之］告发这件事。

⑭ ［生得］被活捉。

⑮ ［治其事］审理这个案件。

⑯ ［恐前语发］担心以前（与虞常）的谈话被揭发。发，揭露、暴露。

⑰ ［以状语武］把情况告诉苏武。

如此，此必及我[①]。见犯乃死，重负国[②]。”欲自杀，胜、惠共止之。虞常果引张胜[③]。单于怒，召诸贵人议[④]，欲杀汉使者。左伊秩訾[⑤]曰：“即谋单于，何以复加[⑥]？宜皆降之[⑦]。”

单于使卫律召武受辞[⑧]，武谓惠等：“屈节辱命[⑨]，虽生，何面目以归汉！”引佩刀自刺。卫律惊，自抱持武，驰召医[⑩]。凿地为坎[⑪]，置煴火[⑫]，覆武其上[⑬]，蹈[⑭]其背以出血。武气绝，半日复息[⑮]。惠等哭，舆[⑯]归营。单于壮其节[⑰]，朝夕遣人候问[⑱]武，而收系[⑲]张胜。

---

① [此必及我]这一定会牵连到我。及，动词，牵连到。

② [见犯乃死，重(zhòng)负国]等到被(匈奴)侮辱以后才死，更加对不起国家。见犯，受到侵犯、侮辱。重，更加。

③ [果引张胜]果然招出张胜。引，牵攀、招供。

④ [召诸贵人议]召集贵族们商议。

⑤ [左伊秩訾(zī)]匈奴贵族的一种称号。

⑥ [即谋单于，何以复加]假使谋杀单于，又该用什么更重的处罚呢？意思是说，因为谋劫阏氏杀卫律就把汉使处死，处罚太重。

⑦ [宜皆降之]应该招降他们。降，使动用法，使……投降。

⑧ [受辞]受审讯。

⑨ [屈节辱命]于节操有亏，又辜负了使命。

⑩ [驰召医](派人)骑马跑去召医生来。

⑪ [坎]坑。

⑫ [煴(yūn)火]无焰的火。

⑬ [覆武其上]把苏武背朝上卧在燃火的坑上。

⑭ [蹈]踩。

⑮ [复息]又能呼吸。息，气息。

⑯ [舆]抬，扛。

⑰ [壮其节]钦佩苏武的气节。壮，这里是形容词的意动用法。

⑱ [候问]问候。

⑲ [收系]逮捕监禁。

武益愈[①]，单于使使晓武[②]。会论虞常[③]，欲因此时降武。剑斩虞常已，律曰："汉使张胜谋杀单于近臣[④]，当死[⑤]，单于募降者赦罪[⑥]。"举剑欲击之，胜请降。律谓武曰："副有罪，当相坐[⑦]。"武曰："本无谋[⑧]，又非亲属，何谓相坐[⑨]？"复举剑拟之[⑩]，武不动。律曰："苏君，律前负汉归匈奴，幸蒙大恩[⑪]，赐号称王[⑫]，拥众数万，马畜弥山[⑬]，富贵如此。苏君今日降，明日复然[⑭]。空以身膏草野[⑮]，谁复知之！"武不应。律曰："君因我降[⑯]，与君为兄弟，今不听吾计，后虽欲复见我，尚可得乎？"武骂律曰："汝为人臣子，不顾恩义，畔主背亲[⑰]，为降虏于蛮夷[⑱]，何以汝为见[⑲]？且单于信汝，使决人死

---

① ［益愈］渐渐痊愈。益，渐渐。

② ［使使晓武］派使者通知苏武。前一个"使"作动词，派遣。后一个"使"是名词，使者。

③ ［会论虞常］共同判定虞常的罪。论，判罪。

④ ［近臣］亲近之臣。这里是卫律自指。

⑤ ［当死］判处死罪。

⑥ ［募降者赦罪］招募投降的人就免罪。

⑦ ［相坐］连带（治罪）。一个人犯了罪，有关的人连带治罪，叫"连坐"或"相坐"。

⑧ ［本无谋］本来没有参加谋划。

⑨ ［何谓相坐］说什么连坐（治罪）？

⑩ ［举剑拟之］举起剑来做要砍的样子。拟，比划。

⑪ ［幸蒙大恩］幸而受到单于的大恩。

⑫ ［赐号称王］赐我爵号称王。卫律曾被单于封为丁灵王。

⑬ ［弥山］满山。

⑭ ［复然］也会这样。

⑮ ［空以身膏草野］白白地把身体给野草做肥料。膏，肥沃。这里是使动用法。膏草野，使野草滋润肥美，也就是做肥料的意思。

⑯ ［君因我降］你通过我的关系而投降。

⑰ ［畔主背亲］背叛主上，离弃双亲。畔，同"叛"。

⑱ ［为降虏于蛮夷］在异族那里投降做奴隶。蛮夷，古代用以指边远民族。

⑲ ［何以汝为见］即"何用见汝为"，要见你干什么？为，语气助词。

生，不平心持正，反欲斗两主，观祸败[①]。南越杀汉使者，屠为九郡：宛王杀汉使者，头县北阙：朝鲜杀汉使者，即时诛灭。独匈奴未耳。若知我不降明[②]，欲令两国相攻，匈奴之祸，从我始矣[③]。”

律知武终不可胁[④]，白单于。单于愈益欲降之。乃幽武置大窖中[⑤]，绝不饮食[⑥]。天雨雪[⑦]，武卧啮雪[⑧]与旃毛并咽之[⑨]，数日不死。匈奴以为神，乃徙武北海[⑩]上无人处，使牧羝[⑪]，羝乳乃得归[⑫]。别其官属常惠等，各置他所[⑬]。武既至海上，廪食不至[⑭]，掘野鼠去草实而食之[⑮]。杖汉节牧羊[⑯]，卧起操持，节旄尽落[⑰]。积五六年，单于弟於

---

① ［斗两主，观祸败］挑拨汉天子和单于的关系，（从旁）观看祸败。斗两主，使两主相斗。斗，这里是使动用法。观祸败，即幸灾乐祸的意思。

② ［若知我不降明］你明明知道我不会投降。若，你。

③ ［匈奴之祸，从我始矣］匈奴的灾难，就要从（杀死）我苏武开始了。

④ ［不可胁］不因威胁而屈服。

⑤ ［乃幽武置大窖中］就把苏武囚禁起来，安置在大地窖里面。幽，禁闭。

⑥ ［绝不饮食］断绝供应，不给他喝的、吃的。

⑦ ［雨（yù）雪］下雪。雨，动词，下。

⑧ ［啮（niè）］咬、嚼。

⑨ ［与旃（zhān）毛并咽之］同旃毛一起吞下去。旃，同“毡”，毛织的毡毯。

⑩ ［北海］在匈奴北境，即现在俄罗斯境内的贝加尔湖。

⑪ ［羝（dī）］公羊。

⑫ ［羝乳乃得归］公羊生了小羊才能回。乳，生子，公羊不能生子，说明苏武永远不能被召回。

⑬ ［别其官属常惠等，各置他所］分开他的随从官吏常惠等人，分别安置到另外的地方。别，分别隔离。官属，所属官吏、部下。他所，别的处所。

⑭ ［廪食不至］公家发给的粮食不来。这是指匈奴断绝了苏武的粮食供应。

⑮ ［掘野鼠去草实而食之］掘野鼠、收草实来吃。去，通“弆”（jǔ），收藏。草实，野生果实。

⑯ ［杖汉节牧羊］拄着汉朝的旄节牧羊。杖，执、拄。

⑰ ［节旄尽落］节上旄牛尾的毛全部脱落。

靬王弋射海上[①]。武能网[②]纺缴[③]，檠弓弩[④]，於靬王爱之，给[⑤]其衣食。三岁余，王病，赐武马畜、服匿[⑥]、穹庐。王死后，人众徙去。其冬，丁令[⑦]盗武牛羊，武复穷厄[⑧]。

初，武与李陵俱为侍中，武使匈奴，明年[⑨]，陵降，不敢求[⑩]武。久之，单于使陵至海上，为武置酒设乐[⑪]，因谓武曰："单于闻陵与子卿素厚[⑫]，故使陵来说足下，虚心欲相待[⑬]。终不得归汉，空自苦亡人之地[⑭]，信义安所见乎[⑮]？前长君为奉车[⑯]，从至雍棫阳宫[⑰]，扶辇

---

① ［单于弟於（wū）靬（jiān）王弋（yì）射海上］单于的弟弟於靬王在北海打猎。弋射，用绳系在箭上而射。

② ［网］结网，用作动词。

③ ［纺缴（zhuó）］纺制系在箭尾的丝绳。

④ ［檠（qíng）弓弩］矫正弓和弩。檠，本是矫正弓弩的工具，这里用作动词，用檠矫正弓弩。

⑤ ［给（jǐ）］供给。

⑥ ［服匿］盛酒酪的瓦器。

⑦ ［丁令］即丁灵，匈奴族的一支。卫律被封为丁灵王。"丁令盗武牛羊"，也许是他所使。

⑧ ［穷厄］陷于困境。穷，失意。厄，困窘。

⑨ ［武使匈奴，明年］武出使匈奴的第二年。

⑩ ［求］访求。

⑪ ［置酒设乐］备办酒宴，安排歌舞。

⑫ ［素厚］一向关系很好。

⑬ ［虚心欲相待］单于准备以礼相待。

⑭ ［空自苦亡人之地］白白地在这荒无人烟的地方受苦。亡，同"无"。

⑮ ［信义安所见（xiàn）乎］（您对汉朝）的信义表现在哪里呢（即有谁知道您的信义呢）？安，何。见，同"现"。

⑯ ［前长君为奉车］前些时候您的大哥做奉车都尉。长君，大哥，指苏武的哥哥苏嘉。奉车，奉车都尉，皇帝出行时的侍从，掌管皇帝的车马。

⑰ ［从至雍棫（yù）阳宫］跟随皇帝到雍城的棫阳宫去。雍，在今陕西凤翔南。棫阳宫，本是秦宫，在雍的东边，在今陕西扶风东北。

下除[①]，触柱折辕[②]，劾大不敬[③]，伏剑自刎[④]，赐钱二百万以葬。孺卿从祠河东后土[⑤]，宦骑与黄门驸马争船[⑥]，推堕驸马河中溺死，宦骑亡，诏使孺卿逐捕[⑦]，不得，惶恐饮药而死[⑧]。来时太夫人已不幸[⑨]，陵送葬至阳陵[⑩]。子卿妇年少，闻已更嫁[⑪]矣。独有女弟[⑫]二人，两女一男[⑬]，今复十余年，存亡不可知。人生如朝露，何久自苦如此[⑭]！陵始降时，忽忽如狂，自痛负汉[⑮]，加以老母系保宫[⑯]，子卿不欲降，何

① ［扶辇（niǎn）下除］扶着皇帝的车子下殿除。除，殿阶。

② ［触柱折辕］碰到柱子上有车辕折断了。

③ ［劾（hé）大不敬］被指控为“大不敬”。对皇上犯了“大不敬”的罪，在当时是要处极刑的。劾，弹劾。

④ ［伏剑自刎］以剑自杀了。

⑤ ［孺卿从祠河东后土］您的弟弟苏贤跟随皇帝去祭祀河东后土。孺卿，苏武的弟弟苏贤的字。祠，祀。河东，郡名，在今山西夏县北。后土，相对皇天而言，指地神。汉武帝曾去河东祭祀地神。

⑥ ［宦骑与黄门驸马争船］一个骑马的宦官和黄门驸马抢着上船。宦骑，侍卫皇帝的骑马的宦官。黄门驸马，宫中掌管车辆马匹的官。

⑦ ［诏使孺卿逐捕］（皇帝）命令苏贤追捕。

⑧ ［惶恐饮药而死］因害怕而服毒自杀了。

⑨ ［太夫人已不幸］您的母亲已去世。太夫人，称苏武的母亲。不幸，对去世的委婉说法。

⑩ ［阳陵］县名，今陕西咸阳东。

⑪ ［更（gēng）嫁］改嫁。

⑫ ［女弟］妹妹。

⑬ ［两女一男］指苏武的三个孩子。

⑭ ［人生如朝露，何久自苦如此］人生像早晨的露水（一下子就消失了），何必久久地这样折磨自己？

⑮ ［忽忽如狂，自痛负汉］精神恍惚，好像发狂一样，痛心自己对不起汉朝。

⑯ ［系保宫］关押在保宫。保宫，汉代囚禁大臣及其眷属的处所。

以过陵①？且陛下春秋高②，法令亡常③，大臣亡罪夷灭者数十家④，安危不可知，子卿尚复谁为乎⑤？愿听陵计，勿复有云⑥。”武曰：“武父子亡功德⑦，皆为陛下所成就⑧，位列将⑨，爵通侯⑩，兄弟亲近⑪，常愿肝脑涂地⑫。今得杀身自效，虽蒙斧钺汤镬⑬，诚甘乐之⑭。臣事君，犹子事父也。子为父死亡所恨。愿勿复再言。”

陵与武饮数日，复曰：“子卿壹听陵言⑮。”武曰：“自分⑯已死久矣！”王必欲降武，请毕今日之驩，效死于前⑰！”陵见其至诚，

---

① ［子卿不欲降，何以过陵］您不肯投降的心情，怎能超过当时的我？

② ［春秋高］年纪大，老了。

③ ［法令亡常］法令没有定规，意思是随意变更法令。

④ ［大臣亡罪夷灭者数十家］大臣无罪而全家被杀的有几十家。夷灭，消灭，这里指全家被杀尽。

⑤ ［尚复谁为乎］还能为谁（守节）呢？

⑥ ［勿复有云］不要再有什么话说了。

⑦ ［亡（wú）功德］无功无德。亡，通“无”。德，指施于民的德惠。

⑧ ［成就］栽培，提拔。

⑨ ［位列将］官职升到列将。列将，一般将军的总称。苏武的父亲苏建伐匈奴有功，封为游击将军，右将军。

⑩ ［爵通侯］爵位封为通侯。通侯，爵位名，秦代置爵二十级，最高一级叫彻侯。汉朝继承秦制，后因汉武帝名彻，避讳改为通侯，苏建被封为平陵侯。

⑪ ［兄弟亲近］兄弟三人都是皇上的亲近之臣。苏武的大哥苏嘉做过奉车都尉，弟弟苏贤做过骑都尉，苏武出使前也是郎，都是皇帝的侍从官。

⑫ ［常愿肝脑涂地］常常希望为朝廷献出生命。肝脑涂地，本是形容死亡惨状，这里喻以身许国。

⑬ ［虽蒙斧钺（yuè）汤镬］即使被杀。斧钺，古代军法用以杀人的斧子。斧钺、汤镬，这里泛指刑戮。

⑭ ［诚甘乐之］的确甘心乐意。

⑮ ［壹听陵言］听一听我的话。

⑯ ［分（fèn）］料想，断定。

⑰ ［王必欲降武，请毕今日之驩（huān），效死于前］您（如果）一定要逼迫我投降，那就请结束今天的欢聚，（让我）在您面前死去。王，指李陵（李陵被单于封为右校王）。毕，尽。驩，同“欢”。效，献出。

喟然叹曰："嗟乎，义士！陵与卫律之罪上通于天①。"因泣下霑衿②，与武决去③。

昭帝④即位，数年，匈奴与汉和亲。汉求武等，匈奴诡言⑤武死。后汉使复至匈奴，常惠请其守者与俱⑥，得夜见汉使。具自陈道⑦。教使者谓单于，言天子射上林⑧中，得雁，足有系帛书，言武等在荒泽中⑨。使者大喜，如惠语以让单于⑩。单于视左右而惊，谢汉使曰："武等实在。"

单于召会武官属，前以降及物故⑪，凡随武还者九人。武以始元六年⑫春至京师。武留匈奴凡十九岁，始以强壮出，及还，须发尽白。

---

① ［上通于天］意思是罪行严重，无以复加。通，达。

② ［霑衿］沾湿了衣襟。霑，同"沾"。衿，同"襟"。

③ ［决去］告别而去。决，同"诀"，辞别。

④ ［昭帝］公元前87年—前74年在位。汉武帝少子，名弗陵，即位后次年（前86）改年号为"始元"。

⑤ ［诡言］欺骗说。

⑥ ［常惠请其守者与俱］常惠请求看守他的人同他一起去（见汉使）。

⑦ ［具自陈道］自己详细地陈说（这几年的经过情况）。具，一五一十地、详尽。陈道，陈述说明。

⑧ ［上林］即上林苑，皇帝游猎的场所，在长安西。

⑨ ［足有系帛书，言武等在荒泽中］脚上系有在绢帛上写的书信，说苏武等在某某大泽中。

⑩ ［如惠语以让单于］（汉使）依照常惠的话去责备单于。让，责问。

⑪ ［物故］死亡。

⑫ ［以始元六年］在始元六年（前81）。以，在……的时候。

作文教学要关注思维方法①

——王学东《材料作文的审题立意》教学设计研讨

语言是思维的载体，与思维互为表里，密不可分。思维能力的培养对于写作能力的形成至关紧要。语言能力与思维能力的同步发展，一直是语文教学大纲和语文课程标准强调的问题。例如《全日制普通高级中学语文教学大纲（试验修订版）》（2000年）在“教学中应重视的几个问题”中指出：“在语文教学中要重视学生思维方法的学习、思维品质和思维能力的发展，尤其要重视创造性思维的培养。”《义务教育语文课程标准（2011年版）》“总体目标与内容”中表述为：“在发展语言能力的同时，发展思维能力，学习科学的思想方法，逐步养成实事求是、崇尚真知的科学态度。”《普通高中语文课程标准（实验）》（2003年）“必修课程目标”中表述为：“在表达实践中发展形象思维和逻辑思维，发展创造性思维。”20世纪80年代的普通高中语文教科书的“知识短文”系列则有概念、判断、推理等形式逻辑常识。

几十年来，尽管语文教学大纲强调思维能力的培养，语文课程标准将思维能力的培养列为课程目标，但并没有明确规定课程内容，语文教科书也没有呈现思维能力训练系统。因此，在实际教学中，思维能力的培养缺乏操作性，流于空疏，未能落实。

思维能力的发展离不开思维方法的指导，思维方法的指导离不开思维学常识。例如，进行逻辑思维要具备概念、判断、推理常识，进行联想要掌握接近联想、相似联想、对比联想、关系联想等基本形式，

① 原载：中学语文教学，2013，（5）. 原题：作文教学要关注思维方法 .

进行创造性思维要掌握发散思维、横向思维、逆向思维等基本方法。

下面王学东老师的作文教学设计可供研讨。

☆教学设计☆

【教学目标】

1. 了解材料作文的类型和特点。

2. 掌握材料作文审题立意的方法。

【教学过程】

一、导入

高考作文的命题形式一般有话题作文、命题作文（全命题和半命题）、材料作文三种。近几年，话题作文渐渐淡出，材料作文异军突起。2012年全国共16道作文题，有15道是材料作文。因此，材料作文的审题立意已经成为人们关注的热点。

二、材料作文的特点和类型

1. 什么是材料作文

所谓材料作文，就是根据命题者所提供的文字或图画材料的含义而写作的一种作文形式。材料作文写作的关键就是正确理解材料的含义，如果含义理解有误，文章写得再好，也毫无意义。

2. 材料作文的分类

材料作文主要分为两大类：①文字类材料作文——故事类、诗歌类、名言类；②图画类材料作文。

三、以故事类材料作文为例谈审题立意

在2012年全国15道材料作文题中，有9道故事类材料作文，而且这些材料含义的多向性又极易误导考生的审题立意。因此，本课着重讲解故事类材料作文的审题立意。

1. 典型引路

一则好的材料作文的材料可以有多个论述视角，但无论哪一个都不能脱离材料本身。而且，每一则材料都有一个主流视角，或者说是核心视角。所谓“主流视角”就是由“主要人物”或“主要形象”通过“主要事件”而体现出来的“主要倾向”。

请看“滥竽充数”这个故事。（略）

讨论：①这个故事的主要人物是谁？②它告诉我们一个什么道理？③除了这个主旨，我们还可以从中发现什么？

明确：故事的主要人物是南郭先生，主要事件是他吹竽吹不下去，逃跑了。其寓意是一个人如果没有真才实学，难以生存。这是“主流视角”。

那么，这则材料还有没有其他视角呢？有。一般来说，有一个对象就有一个视角，甚至一个对象可以有几个视角，我们把由次要人物、次要事件，或者由主要人物的次要事件形成的视角称之为“支流视角”。那么，这则材料有哪些“支流视角”呢？

齐宣王（次要人物）：喜欢三百人一起吹，让南郭先生钻了空子。由此，我们可以获得这样的视角：好大喜功者容易让人钻空子。

齐湣王（次要人物）：喜欢听一个一个独奏，南郭先生只好逃走。由此，我们可以获得这样的视角：人才需要考核。

南郭先生（主要人物的次要方面）：知道混不下去就逃走了。由此，我们可以获得这样的视角：知耻而逃，总比赖着不走好。

三百吹竽的人（更次要的人物）：与南郭先生长期共事，必知其不会吹竽，但从不向齐宣王汇报，典型的明哲保身，对不正之风听之任之。由此，我们可以获得这样的视角：对于身边的不正之风不能听之任之。

总结：故事类材料作文既可从“主流视角”抓主要人物的主要方面，也可从“支流视角”抓主要人物的次要方面或次要人物的相关表现，但一切都要从故事的整体出发，从人物出发，从人物的具体行为出发。如果是节外生枝、生拉硬扯出来的观点，那就是“歧流视角”了。这里需要说明的是，“主流视角”与“支流视角”没有高低之分，只是“主流视角”比较保险，而“支流视角”容易出新。

2. 真题探究

阅读下面的材料，根据要求写一篇不少于800字的文章。（2012年全国课标卷作文题）

船主请一位修船工给自己的小船刷油漆。修船工刷漆的时候，发现船底有个小洞，就顺手给补了。

过了些日子，船主来到他家里道谢，送上一个大红包。

修船工感到奇怪，说：“您已经付过工钱了。”

船主说：“对，那是刷油漆的钱，这是补洞的报酬。”

修船工说：“哦，那只是顺手做的一件小事……”

船主感激地说：“当得知孩子们划船去海上之后，我才想起船底有洞这事儿，绝望极了，觉得他们肯定回不来了。等到他们平安归来，我才明白是您救了他们。”

要求：选好角度，确定立意，明确文体，自拟标题；不要脱离材料内容及含意的范围作文，不要套作，不得抄袭。

细读这则材料，看看它有哪些人物，谁是主要人物，故事的主流视角是什么，你是借助什么抓住主流视角的，故事有没有支流视角……

讨论：下面我们从一本杂志和两本高考作文书中找到有关这个故事的若干个立意点。请你判断一下，哪些是主流立意，哪些是支流立意，还有哪些是歧流立意。

从修船工的角度立意：①顺手行善值得发扬；②勿以善小而不为；③要有善心、善意，要做善人；④要有责任感和敬业精神；⑤未雨绸缪，防患未然；⑥只求奉献，不求回报；⑦要重视细节；⑧淡泊宁静；⑨补上人生的小洞。

从船主的角度立意：①知恩图报；②隐患小视不得。

从两者的关系立意：和谐相处（一方无私付出，一方知恩图报）。

明确：这则故事的人物有两个，一个是修船工，一个是船主。修船工的善举避免了一场灾难，修船工是这个故事的主要人物。他所说的“那只是顺手做的一件小事”是整个故事的关键句，其中的“顺手”和“小”又是关键句中的关键词和关键字。因此，从修船工角度立意的①和②应该是主流视角；③④⑤⑥是由这个故事适当延展开去的，属于支流视角或拓展视角；而⑦⑧⑨显然与故事的含义无关，属于歧流视角。从船主的角度立意的两个点都与故事内容相关联，其中的①可以是主流视角。而从两者关系的角度立意的“和谐相处”则完全与故事不搭界，尽管材料作文的审题立意可以从两者的关系考虑，但此处与“和谐”是不搭界的。

3. 材料改造

一本 2012 年高考优秀作文选中有一篇题为《补洞》的满分作文，显然是我们上面谈到的从修船工角度的第⑨个立意，属于“歧流视角”。那么，我们能不能将这则材料稍作修改，使之包含这层立意呢？

下面请看：

阅读下面的文字，根据要求写一篇不少于 800 字的文章。（2006 年全国卷作文题）

一只老鹰从鹫峰顶上俯冲下来，将一只小羊抓走了。

一只乌鸦看见了，非常羡慕，心想：要是我也有这样的本领该多好啊！于是乌鸦模仿老鹰的俯冲姿势拼命练习。

一天，乌鸦觉得自己练得很棒了，便哇哇地从树上猛冲下来，扑到一只山羊的背上，想抓住山羊往上飞，可是它的身子太轻，爪子被羊毛缠住，无论怎样拍打翅膀也飞不起来，结果被牧羊人抓住了。

牧羊人的孩子见了，问这是一只什么鸟，牧羊人说："这是一只忘记自己叫什么的鸟。"孩子摸着乌鸦的羽毛说："它也很可爱啊！"

要求：全面理解材料，但可以选择一个侧面、一个角度构思作文。自主确定立意，确定文体，确定标题；不要脱离材料的含意作文，不要套作，不得抄袭。

这则材料原来是没有最后一句的，寓言的本意是要讽刺那些不自量力的人的，命题者认为只有这一个角度似乎太单一了，于是，在故事的结尾加了小孩的一句话。这句话一加，故事的含义就"丰富"了，乌鸦的可爱之处在哪里呢？善于模仿、善于学习、敢于挑战自我。

如果2012年全国课标卷的命题者真想扩大故事的内涵，要将"小洞不补，大洞吃苦"的意思涵盖进去，你能不能也加一两句话改造一下呢？

明确：方案一：船主请一位修船工给自己的小船刷油漆。修船工刷漆的时候，发现船底有个小洞，（他想了想，这虽是个小洞，但也可能酿成大祸，于是）就顺手给补了。

方案二：修船工说："哦，那只是顺手做的一件小事。（不过，以后你倒是要注意那些小洞）……"

方案三：船主感激地说："当得知孩子们划船去海上之后，我才想起船底有洞这事儿，绝望极了，（我好后悔啊！）觉得他们肯定回不来了。等到他们平安归来，我才明白是您救了他们。"

（允许同学们提出更多的修改方案）

特别提示：做这个练习的目的不是让学生在考场上任意扩展，而是告诉学生，材料中的关键语句对于审题立意是多么重要。

4. 归纳方法

概括起来，故事类材料作文的审题立意要注意以下几点：①整体把握故事内核；②明确故事主要倾向；③善于发现不同视角；④紧紧抓住关键词句。

5. 审题演练

阅读下面的材料，根据要求写一篇不少于800字的作文。

一天，著名小提琴演奏家弗里茨·克莱斯勒在一家乐器店偶然看到一把绝色的小提琴。他一见倾心，无奈钱不够。等他从家拿了钱再赶回来时，那把小提琴已被一位收藏家买走了。

克莱斯勒心有不甘，辗转找到了买家的住所，想要说服他把小提琴转卖给自己。可那位收藏家说："这是我最喜欢的藏品，不想转让他人。"克莱斯勒于是向主人提出了一个请求："在把它的生命交付给寂寞之前，能否让我用它最后拉一支曲子？"

他的要求得到了主人的许可。当哀怨的琴声如诉如泣地从琴弦上倾泻而出，收藏家被这动人的琴声震撼了，他激动地说："这把琴应该属于你，我不能把它据为己有。只有你才能赋予它生命，才能让世人听见它灵魂的歌唱。"

要求：①自定立意；②自选文体；③自拟题目；④不要脱离材料的含义和范围作文。

在学生充分讨论的基础上明确可从以下角度立意：

（1）从小提琴家的角度立意：①小提琴家弹奏的魅力征服了收藏家，收藏家最后决定让出小提琴。由此可立意为：用"实力"说话，实力——感动人的法宝。②小提琴家买琴不成改为拉琴，终于打动收藏家，由此可立意为：换一种思路，也许就能成功。③小提琴家的执着也是其成功的因素，由此可立意为：执着——成功的要素。

（2）从收藏家的角度立意：收藏家克制私欲即狭隘的占有欲，忍痛割爱，体现了他的胸怀和气度。如果每个人都能像收藏家一样，就能“物尽其用，人尽其才”了。由此可立意为：让所爱发挥更大的价值，忍痛割爱是一种风度。

（3）从小提琴家与收藏家关系的角度立意：小提琴家因爱而辗转找寻，进而求转让，转让不得，求用它拉一曲（注意：拉琴出发点不是为了得到琴，而是退而求其次地表达对琴的深爱）；收藏家因爱而不肯转让，因听到了琴的乐声后，感受到了琴的生命跃动。正是因为二者对那把小提琴的真爱，才有了故事感人的结局。由此可立意为：动人心者是真爱。

（4）从琴的角度立意：琴也是有生命的，如果不能遇到懂它的人，那只能是一生“寂寞”。由此可立意为：物遇知音方得其妙。

（1）和（2）可以算是主流视角，（3）和（4）可属于支流视角。

（设计者系江苏省如皋中学王学东）

☆设计研讨☆

一个好的教学设计是环环紧扣，循循善诱的。这个教学设计正是如此。这节课的教学目标为“掌握材料作文审题立意的方法”，首先，从具体案例“滥竽充数”入手，由感性至理性，提出了“主流视角”“支流视角”“歧流视角”的概念；其次，以 2012 年全国高考课标试卷修船工“顺手”补洞为例，探讨“哪些是主流立意，哪些是支流立意，还有哪些是歧流立意”；再次，2006 年的全国卷材料作文题“乌鸦捉小羊”为例，引入如何“修改材料”（原材料没有最后一句，寓言的本意是讽刺那些不自量力者。命题者在故事的结尾加了小孩的一句话，丰富了寓言含义），引导学生对2012年全国课标卷的作文材料加以改造；最后，总结出故事类材料作文的审题立意方法：整体把握故事内核，明确故事主要倾向，善于发现不同视角，紧紧抓住关键词句。在此基础上进行审题演练——小提琴演奏家弗里茨·克莱斯勒购买小提琴。

当然，这个教学设计也有值得商榷之处。

其一，是否有必要建立“主流视角”“支流视角”“歧流视角”这样的概念呢？所谓“主流视角”也就是材料主旨，切近本意；“支流视角”也就是变换角度，写出新意；“歧流视角”是曲解材料。

其二，“修改材料”这个环节似为蛇足。试题材料有其规定性，是不能任意补充的，而且教学设计中所补充的内容未必妥当。方案一，原材料中有“顺手”一句，这说明修船工并未多想；既然如此，方案二中修船工的提醒就不合情理了；方案三，补充“我好后悔啊”一句，已有下文，是多余的话，与审题无关。

其三，对小提琴演奏家购买小提琴这则材料有所误解。其实收藏家与演奏家一样，都珍视那把小提琴的艺术价值，没有优劣之分。收藏家并非“狭隘”，如果不“占有”还是收藏家吗？问题的要害在于收藏与演奏哪个更能体现小提琴的“生命”价值。收藏家是演奏家的知音，这在故事中有明确表述：演奏家说“在把它的生命交付给寂寞之前，能否让我用它最后拉一支曲子”；收藏家说“只有你才能赋予它生命，才能让世人听见它灵魂的歌唱”。演奏家赋予小提琴生命价值，但前提是收藏家的出让。从收藏家的角度立意相对新颖。

☆改进建议☆

质而言之，审题与立意是思维问题，从思维方法着手或许更为便捷有效。可惜在诸多版本的教材中，没有涉及。

思维方法按方向的不同，可分为集中思维和发散思维、顺向思维和逆向思维、横向思维和纵向思维。一般而言，发散思维有利于拓展视角，择善而从；逆向思维有利于独辟蹊径，翻出新意；横向思维有利于辩证阐释，不失偏颇。此外，还要充分考量思维的流畅性、变通性和独特性。

例如，讲授《滥竽充数》一课，提示：①这个典故涉及哪些人？②可以从哪些角度立意？③哪个角度比较新颖？

表面看，提示①和②是重合的，但并不属于一个层面。提示①涉及齐宣王、齐湣王、三百乐师、南郭先生，这是发散的“个数”，属于思维的流畅性。提示②从国王角度思考，混饭弊端在于体制；从三百乐师角度思考，“吃大锅饭”，事不关己；南郭先生无真才实学，只有逃跑。这是发散的“种类”，属于变通性。提示③南郭先生的教训众所周知，其他两个角度较为新颖，具有独特性。还可以做出假设：如果南郭先生逃走之后学吹竽，则是明智之举，或可成为吹竽好手。

语言是思维的载体，思维训练与语言训练是作文教学的两翼，前者指向立意构思，后者指向表达。长期以来，作文教学忽视思维方法，应该引起关注。

实录观察

少就是多[①]

——宫琳琳《丹柯》课堂实录观察

新课程实施以来，多媒体和课程资源逐渐得以广泛利用，语文课堂教学面貌为之一新。但过犹不及，课堂上同时出现了另一种倾向：矫饰和庞杂。语文观摩课声光交叠，资料纷呈。例如虽多次观摩《荷塘月色》教学，但情况却类似。教学伊始，先用“PPT”展示清华园荷塘月色实景图片，课文描写的荷塘月色美不胜收，而照片展示出来的月下荷塘只剩下朦胧。亭亭的荷叶，羞涩的花朵，脉脉的流水，凝碧的波痕，斑驳的树影……都不见了，哪里还会有清香渺如歌声，光影旋律和谐的美感？正所谓：美感是课文的事，照片上什么也没有。本是一篇写景散文，却揪住“心里颇不宁静”不放，引入时代背景等资料，可是从荷塘上怎么也感觉不到时代风云的变幻。

课堂教学就像盖房子，平民居所，财力有限，何必刻意装饰门脸儿？空间有限，何必搞那么多摆设？门前屋后有点余地，种植果蔬，补贴家用；何必屋后花园，门前石兽，做富贵显达之状？

由此联想到建筑领域的简约主义。简约主义的特色是将设计的元素、色彩、照明、原材料精简到最少，但对色彩、材料的质感要求很高。简约主义源于20世纪西方的现代主义，由一种建筑风格演变为一种时尚，一种思潮，一种哲学理念和思想方法。欧洲现代主义建筑大师密斯·凡得罗（Mies Vander Rohe）的名言代表了简约主义的核心思想：少就是多（Less is more）。其原则是：减少，减少，再减少。

① 原载：中学语文教学，2016，（8）. 原题：简约：少就是多.

课堂教学受时间、空间限制，有特定的教学内容。针对目前语文教学现状，有必要实行简约主义：取最经济的手段，最精当的内容，达到最实在的效果。即以简驭繁，以少胜多。

下面结合宫琳琳老师执教的《丹柯》一课讨论课堂上的简约主义。

☆课堂实录☆

准备这篇课文教学设计时，我定下了两个目标：第一，带领学生细读课文，不是对故事情节的复述；第二，教案设计需要拓展，拓展要紧密联系课文。方案初成后，再反复修订。在最终方案确定之前，还要不断地查找资料，资料充足才能更好地迸发出灵感。

还记得上次讲解《丹柯》这篇节选小说时的情景：在初读课文之后，我发现很多学生读课文的速度很快。跟他们交流后，才知道原来他们不喜欢这篇文章！

“这个故事很不真实，心怎么能照亮呢？”一个男同学说。

“心不可能自己拿出来的，自己撕开胸膛，人早就死了！” 另一个学生附和着说。

那么，是否可以直接告诉学生：这是艺术表现的浪漫手法呢？我认为不妥。

经过思考，我发现学生的疑问还关乎“文学和生活如何相处”，学生常常混淆两者，有时会完全割裂两者。我查找了很多资料，既有史实材料，也有与本文类似的文学作品。我想引导学生从生活角度看文学，从文学里思考生活。

在课堂上，我提出的第一个问题是：有人不喜欢这篇节选小说，理由是丹柯拿出自己的心后竟然没死，该情节编写得不合理。很多学生表示赞同。我紧接着抛出第二个问题：大家手里的资料《西游记·七十九回 寻洞擒妖逢老寿 当朝正主救婴儿》《封神演义·二十六回 妲己设计害比干》中都有主人公自己挖心的情节，你们接受吗？多数人表示接受。一位学生的回答很有代表性："《西游记》《封神演义》本身就是神话故事，神话故事可以虚构夸张。"

原来学生忽略了本文是小说，小说允许虚构。为什么《丹柯》这篇小说的虚构会受到学生的质疑呢？原因是它与《西游记》《封神演义》节选的故事相比，《丹柯》故事性较弱，是一篇以思想为目的的小说。

于是，我借助幻灯片让学生了解以思想为目的的小说和以故事为目的的小说的区别：

以思想为目的的小说主要有两种构成模式：一种是倚赖人物来表现主题，在这类小说中，事件的跌宕起伏服务于人物的性格塑造；另一种是侧重事件来表现主题，人物往往被事件所引导，在事件的推动中成长或沦落。《丹柯》属于倚赖人物表现主题的一类，无论是暴风雨还是人们的责难，都不能改变丹柯的信念和理想。

以故事为目的的小说，最大的魅力就在于讲故事。这些故事虽编得一波三折、扣人心弦，却是轻松好读的消遣读物，可以舒缓人们的精神压力，为人们带来审美的愉悦。但这类小说中的佼佼者又绝不仅仅是停留在单纯讲故事的目的上的。《福尔摩斯侦探集》虽也依循一个侦探故事的大框架，却间接地折射出伦敦社会的世态：上层社会的虚伪、警方官员的玩忽职守、大家族内部的纷争、贫富的分化；扶危救困，匡扶正义更是故事中应有之意；而福尔摩斯的智慧、细致入微的观察能力，以及化学、心理学等方方面面的知识，更影响了一代人的价值取向。

接着引导学生寻找课义的小说特征。借助细读课文这一环节，学生读课文比初读仔细多了。从小说的细节到小说的出处——《伊则吉尔老婆子》，都有学生关注到。我更希望学生将这份兴致延续到课外，去关注小说的全部，而不是只停留在节选部分。

在教学重要环节探讨中，我设计了两个问题，把学生分成四组，让他们分组协作，深入探讨。四个小组，两个问题，这样每两个组讨论同一个问题。

问题一：丹柯在课文结尾处倒下了，他的心裂散开来，成了许多火星，熄了。我们手里的资料《宽容·序言》里有个勇敢的漫游者被处死了，他的尸体被扔到了山崖脚下。但是，后来这个漫游者被族人纪念：人们纪念他是一个首先向未知世界的黑暗和恐怖挑战的人。丹柯能够得到这样的待遇吗？

问题二：假如丹柯没死，你能想象出他的结局是怎样的吗？会不会像手中提供的资料《赫逊河畔谈中国历史·文景之治》中的周亚夫、《万历十五年·世间已无张居正》中的于谦或者《乌合之众·声望》中的雷塞布先生那样呢？

分组讨论时，我调整了教学设计中的提问，比如问题一的初稿是“丹柯死了，被欢呼的人遗忘了，他还会被他曾经引领的人们怀念吗”，我在原来的问题上添加了引导学生关注手中资料的部分。因为学生回答问题时习惯于大胆猜测，而不是依据已经掌握的资料。

第一个问题两个小组很快地结束讨论，观点一致，都认为能够被人们记起。于是又深入引导：如果能够被人记起，马上还是以后？何时能够被人纪念？

其他两个小组讨论的第二个问题，进程比较慢，我提示他们看手中的资料《宽容·最后一百年》，在接下来的讨论过程中，我提示推测事件发展的顺序。

在讨论的过程中，学生会用已知事实去替代未知推断，抓不住问题的关键，即讨论时忽略了对事件发展起到关键作用的因素——“主人公背后的群体”。在我的引导下，学生关注了材料与课文人物背后群体的异同。分析丹柯引领的族人的群体性，文中说他们勇敢、快乐、强壮。可面对真实困难时，他们缺乏勇气，甚至当困难来临时，有人竟然准备去做奴隶。这些人爱抱怨，懦弱，忘恩负义。《丹柯》里的群体情绪比较单一；而《宽容·序言》中的群体情绪较为复杂，是在守旧的规则下潜藏着探知远方的躁动。

是什么造成了改变？生存环境的变化。群体情绪变化如此之大，是否符合生活实际？大家观点不一致。于是我投影展示《乌合之众》关于群体性研究的内容，章节包括“容易因接受暗示而从众”“自我人格消失”“感情的傀儡，刺激因素的奴隶”。既然群体性具有这种特点，处在丹柯的位置时，你会怎么做呢？对主题复杂性的探讨到此结束。

最后布置作业：设想一下，如果你身处小说里的环境，你给丹柯或者民众写几句建议或者鼓励的话。

（执教者系浙江省嘉兴一中实验学校宫琳琳）

☆课堂观察☆

1. 课例导入环节有备而来：有人不喜欢这篇节选小说，理由是丹柯掏出自己的心后竟然没死，不合情理。讨论过程中，引入《西游记》《封神榜》的类似情节引出文学作品的“虚构”，由此切入单元教学重点：以思想为目的的小说和以故事为目的的小说。《丹柯》属于前者，《西游记》《封神榜》属于后者。

这个环节的设计思路一波三折，清晰可见。教学预设针对学生质疑“情节不合情理”，教学重点抓住了关键词“虚构”。

2. 课例主体部分，从节选的课文延伸到课文的出处《伊则吉尔老婆子》，集中讨论了下面两个问题：

问题一：丹柯倒下了，他的心裂散成火星，熄灭了。丹柯能被后人纪念吗？学生持肯定意见。接着追问：何时能够被人纪念？这一追问表明教师确认了答案是肯定的。

在讨论这个问题时，引入了《宽容·序言》中的漫游者。漫游者找到新世界后，冒死返回无知山谷召唤族人，被守旧的族人用石块砸死。多年后，他留下的路标指示族人走向了新世界。觉醒后的族人把一块小石头放在先驱者足迹的尽头，石头上刻着先驱者的名字。丹柯和漫游者都是悲剧英雄，可比性显而易见。

但教师认为丹柯会被族人纪念，有悖作品原意，淡化了丹柯的悲剧价值。丹柯用自己的心作为火把，在引领族人冲出黑暗时，获救的族人并没有留意倒地的丹柯——丹柯被遗忘了。不仅如此，那颗仍在燃烧的心被一个族人踏碎，变成了火星。在暴风雨来临之前，那蓝色的火星就会在草原上出现。那是丹柯在向他的族人昭示暴风雨的到来吗？有价值的东西被摧毁是悲剧，而被摧毁的“碎片”依然显示着它的价值—— 这正是丹柯悲剧的独特价值。

问题二：假如丹柯没死，你能想象出他的结局是怎样的吗？

从教学过程可以看出，提出这个问题的意图是引导学生关注悲剧形成的关键因素—— 英雄背后的群体，探讨悲剧形成的原因，进而获得有关群体心理的理性认识。这种设计思路有助于引导学生深刻理解作品主题，但提供的材料欠斟酌。

史实资料：汉代名将周亚夫治军细柳营，抗击匈奴，平定七国之乱，最终被诬谋反，身陷囹圄，吐血而死；明代重臣于谦击败瓦剌军，捍卫京师，迫使敌军释放英宗回朝，最终被诬另立太子，横尸市井；雷塞布成功开凿苏伊士运河，被奉为法国民族英雄，而开凿巴拿马运河失败，被斥为骗子。周亚夫、于谦的悲剧属于官场倾轧，与民众无关。雷塞布的荣辱，固然反映出群体的势利心理，但与《丹柯》中的族群心理没有相似之处，况且雷塞布也不属于“被遗忘的英雄”。

理论资料：《乌合之众》关于群体性研究的论述——“容易因接受暗示而从众”“自我人格消失”“感情的傀儡，刺激因素的奴隶”等这些群体心理特点也与《丹柯》中的族群心理没有相似之处。

上述史实有其动人之处，理论阐释发人深省，但用于《丹柯》的教学却不恰当。

3. 课后作业：设想一下，如果你身处小说里的环境，你给丹柯或者民众写几句建议或者鼓励的话。这个问题是不成立的。愚昧的民众听不进忠告，而高傲的英雄也无须鼓励。

这个课例反映出教师丰厚的阅读积累和解读作品的探索意识，教师的教学思路开阔，教学预设针对学生在学习过程中出现的问题。从教学效果看，有得有失。

课例的可取之处是：《伊则吉尔老婆子》的延伸阅读，《宽容·序言》的比较阅读，有助于深入理解丹柯的悲剧的特点，拓展了阅读视野。

课例的主要缺点是：辅助资料庞杂，挤占了有限的教学时间。

☆改进建议☆

简约主义主张以简驭繁，以少胜多。繁与简是相对的，繁与简既是数量问题，也是质量问题，即少而精，实质是效益最大化。下面着重从繁与简的角度对课例做进一步的探讨。

这节课主要讨论两个问题：丹柯会被人纪念吗？丹柯如果活下来，

结局会怎样？这两个问题分别由不同组别讨论，每个组别独立讨论一个问题。学习任务虽然减轻了，但教学容量并没减少，不经济。

这节课给学生提供了大量辅助资料，涉及古今中外，有文学的、历史的、心理学的。一篇3300字的课文，何必用这么多辅助资料？按照简约主义“减少，减少，再减少”的原则，值得保留的只有《伊则吉尔老婆子》和《宽容·序言》，甚至可以只保留《伊则吉尔老婆子》。这里着重谈为什么《伊则吉尔老婆子》是“再减少”之后留下的那一个呢？

《伊则吉尔老婆子》借伊则吉尔老婆子之口讲述了三个看似不相关的故事，草原云影的传说——人与鹰的儿子“腊拉”的故事，伊则吉尔老婆子自己的故事，草原星火的传说—— 勇士“丹柯”的故事。腊拉与丹柯是对立形象：腊拉为满足私欲，不惜肆虐族人，是自私傲慢的化身；丹柯为拯救族人，用心作为火把，是无私高傲的化身。这两个人物的归宿也耐人寻味，腊拉最终被族人驱逐，变成云影，在草原上游荡；丹柯被族人踏碎心脏，变成星火，在草原上飞舞。

这两个故事结尾的叙述方式也采用了对应的象征手法：

腊拉：后来大家都走了，却把他留了下来。他脸朝天躺着，望着天空有一群巨鹰像黑点似的在高高地浮动着。而在他的眼睛里却有那样无限多的忧愁，好像足以用它来毒害死全世界上所有的人。这样从那时候起，他就一个人孤独地、自由自在地在等待着死亡，或者到处游荡。……瞧，现在他已经变成了一个影子，而且会永远是这样！他既不了解人类的语言，人们也不了解他的行动—— 什么都不了解。他总是在寻找着，走着，走着……他既没有生命，死亡也就不再向他微笑了。他在人当中是没有位置的……这就是一个人为了傲慢所遭受到的打击！

丹柯：高傲的勇士丹柯，向出现在自己前面的草原的空旷投射出视线—— 他向自由的大地投射出快乐的视线，并且骄傲地大笑起来，然后他倒了下去——就死掉啦。那些快乐的和充满了希望的人们，并没有注意到他的死亡，也没有看见那颗勇敢的心还在丹柯的身体旁边燃烧着。只有一个谨慎小心的人注意到这件事，他害怕得什么似的，就用脚踏在那颗高傲的心上……于是它就碎散成为许多火星而熄灭了……

这两个故事无论人物形象还是叙述方式都是严格对应的。腊拉和丹柯是两面对置的镜子，比照自私傲慢的腊拉，可以准确把握丹柯无私高傲的形象特征，理解作者的创作意图和构思匠心。

教材认为《丹柯》是一篇“以说理为目的的小说”，其实《伊则吉尔老婆子》是小说，丹柯的故事本身是传说。传说近似神话，这就是学生感觉“不真实”的原因；这个传说具有寓言的哲理色彩，这就是教材认为它“以说理为目的”的原因。

☆附录☆

丹柯 ①

［苏联］高尔基

古时候地面上就只有一族人，他们周围三面都是走不完的浓密的森

① 选自《普通高中课程标准实验教科书·语文·选修·外国小说欣赏》，人民教育出版社，2007 年版。节选自《高尔基作品选·伊则吉尔老婆子》，中国青年出版社，1956 年版，巴金译。题目为编者所拟，有改动。高尔基（1868–1936），苏联作家，主要作品有《童年》《在人间》《我的大学》三部曲，长篇小说《母亲》等。

林，第四面便是草原。这是一些快乐的、勇敢的、强壮的人。可是有一回困难的时期到了：不知道从什么地方来了一些别的种族，把他们赶到林子的深处去了。那儿很阴暗而且多泥沼，因为林子太古老了，树枝密密层层地缠结在一块儿，遮盖了天空，太阳光也不容易穿过浓密的树叶，射到沼地上。然而要是太阳光落在泥沼的水面上，就会有一股恶臭升起来，人们就会因此接连地死去。这个时候妻子、小孩们伤心痛哭，父亲们静默沉思，他们让悲哀压倒了。他们明白他们要想活命，就得走出这个林子，这只有两条路可走：一条路是往后退，可是那边有又强又狠的敌人；另一条路是朝前走，可是那儿又有巨人一样的大树挡着路，它们那些有力的桠枝紧紧地抱在一块儿，它们那些虬曲的树根牢牢地生在沼地的黏泥里。这些石头一样的大树白天不响也不动地立在灰暗中，夜晚人们燃起篝火的时候，它们更紧地挤在人们的四周。不论是白天或夜晚，在那些人的周围总有一个坚固的黑暗的圈子，它好像就想压碎他们似的，然而他们原是习惯了草原的广阔天地的人。更可怕的时候是风吹过树梢，整个林子发出低沉的响声、好像在威胁那些人，又好像给他们唱葬歌一样。然而他们究竟是些坚强的人，他们还能跟那些曾经战胜过他们的人拼死地打一仗，不过他们是不能够战死的，因为他们还有未实现的宿愿，要是他们给人杀死了，他们的宿愿也就跟他们一块儿消灭了。所以他们在长夜里，在树林的低沉的喧响下面，泥沼的有毒的恶臭中间，坐着想来想去。他们坐在那儿，篝火的影子在他们的四周跳着一种无声的舞蹈，这好像不是影子在跳舞，而是树林和泥沼的恶鬼在庆祝胜利……人们老是坐着在想。可是任何一桩事情——无论是工作也好，女人也好， 都不会像愁思那样厉害地使人身心疲乏的。人们给思想弄得衰弱了……恐惧在他们中间产生了，绑住了他们的强壮的手，恐怖是由女人产生的，她们伤心地哭着那些给恶臭杀死的人的尸首和那些给恐惧抓住了的活人的命运，这样就产生了恐怖。林子里开始听见胆小的话，起初还是胆怯的、小声的，可是以后却越来越响了……他们已经准备到敌人那儿去，把他们的自由献给敌人；大家都给死吓坏了，已经没有一个人害怕奴隶的生活了……然而正是在这个时候出现了丹柯，他一个人把大家全搭救了。

丹柯是那些人中间一个年轻的美男子。美的人总是勇敢的。他对他的朋友们这样说：

“你们不能够用思想移开路上的石头。什么事都不做的人不会得到什么结果的。为什么我们要把我们的气力浪费在思想上、悲伤上呢？起来，我们到林子里去，我们要穿过林子，林子是有尽头的，世界上的一切都是有尽头的！我们走！喂！嘿！……”

他们望着他，看得出他是他们中间最好的一个，因为在他的眼睛里闪亮着很多的力量同烈火。

“你领导我们吧！”他们说。

于是他就领导他们……

丹柯领着他们。大家和谐地跟着他走——他们相信他。这条路是很难走！四周是一片黑暗，他们每一步都碰见泥沼张开它那龌龊的、贪吃的大口，把人吞下去，树木像一面牢固的墙拦住他们的去路，树枝纠缠在一块儿；树根像蛇一样地朝四面八方伸出去。每一步路都要那些人花掉很多的汗和很多的血。他们走了很久……树林越来越密，气力越来越小！人们开始抱怨起丹柯来，说他年轻没有经验，不会把他们领到哪儿去的。可是他还在他们的前面走着，他快乐而安详。

可是有一回在林子的上空来了大雷雨，树木凶恶地、威胁地低声讲起话来。林子显得非常黑，好像自从它长出来以后世界上所有过的黑夜全集中在这儿了。这些渺小的人在那种吓人的雷电声里，在那些巨大的树木中间走着，他们向前走，那些摇摇晃晃的巨人一样的大树发出轧轧的响声，并且哼着愤怒的歌子，闪电在林子的顶上飞舞，用它那寒冷的青光把林子照亮了一下，可是马上又隐去了，来去是一样的快，好像它们出现来吓人似的。树木给闪电的寒光照亮了，它们好像活起来了，在那些正从黑暗的监禁中逃出来的人的四周，伸出它们满是疙瘩的长手，结成一个密密的网，要把他们挡住一样。并且仿佛有一种可怕的、黑暗的、寒冷的东西正从树枝的黑暗中望着那些走路的人。这条路的确是很难走的，人们给弄得疲乏透顶，勇气全失了。可是他们不好意思承认自己的软弱，所以他们就把怨恨出在正在他们前面走着的丹柯的身上。他们开始抱怨他不能够好好地领导他们——瞧，就是这样！

他们站住了，又倦又气，在树林的胜利的喧响下面，在颤抖着的黑暗中间，开始审问起丹柯来。

他们说："你对我们只是个无足轻重的、有害的人！你领导我们，把我们弄得精疲力尽了，因此你就该死！"

"你们说：领导我们吧！我才来领导！"丹柯挺起胸膛对他们大声说，"我有领导的勇气，所以我来领导你们！可是你们呢？你们做了什么对你们自己有益的事情呢？你们只是走，你们却不能保持你们的气力走更长的路！你们只是走，走，像一群绵羊一样！"

可是这些话反倒使他们更生气了。

"你该死！你该死！"他们大声嚷着。

树林一直不停地发出低沉的声音，来响应他们的叫嚷，电光把黑暗撕成了碎片。丹柯望着那些人，那些受够了苦的人，他看见他们现在跟野兽完全一样。许多人把他围住，可是他们的脸上没有一点高贵的表情，他不能够期望从他们那儿得到宽恕。于是怒火在他的心中燃起来，不过又因为怜悯人们的缘故而灭了。他爱那些人，而且他以为，他们没有他也许就会灭亡。所以他的心又发出了愿望的火：他愿意搭救他们，把他们领到一条容易走的路上去，于是在他的眼睛里亮起来那种强烈的火的光芒……可是他们看见这个，以为他发了脾气所以眼睛燃烧得这么亮，他们便警戒起来，就像一群狼似的，等着他来攻击他们；他们把他包围得更紧了，为着更容易捉住丹柯，弄死他。可是他已经明白了他们的心思，因此他的心燃烧得更厉害了，因为他们的这种心思使他产生了苦恼。

然而树林一直在唱它那阴郁的歌，雷声隆隆地响，大雨依旧在下着……

“我还能够为这些人做什么呢？”丹柯的叫声比雷声更大。

忽然他用手抓开了自己的胸膛，从那儿拿出他自己的心来，把它高高地举在头上。

他的心燃烧得跟太阳一样亮，而且比太阳更亮，整个树林完全静下去了，林子给这个伟大的人爱的火把照得透亮；黑暗躲开它的光芒逃跑了，逃到林子的深处去，就在那儿，黑暗颤抖着跌进沼地的龌龊的大口里去了，人们全吓呆了，好像变成了石头一样。

“我们走吧！”丹柯嚷着，高高地举起他那颗燃烧的心，给人们照亮道路，自己领头向前奔去。

他们像着了魔似地跟着他冲去。这个时候树林又发出了响声，吃惊地摇动着树顶，可是它的喧响让那些奔跑的人的脚步声盖过了。众人勇敢地跑着，而且跑得很快。他们都让燃烧的心的奇异景象吸引住了。现在也有人死亡，不过死的时候没有抱怨，也没有眼泪。可是丹柯一直在前面走，他的心也一直在燃烧，燃烧！

树林忽然在他们前面分开了，分开了，等到他们走过以后，它又合拢起来了，还是又密又静的，丹柯和所有的人都浸在雨水洗干净了的新鲜空气和阳光的海洋里。在那边，在他们的后面，在林子的上空，还有雷雨，可是在这儿，太阳发出了灿烂的光辉，草原一起一伏，好像在呼吸一样，草叶带着一颗一颗钻石一样的雨珠在闪亮，河面上泛着金光……黄昏来了，河上映着落日的霞光，显得鲜红，跟那股从丹柯的撕开的胸膛淌出来的热血是一样的颜色。

骄傲的勇士丹柯望着横在自己面前的广大的草原……他快乐地望着这自由的土地，骄傲地笑起来。随后他倒下来——死了。

充满了希望的快乐的人们并没有注意到他的死，也没有看到丹柯的勇敢的心还在他的尸首旁边燃烧。只有一个仔细的人注意到这个，有点害怕，就脚踏在那颗骄傲的心上……那颗心裂散开来，成了许多火星，熄了……

在雷雨到来前，出现在草原上的蓝色火星就是这样来的！

……

文章是怎样写的[①]

——曹茂昌《好嘴杨巴》课堂实录观察

阅读教学的文本解读包括三个层面：文章写了什么，文章是怎样写的，文章为什么这样写。阅读教学通常关注第一个层面，即文本写了什么。例如，写景抒情文本，景物有什么特点，抒发了什么情感？论说文本，阐述了作者的什么观点？写人叙事文本，刻画出人物怎样的性格特点？这一阅读层次虽不能省略，但与普通读者的阅读层次并没有本质差异。有些学生感觉“语文课上不上都一样”，与文本解读层次较低不无关系。

当阅读作为一种教学行为时，“文章是怎样写的，为什么这样写”，显得尤为重要，否则就很难体现出阅读教学的课程价值。普通阅读与教学阅读的指向是对立的，前者指向文本内容，后者指向文本形式。这是由课程目标决定的，语文课程的目标是培养学生理解和运用语言文字的能力。例如，语文教材中科普文章的教学目标显然不在学习科学知识，而在学习语言文字；同理，其他文本也是如此。

“文章为什么这样写”属于鉴赏层面，暂且不论。本文探讨“文章是怎样写的”，这是阅读教学的基本目标。教材文本既是阅读材料，又是写作范例。阅读教学与写作教学相辅相成，看别人的文章，最终是要学会自己写文章。这是要读懂“文章怎样写的”一个重要原因。文本有深浅，教学有难易，但这并不意味着阅读教学的文本解读可以停滞在浅层——“文章写了什么”。

---

① 原载：中学语文教学，2017，（3）. 原题：文本解读：重在“文章是怎样写的”.

“文章是怎样写的”包括两个方面：文笔和构思，即遣词造句和立意谋篇。平常教学往往重视前者，而忽视后者。“外行看热闹，内行看门道”，构思潜在于文笔表层之下，阅读能力的高下取决于对文本构思的理解。教学对象不同，教学文本不同，文笔与构思解读可以各有侧重，但不可偏废。

下面曹茂昌老师执教的《好嘴杨巴》一课可资借鉴。

☆课堂实录☆

导入：同学们好。我们刚学了《俗世奇人》中的《泥人张》，再来看一看冯骥才笔下天津卫另一个奇人“好嘴杨巴”。（板书课题“好嘴杨巴”）

检查预习一：看“PPT”，读准并理解具体语境中画线的字词。

◎一般茶汤是把秫米面沏好后，捏一撮芝麻洒在浮头

◎到了需要逢场作戏、八面玲珑、看风使舵、左右逢源的时候

◎熬小鱼刺多，容易卡嗓子；炸麻花梆硬，弄不好硌牙

◎在场众官员吓懵了

◎“咚咚咚”叩得山响

◎天津卫九河下梢，人情练达，生意场上，心灵嘴巧

提醒和补充：“撮”，《玉篇》：“三指取也。”“逢场作戏、八面玲珑、看风使舵、左右逢源”，意思相近又有区别。“戏”“玲珑”“风”“源”，抓住这些词语的含义或比喻义。“山响”，山里的回响，形容声音大。理解词语要放在语言环境里。

检查预习二：文章写的是一个怎样的故事？请用一句话概括。

生：写了晚清天津卫一个叫杨巴的人，因为口才好化解了一场祸难，得到了一笔重赏。

师评点：概括得很好。时间、地点、人物、事件、结果，关键要素都有了。

师：杨巴好嘴具体体现在哪里？

生：“中堂大人息怒！小人不知道中堂大人不爱吃压碎的芝麻粒，惹恼了大人。大人不记小人过，饶了小人这次，今后一定痛改前非！”

生评点：不够谦卑。

（生再读）

生评点：读出了味道。

师：为什么这句话能有回天之力？

生：既说明了情况，又给了李中堂面子。

师：好嘴背后是处变不惊、冷静研判、迅速干预，智商高；善于揣摩人心、人情练达，情商高。大家要从这里学到语言的艺术：准确、得体。

师：杨巴说话的时候，还有谁跟他站在一起？

生：杨七。

师：杨七会怎样反应？

生：会直截了当说出真情。

师：请说明理由。提示一下，杨七个性怎样？

生：会沉默，或者结巴。因为文章前面说到他闷头干活。

师：口拙。口拙但手巧。绝活在哪里？

生：（读课文）“一般茶汤是把秫米面沏好后，捏一撮芝麻洒在浮头，……”

师：最好用自己的话概括一下。

生: 一是一碗汤面撒两次芝麻浮头。二是芝麻粗细正好,焦黄不糊。

师: 概括得好。为什么用擀面杖压碎?不可以用铁杵舂碎吗?

生: 这样才能粗细均匀。

师: 对。包括在铁锅里炒芝麻的火候,别人知道是学不来的,因为掌握火候不仅仅靠技术,还靠感觉。手艺的最高境界是感觉。因此文章说——

生: “此中的道理跟写字画画差不多。”

师: 杨七确实不凡,也是俗世奇人。可是题目是“好嘴杨巴”,作者花这么多笔墨写杨七做什么?

生: 杨七杨巴一里一外不可分开。

生: 杨七衬托杨巴。

生: 杨巴出名因为杨七有绝活。

师追问:杨七的绝活把谁招引来了?

生: 李中堂。

师: 李中堂来了,李中堂大怒——绝活惹祸了。为什么绝活会惹祸?

生: 芝麻焦黄不糊,看起来像黄泥。

师: 从小说写作技巧上说,这使用的是什么手法?

生: 为下文埋下伏笔。

师: 对。也是推动情节发展。

生: 我还有一点补充。文章在写杨巴之前先写杨七,做了一个铺垫;如果直接就写杨巴,会显得突兀了。

师: 说得真好。是自己想到的还是看了参考书的?(生窘迫)

师: 看了参考书,也是好的。如果大家在读课文或者课外阅读的时候,看一些参考书,对各位阅读水平的提高会很有帮助。

师总结：衬托。铺垫。伏笔。推动情节发展。（板书）

师：杨七杨巴不可分。杨巴出名发迹，不仅仅是因为杨七的绝活和自己的好嘴，还因为一个人，谁？

生：李中堂。

师：李中堂何许人也？

生：李鸿章。

师：唐德刚教授说，中国古今名相，两个人齐名，一是李鸿章，一是周恩来。李鸿章是晚清第一名相，朝廷最后支柱，内政外交，影响极大。李鸿章是晚清第一个有国际影响的政治人物，当时出访德国、美国，轰动世界，权势、威严盛极一时。文中哪里能看出？

生：杨七、杨巴的衣着打扮，里外全新。

生：当地官员的态度——费尽心思地讨好他。

师：对。这叫侧面描写。如何费尽心思？在文中哪里表现出来？

生：“京城豪门，山珍海味不新鲜，新鲜的反倒是地方风味小吃，可天津卫的小吃太粗太土：熬小鱼刺多，容易卡嗓子；炸麻花梆硬，弄不好硌牙。琢磨三天，难下决断，幸亏知府大人原是地面上走街串巷的人物，嘛都吃过，便举荐出“杨家茶汤”；茶汤黏软香甜，好吃无险，众官员一齐称好……”

师：茶汤的地位得以凸显。

师：李中堂的心情怎样？文中怎么写的？

生：“这日下晌，李中堂听过本地小曲莲花落子，饶有兴味，满心欢喜，撒泡热尿，身爽腹空，要吃点心。”

师：为什么要写“撒泡热尿”？人往往在什么情境下要撒尿？

生：紧张的时候。

师：是释放。因此常听人说“紧张得尿裤子”，厕所叫“轻松府”“解

放门”。还有，放松的时候，比如热水冲澡……（学生大笑）

生：写中堂大人“撒泡热尿”是表明他的心情好。

师：嗯，李大人平时紧张忙碌操心，今天心情非常好，还有，“撒泡热尿，身爽腹空，就要吃点心”，茶汤正是出现的最佳时候。一切都很完美。杨七杨巴已经准备请赏了！小说的高潮就要来到。可是，接下来发生了什么呢？

生：李中堂大怒摔碗。

师：小说的高潮就要来到的时候，情节却急转直下。这在章法上叫作一波三折、跌宕起伏。（板书）

师：茶汤到，中堂跳。具体看看中堂的表现。齐读第八段。

（生读）

师：“李中堂正要尝尝这津门名品，手指尖将碰碗边，目光一落碗中，眉头忽地一皱，面上顿起阴云，猛然甩手‘啪’地将一碗茶汤打落在地，碎瓷乱飞，茶汤泼了一地，还冒着热气儿。”这段文字我改写一下。（展示“PPT”）

李中堂正要尝尝这津门名品。他刚要端起碗来，忽然看到碗里有一些异样，似乎飘着一层黄泥，不禁眉头紧皱，一脸怒色，猛然甩手，将一碗茶汤打落在地。

比较这两段文字，说说这样改写好不好。

（生思考。小声讨论。）

生：改写的文字表达得似乎更清楚了，但是说得太直白，“似乎飘着一层黄泥”，失去了原文有的悬念。

师：有道理！

生：把“‘啪’地”“碎瓷乱飞，茶汤泼了一地，还冒着热气儿”删掉不好，失去了味道。

师：对，这是细节描写，还原了当时的场景。谁还有不同看法？

（生沉默）

（师点拨：“手指尖将碰碗边，目光一落碗中，眉头忽地一皱，面上顿起阴云”句式有什么特点？）

生：整齐。

师：对，整句，节奏分明。再有，用了哪些副词？

生：将、一、忽、顿。

师：对，有什么效果呢？是不是觉得时间快，气氛紧张？文章前面的节奏舒缓从容，这里忽然加快节奏。有什么效果？

生：表现了中堂大人脾气大的性格。

师：对，这就为下文众人的慌张和杨巴的机智做了蓄势。（板书：蓄势）。

师：这篇文章写了三个人。这节课我们分析了这三个人，看看三人的关系。（展示“PPT”）

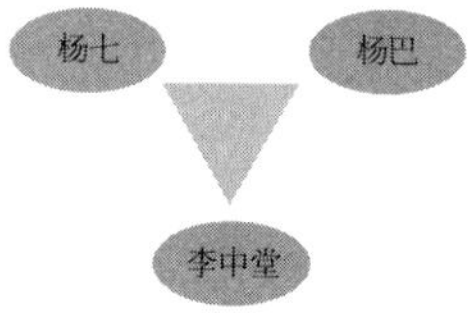

生：杨七衬托杨巴。

师：对，其实是相互衬托。

生：杨七杨巴衬托李中堂的威势。

师：有道理。

生：杨七杨巴惹怒了李中堂。因为杨巴好嘴，所以李中堂赏了杨七杨巴。

师：对。三人形成了内在张力，推动情节发展。

师：这节课我们从读文章的标题开始，现在我们再回到标题。我有一个困惑：文题为什么不用“好嘴杨八”呢?

生：杨巴的名字就是杨巴嘛。

师：嗯。其实杨七杨巴一个没有名字一个有名字，反映他们出身稍有不同，杨七的身份地位也许更低。可是“杨八”也是他的名字呀，“人称杨八”。

生：“杨八”相当于绰号。

师：嗯。称呼“杨八”也许很随意，甚至很亲切。但是，是不也缺少了一点严肃和恭敬?

生：是的。

师：这篇小说和《泥人张》一样，是为草民立传，向小人物致敬。称杨巴的大名，隐含了对他的敬重，也隐含了对他身份卑微的同情和他用智慧抗争的赞赏。司马迁创作的《史记》，很多篇目类似小说，开创了为小人物立传、向小人物致敬的先河。作者是司马迁“史传精神”的传承人。（板书：史传精神）

作为对天津风土有着热烈情感的作家，冯骥才对这片土地的爱，以及对这片土地上那些小人物的爱，从文章的题目里得以显现。我鼓励大家课后再读课文，有更多新的理解，我们一起分享。

（执教者系江苏省南京市鼓楼区教师发展中心曹茂昌）

☆课堂观察☆

这个课例教学结构层次分明，重点突出，文本内容处理斩截，构思分析为重，语言品味次之。

《好嘴杨巴》是一篇叙事作品，课例把故事内容一笔带过，戛然而止：

师：文章写的是一个怎样的故事？请用一句话概括。

生：写了晚清天津卫一个叫杨巴的人，因为口才好化解了一场祸难，得到了一笔重赏。

师评点：概括得很好。时间、地点、人物、事件、结果，关键要素都有了。

接下来从标题“好嘴”二字入手，分析人物形象的差异，简明扼要；杨七有“绝活”，杨巴有“好嘴”。顺势提问：

杨七确实不凡，也是俗世奇人。可是题目是“好嘴杨巴”，花这么多笔墨写杨七做什么？这一问切中肯綮，过渡自然，着重探讨作品构思：

为什么写杨七？衬托杨巴，做铺垫。

杨七的绝活把谁招引来了？李中堂。“绝活”——“芝麻焦黄”是伏笔。

杨七、杨巴的衣着打扮，里外全新；当地官员费尽心思——侧面衬托李中堂的威势。

杨七、杨巴已经准备请赏，中堂大人却勃然大怒——情节发展一波三折、跌宕起伏。

解读“小说”文本，通常是重点分析人物性格，而该课例却重点分析作品构思。这是因为作品中的人物性格显而易见，而如何构思作品、刻画人物性格才是文本解读的目标所在。

教学设计的一个突出亮点是对作品高潮的解读，将语言运用和作品构思解读融为一体。

原文：李中堂正要尝尝这津门名品，手指尖将碰碗边，目光一落碗中，眉头忽地一皱，面上顿起阴云，猛然甩手“啪”地将一碗茶汤打落在地，碎瓷乱飞，茶汤泼了一地，还冒着热气儿。

改写：李中堂正要尝尝这津门名品。他刚要端起碗来，忽然看到碗里有一些异样，似乎飘着一层黄泥，不禁眉头紧皱，一脸怒色，猛然甩手，将一碗茶汤打落在地。

教师通过这两段文字的比较，引导学生分析原作隐含的悬念，副词和整句所表现的语言张力，行文节奏的缓急变化，性格刻画的蓄势作用，正所谓“牵一发而动全身”。这就暗示了“文章应该怎样写”。

顺着这样的教学思路延伸下去，“杨八”何以叫“杨巴”，无关紧要，传说毕竟是传说；立传之说比之史传，未免牵强，传奇毕竟是传奇。

☆改进建议☆

课例是紧扣标题“好嘴杨巴”来结构全课的，从标题入手，结尾又回到标题，首尾呼应。

如果着眼文集标题“俗世奇人”，紧扣“奇”字，整体设计又会是什么样子呢？

本文为《俗世奇人》中的一篇，它“奇”在哪里？从作品内容看，杨七有绝活、杨巴有好嘴，二者堪称“奇人”。但从作品构思来看，杨七有绝活，不足为“奇”，杨巴有好嘴，也不足为“奇”；奇在“绝活”杨七“无人知晓”，“好嘴”杨巴“威名大振”。这个结局应了一句套话“出人意料之外，又在情理之中”。“情理”何在？“李中堂并没有喝茶汤呀！”茶汤名扬天下岂非“好嘴”之功，与“绝活”何干？如此反差，足以“拍案惊奇”！作品的高明之处就在于此。试想，若按常理“绝活”杨七名至实归，“好嘴”杨巴依然应酬外场，何“奇”之有？

课例结尾联系到同一单元、同一出处的《泥人张》。“泥人张”的高明之处也不在于用鞋底上的泥捏出了“一脸狂气”的海张五，这样讲故事，人“奇”事儿不“奇”。货摊上摆出一二百个泥人“海张五”，大书“贱卖”，这事儿才“奇”。手艺是艺人的“绝活”，讲故事是作家的“绝活”。回应本文开篇话题，文本解读重在“文章怎样写”，而不在“文章写了啥”。

此外，作品的鲜明特色和独特风格值得关注。作品素材来自旧时流传于天津的民间传说，虽有虚构，“望风捕影”，但毕竟不是“没影的事儿”。有作者冯骥才先生的序言为证，立传之说亦可留意于此：

天津卫本是水陆码头，居民五方杂处，性格迥然相异。然燕赵故地，血气刚烈；水咸土碱，风习强悍。近百余年来，举凡中华大灾大难，无不首当其冲，因生出各种怪异人物，既在显耀上层，更在市井民间。余闻者甚夥，久记于心；尔后虽多用于《神鞭》《三寸金莲》等书，仍有一些故事人物，闲置一旁，未被采纳。这些奇人妙事，闻所未闻，倘若废置，岂不可惜？近日忽生一念，何不笔录下来，供后世赏玩之中，得知往昔此地之众生相耶？故而随想随记，始作于今；每人一篇，各不相关。冠之总名《俗世奇人》耳。

市井生活与传奇人物是《俗世奇人》的主要元素，按旧时所称乃“稗官野史”。此种“小说”有其渊源。据《汉书·艺文志》：“小说家者流，盖出于稗官；街谈巷语，道听途说者之所造也。”所谓“小说”

者，实乃奇闻轶事。《俗世奇人》的素材来源与叙事方式浑然契合，散发出魏晋笔记小说、唐代传奇乃至宋元话本一脉相承的味道。浓郁的市井生活气息、人物的传奇色彩、传统的叙事方式，凸显出作品的鲜明特色，形成了作品的独特风格。

☆附录☆

好嘴杨巴[1]

冯骥才

津门胜地，能人如林，此间出了两位卖茶汤[2]的高手，把这种稀松[3]平常的街头小吃，干得远近闻名。这二位，一位胖黑敦厚，名叫杨七；一位细白精明，人称杨八。杨七杨八，好赛哥俩，其实却无亲无故，不过他俩的爹都姓杨罢了。杨八本名杨巴，由于“巴”与“八”音同，杨巴的年岁长相又比杨七小，人们便错把他当成杨七的兄弟。不过要说他俩的配合，好比左右手，又非亲兄弟可比。杨七手艺高，只管闷头制作；杨巴口才好，专管外场照应，虽然里里外外只这两人，既是老板又是伙计，闹得却比大买卖还红火。

杨七的手艺好，关键靠两手绝活。

一般茶汤是把秫米面[4]沏好后，捏一撮芝麻洒在浮头[5]，这样做香

① 《义务教育课程标准实验教科书·语文·八年级 下册》，人民教育出版社，2008 年版。

② ［茶汤］一种地方小吃，把糜子面或高粱面用开水冲成糊状食用。

③ ［稀松］平常，普普通通。

④ ［秫（shú）米面］高粱面。

⑤ ［浮头］浮面，汤汁最上边的那一层。

味只在表面，愈喝愈没味儿。杨七自有高招，他先盛半碗秫米面，便洒上一次芝麻，再盛半碗秫米面，沏好后又洒一次芝麻。这样一直喝到见了碗底都有香味。

他另一手绝活是，芝麻不用整粒的，而是先使[①]铁锅炒过，再拿擀面杖压碎。压碎了，里面的香味才能出来。芝麻必得炒得焦黄不糊，不黄不香，太糊便苦；压碎的芝麻粒还得粗细正好，太粗费嚼，太细也就没嚼头了。这手活儿别人明知道也学不来。手艺人的能耐全在手上，此中道理跟写字画画差不多。

可是，手艺再高，东西再好，拿到生意场上必得靠人吹。三分活，七分说，死人说活了，破货变好货，买卖人的功夫大半在嘴上。到了需要逢场作戏、八面玲珑、看风使舵、左右逢源的时候，就更指着杨巴那张好嘴了。

那次，李鸿章来天津，地方的府县道台[②]费尽心思，究竟拿嘛样[③]的吃喝才能把中堂[④]大人哄得高兴？京城豪门，山珍海味不新鲜，新鲜的反倒是地方风味小吃，可天津卫的小吃太粗太土：熬小鱼刺多，容易卡嗓子；炸麻花梆硬，弄不好硌牙[⑤]。琢磨三天，难下决断，幸亏知府大人原是地面上走街串巷的人物，嘛都吃过，便举荐出“杨家茶汤”；茶汤黏软香甜，好吃无险，众官员一齐称好，这便是杨巴发迹的缘由了。

---

① ［使］方言，用。

② ［道台］清代省以下、府以上一级的官员，主管范围有按地区区分者如济东道，有按职务区分者如盐道。

③ ［嘛样］方言，什么样。

④ ［中堂］唐代于中书省设政事堂，以宰相领其事，后因称宰相为中堂。

⑤ ［硌（gè）牙］触着硬物使牙齿不舒服或者受到损伤。

这日下晌[①]，李中堂听过本地小曲莲花落子[②]，饶有兴味，满心欢喜，撒泡热尿，身爽腹空，要吃点心。知府大人忙叫“杨七杨八”献上茶汤。今儿，两人自打到这世上来，头次里外全新，青裤青褂，白巾白袜，一双手拿碱面洗得赛脱层皮那样干净。他俩双双将茶汤捧到李中堂面前的桌上，然后一并退后五步，垂手而立，说是听候吩咐，实是请好请赏。

李中堂正要尝尝这津门名品，手指尖将碰碗边，目光一落碗中，眉头忽地一皱，面上顿起阴云，猛然甩手“啪”地将一碗茶汤打落在地，碎瓷乱飞，茶汤泼了一地，还冒着热气儿。在场众官员吓懵了，杨七和杨巴慌忙跪下，谁也不知中堂大人为嘛犯怒？

当官的一个比一个糊涂，这就透出杨巴的明白。他眨眨眼，立时猜到中堂大人以前没喝过茶汤，不知道洒在浮头的碎芝麻是嘛东西，一准当成不小心掉上去的脏土，要不哪会有这大的火气？可这样，难题就来了——

倘若说这是芝麻，不是脏东西，不等于骂中堂大人孤陋寡闻，没有见识吗？倘若不加解释，不又等于承认给中堂大人吃脏东西？说不说，都是要挨一顿臭揍，然后砸饭碗子。而眼下顶要紧的，是不能叫李中堂开口说那是脏东西。大人说话，不能改口。必须赶紧想辙[③]，抢在前头说。

杨巴的脑筋飞快地一转两转三转，主意来了！只见他脑袋撞地，“咚咚咚”叩得山响，一边叫道：“中堂大人息怒！小人不知道中堂大人不爱吃压碎的芝麻粒，惹恼了大人。大人不记小人过，饶了小人

① ［下晌］方言，即下午。

② ［莲花落子］民间曲艺的一种。也称“莲花落”“莲华乐”。旧时本为乞丐所唱。后出现专业演员，演唱者一二人，仅用竹板按拍。

③ ［想辙］方言，想办法。

这次，今后一定痛改前非！”说完又是一阵响头。

李中堂这才明白，刚才茶汤上那些黄渣子不是脏东西，是碎芝麻。明白过后便想，天津卫九河下梢①，人情练达②，生意场上，心灵嘴巧。这卖茶汤的小子更是机敏过人，居然一眼看出自己错把芝麻当作脏土，而三两句话，既叫自己明白，又给自己面子。这聪明在眼前的府县道台中间是绝没有的，于是对杨巴心生喜欢，便说：

“不知者当无罪！虽然我不喜欢吃碎芝麻（他也顺坡下了），但你的茶汤名满津门，也该嘉奖！来人呀，赏银一百两！”

这一来，叫在场所有人摸不着头脑。茶汤不爱吃，反倒奖巨银，为嘛？傻啦？杨巴趴在地上，一个劲儿地叩头谢恩，心里头却一清二楚全明白。

自此，杨巴在天津城威名大震。那“杨家茶汤”也被人们改称做“杨巴茶汤”了。杨七反倒渐渐埋没，无人知晓。杨巴对此毫不内疚，因为自己成名靠的是自己一张好嘴，李中堂并没有喝茶汤呀！

---

① [九河下梢]海河由五大干流组成，即南运河、北运河、大清河、子牙河和永定河，这五条河在天津市区三岔河口汇入海河，经海河流入渤海。天津处在海河下游，即五大干流的末端，故名“九河下梢”。九，虚数，言其多。下梢，末端。

② [练达]指阅历丰富，通晓世故人情。

解读视角与解读方式①

——王从从《赫耳墨斯和雕像者》课堂实录观察

新课程强调学生的个性发展，因此语文教学强调文本的多元解读。教师对文本的解读不再囿于教学参考书，学生对文本的解读也不再囿于教师对文本的阐释，课堂上渐渐出现了“不同的声音”，“一千个读者眼中有一千个哈姆雷特”的说法得到了普遍认可。但读者眼中的哈姆雷特是否还原了作者心中的哈姆雷特？教学中学生曲解文意的情况并不鲜见（这不足为怪），但并未得到匡正。

“一千个读者眼中有一千个哈姆雷特”出自英国谚语（原文：一千个观众眼中有一千个哈姆雷特），用中国话来说就是“仁者见仁，智者见智”。其实这个谚语还有后半句“但哈姆雷特不会变成李尔王”，即读者眼中的哈姆雷特毕竟是莎士比亚笔下的那个哈姆雷特，至少是源自莎士比亚笔下的哈姆雷特。多元解读不能仅仅满足于“不同声音”，多元解读是手段，切近作者本意才是目的。

多元解读并非指不同读者的解读，而是指不同视角的解读。不同读者视角相同，其解读仍为“单元”；同一读者变换视角，其解读仍是“多元”。多元解读的关键是解读视角的变换。

与转换解读视角相应的是解读方式的转变。解读视角的转换主要体现为学生的个性体验，而解读方式的转换则主要体现为教学手段的多元选择。教学既是一门科学，又是一门艺术，教无定法，酌情而定。

① 原载：中学语文教学，2015，（1）. 原题：多元解读：解读视角以及解读方式的转换.

教学方式的选择取决于教师的个性风格，特定的教学内容、教学对象以及随机的教学情景。教学方式的多元选择是文本解读多元化的必然诉求，不同的文本需要采用不同的解读方式，不同的解读方式必然对文本做出不同的阐释。

下面王从从老师执教的《赫耳墨斯和雕像者》一课可资借鉴。

☆课堂实录☆

师：这双阿迪达斯鞋，叫赫耳墨斯之靴，赫耳墨斯身手敏捷，如思想般来去自如，因此负责替神传递消息。这个徽标，是中国海关关徽，与金色钥匙交叉的叫赫耳墨斯手杖，它掌管着商业和交通。天上人间，神与人总在上演着一场场引人深思的剧目，就让我们一起走进《赫耳墨斯和雕像者》，去《伊索寓言》的世界里探访深意。

第一篇章：三棱镜——三个角度说清一个故事

师：走进故事，齐读文章。

（生齐读）

师：请一位同学复述故事情节。

生：赫耳墨斯来到雕像者的店里，首先问宙斯的雕像“多少钱”，雕像者说“只值一个银元”；然后又问“赫拉的雕像值多少钱”，“比宙斯的贵一点”；最后问了自己雕像的价钱，商人回答说，“如果你买了那两个，这个雕像就白送”。

师：很有条理，三问三答。横看成岭侧成峰，哪位同学从赫耳墨斯的角度来讲讲这个故事？

生：我是一个神使，也是商人的庇护神。我认为人们应该很尊重我，于是有一天变成人下凡。我进门看见了宙斯的雕像，只值一个银元，我忍不住笑了；赫拉的雕像，也只贵一点。那我的雕像肯定会贵得多了吧！“赫耳墨斯的雕像值多少钱？”商人却说：“如果你买了那两个，这个就白送！”我很震惊，也很失落。

师：加入了主人公的心情，很生动。从雕像者的角度要怎么讲呢？

生：有个常人打扮的人来到我的店里，他问宙斯的雕像多少钱，我说：“只值一个银元。”然后他又问赫拉的雕像值多少钱，我说：“还要再贵一点。”那人又问道：“赫耳墨斯的雕像值多少钱？”我想他可能嫌太贵了，就说：“如果你买了前面那两个，那么这个就白送给你。”听到这儿，他的脸色忽然变得苍白，他好像很生气。

师：展示了雕像者的所见所闻所想。三个人物分别用三种口吻讲述同一个故事，从不同的视角可以看到不同的风景。

第二篇章：两相问——两次追问认清一个形象

师：我们来看故事中的主人公——赫耳墨斯。他是神还是人？说说你的证据！

生：神！“赫耳墨斯化作凡人”有个“化”字！

生：“赫耳墨斯看见自己的雕像，心想他身为神使，又是商人的庇护神。”

师：“化”字犹如悟空的七十二变，展现了赫耳墨斯的神通。第二句哪个词最能显示他神的身份呢？

生：庇护神。

师：“庇护”什么意思？（展示图片）

庇，形声字。广表意，篆书形体像在山崖旁搭建的可以住人的棚

子，表示遮盖；“比”（bǐ）表声，“比”的古文字形体像两个人靠得很近，有亲密之义，表示亲近才能得到庇护。本义是遮蔽。比如：~护｜~荫｜包~。

生：两个人有棚子遮蔽。

师：悬崖旁两个并肩的人为彼此遮风挡雨，这种安全感就是被庇护的感觉。通俗一点说，庇护就是我来“罩”着你。

生：赫耳墨斯罩着雕像者。

师：这是他的职责！其实赫耳墨斯不仅是神，还是一位神二代，其父亲是众神之王宙斯。文中提到的赫拉则是众神之后，女神之中最尊贵的一位。可是，赫耳墨斯真的只是神吗？

（生摇头，陷入沉思。）

师：察其言，观其色，品其行，读其心，方能知其人。请你在文中找到赫耳墨斯的语言、神态、动作以及心理描写，并分组讨论文字背后赫耳墨斯的形象。

（生细读文本，分组讨论。）

师：请“察言”小组来汇报一下。

生：三次问价是语言描写。首先问宙斯和赫拉的雕像价格，因为他想知道他们在商人心中的价值，他们是最尊贵的神，赫耳墨斯想和他们比，可见他非常自大。还有他问的是“值多少钱”，而不是销量，他很关注价钱，可见非常爱慕虚荣。

师：问的是雕像价格，而不是销量，这个问题值得探讨，雕像的价格代表什么？销量又代表什么？

生：销量好，说明人家喜欢这个神，因此去买他；但问价格，就表明赫耳墨斯只关注自己的地位。

生：作为庇护神，赫耳墨斯不是想着为商人遮风挡雨，却只关心自己的地位，因此不受尊重。

师：你读到了文字背后的深意。还有吗？

生：他先问宙斯的雕像，直接就问“值多少钱”，从语气来讲很不在乎。接下来又问：“赫拉的雕像值多少钱？”不管怎么说，赫拉是长辈，他却直呼其名，表现出他很傲慢。

师：从语气上分析了赫耳墨斯的形象。那“观色”的同学呢？

生：赫耳墨斯问完宙斯雕像的价格之后，笑了。他这里的“笑”是一种得意和轻蔑。宙斯的雕像怎么才值一个银元，赫耳墨斯因此嘲笑了他。我感觉他是个喜形于色、自以为是的人。

师：赫耳墨斯的形象渐趋明朗。行为呢？

生：赫耳墨斯一进商店，先看见宙斯的，最后看见自己的。我想雕像店里肯定有很多雕像，他一定先扫了一下商铺，心想：既然宙斯、赫拉在神界都那么有地位，为什么我不和他们比一比？这个“看见”表明了他在问之前是有思考和选择的，想衬托出自己比宙斯和赫拉在人间还有名气。

师：有意为之。洞察人心的思考！“读心”组的收获？

生：开头和结尾各有一处心理描写。我解读后面的“心想……”。我感觉他是一个很自大的人，对自己的地位很清楚：第一，神使；第二，商人的庇护神。因此他觉得人们会对它更尊重些。“更尊重些”说明他认为自己在人们心中比其他神更尊贵。很狂妄，自命不凡！

生：我来解读第一个。从“想知道他在人间受到多大的尊重”能看出来，赫耳墨斯还是比较自信的。

师：这份自信有没有实现？

生：没有，因此他的心受到了很大创伤。

师：因此这种“自信”叫作——

生：自负。

师：总结一下形容赫耳墨斯的词语？

生：爱慕虚荣，自命不凡。

生：狂妄自负。

生：轻蔑不屑，喜形于色。

生：自以为是。

师：察其言察出妄自尊大，观其笑看到喜形于色，品味“两见”品出故意而为之的自信虚荣，读其内心读到了自命不凡。拨开赫耳墨斯神明的外衣，发现他具备了谁的缺点？

生：人。

师：人性的缺点——观察的只是表象，洞察的才是真理。赫耳墨斯是怎样迷失掉神的身份的呢？让我们一起回到故事的开端。

第三篇章：一言鼎—— 一次深掘明白一个道理

师：请读课文。

生：“赫耳墨斯想知道他在人间受到多大的尊重，就化作凡人，来到一个雕像者的店里。”

师：为什么不是“在人间受到怎样的评价”，而是“多大的尊重”呢？

生：他认为自己肯定会受到尊重的，只是想知道尊重的程度。

生：他已经有预期了，认为自己一定受到了很大的尊重。

师：自以为比两个最尊贵的神的雕像价格高，“很大”这个词准不准确？

生：应该是最高、最大的尊重。

师：对，不是“多大”，也不是“很大”，而是“最大”！这就是赫耳墨斯此次下凡的目的，来炫耀自己受到最大的尊重！请看这幅图。哪一个黑点更大？

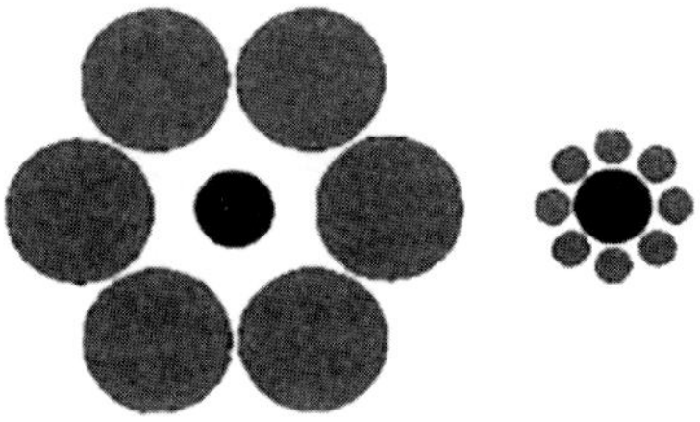

生：一样大。

师：厉害，这叫艾宾浩斯错觉图。这个图容易让人产生错觉，你们会觉得哪个黑点大？

生：第二个。

师：为什么？

生：所处的环境不一样，左图周围的圆都是大的，因此中间的黑点看起来就小；而右图周围的圆比中间的黑点小，因此黑点看上去比较大。

师：你能从中解读出赫耳墨斯自认为“最大”的原因吗？

生：因为他自大。像右边，周围的都要臣服于他，他就自认为凌驾于众神之上。

生：他把别人都看小了，因此他看到了一个假的自己。

师：他的内心无限膨胀，他藐视众神，连宙斯和赫拉都不放在眼里，自我大于一切。雕像者的回答给了他一记响亮的耳光！齐读“假如……”

生：“假如你买了那两个，这个算饶头，白送。”

师：他在雕像店里地位——

生：微不足道。

师：这就是赫耳墨斯妄自尊大的下场。这给了我们怎样的人生启示？

生： 不要自大，要懂得谦虚，别人才会尊重你，你在别人的心目中才会逐渐放大。

生： 在一个群体里感觉自己大于一切的时候，你应该换一个群体来看看。这样才不容易在人生的道路上迷失自己。

生： 人生来都是平等的，我们应该平等待人，你尊重他人，他人才会尊重你。

生： 人最重要的就是找准自己的位置，认清自己。

师： 知人者智，自知者明。无论是神还是人，要想认清自己，需要直面的勇气和接纳的智慧。

尾声：

师： 上课伊始，我们从三个角度讲故事，走在故事外，看山是山，看水是水；然后，我们通过二次追问，由平面到立体，走进人物里，看山不是山，看水不是水；最后，我们拨开迷雾认清真相，看山还是山，看水还是水。这就是寓言的神奇魔法。它故事简单、形象丰富和哲理深刻，还原生活，还原人性的本色，这就是寓言最大的魅力。下课。

（执教者系广东省深圳市宝安中学王从从）

☆课堂观察☆

这个课例思路清晰，结构严谨，环环紧扣，逐层深入：复述故事—分析形象—发掘寓意。

1. 这堂课有诸多值得借鉴之处，文本的多元解读尤为突出。寓言旨在明理，言简意赅，被称为“穿着外衣的真理”。所谓“外衣”就是故事，如果脱去故事这个外衣，只剩下抽象的“真理”，那就成了“格言”，其形象价值荡然无存。同理，寓言教学的首要目标是展示这件外衣，脱去“外衣”直奔“真理”的做法不符合寓言的文体特征。通常讲授寓言故事，按照“通过一个什么故事，说明了一个什么道理”这种模式来讲，难以实现语文教学的价值。故事是真理的外衣，不是语文课的外衣。语文教学重在解读故事文本，而不是简单地接受道理。

这堂课是怎样对故事文本进行多元解读的呢？

（1）首先复述故事。复述文本看似简单，却独具匠心。先是从作者陈述的角度复述，即还原性复述，并不新奇；接下来转换角度，分别从赫耳墨斯和雕像店主的角度复述，即再造性复述，正如教师所言“横看成岭侧成峰”，这就翻出新意了。学生从赫耳墨斯角度的复述揭示出赫耳墨斯的自负心理“我是一个神使，也是商人的庇护神，我认为人们应该很尊重我”，结果价值仅是一个“饶头”，大为失落。学生从雕塑店主的角度复述，凸显了赫耳墨斯微不足道的价值“我想他可能嫌太贵了”，于是才说“如果你买了前面那两个，那么这个就白送给你”。这个复述高明在什么地方呢？切合商人身份特征，将商人揣摩顾客心理的过程呈现出来——起初商人竟然没有想到有人惠顾赫耳墨斯的雕像，为了促销宙斯和赫拉的雕像才想起赫耳墨斯的雕像。作为商人庇护神的赫耳墨斯，在商人眼中是多么微不足道啊！

质而言之，再造复述是文本解读过程，其关键在于变换解读视角，独辟蹊径。

（2）上面谈了解读视角的变换，下面谈解读方式的变换。这堂课在解读方式变换方面富有创意。复述课文是读课文的一种变式，不只凭对文本的机械记忆，更要借助对文本的理解。此外，还有两个精彩之处：第二环节分析赫耳墨斯形象，从“庇”字入手；第三环节发掘寓言主旨，运用了艾宾浩斯错觉图。

先看对“庇”字的阐发。用一幅写意图比照“庇”字的篆书字形（篆书尚未脱离象形特征），由字形推知字义。庇，形声字。小篆从广（读yǎn，与简体字“广”不是一个字；简体字“广”的繁体为“廣”），“广”的甲骨文和金文的写法像屋顶，古人以山崖为屋，故“广”表示房屋，因此“庇”有遮蔽之意。由“庇”字的本义，引出赫耳墨斯作为庇护神的身份。作为主管商业的庇护神视察市场行情是分内之事，故事的合理性正在于此。但作为商业庇护神，正如学生所说，关注的不是商店的销量而是自己雕像的价格，这就“不合理了”。由一个字的阐释而引发对人物形象的评价，可谓匠心独运。需要商榷的是，第一，既然“庇”是形声字，“比”为声符，“比”的本义可以略去不讲。第二，说“比的古文字形像两个人靠得很近，有亲密之意”，这显然是依据许慎《说文》：“比，密也。二人为从，反从为比。”对此，学界有不同看法。第三，又说“表示亲近才能得到庇护”实在牵强。这个课例虽有瑕疵，但瑕不掩瑜。换个角度看，据字形而推知字义，从字词入手解读文本，得法。

再看艾宾浩斯错觉图的运用。教师问：“你能从中解读出赫耳墨斯自认为‘最大’的原因吗？”学生回答：“因为他自大。像右边，周围的都要臣服于他，就自认为凌驾于众神之上。”“他把别人都看小了，所以他看到了一个假的自己。”教师顺势小结：他的“内心无限膨胀，他藐视众神”。层层剥笋，最后总结：“知人者智，自知者明。”设想一下，如果不用艾宾浩斯错觉图，再重回文本，效果会怎样呢？重复，厌倦。

（3）这个课例导语设计也值得称道：取舍精当，融知识与趣味于一炉。赫耳墨斯（Hermes，罗马名字墨丘利 Mercury）是希腊奥林匹斯十二主神之一，宙斯与迈亚的儿子，集多职于一身。因其行动敏捷，如思想般来去自如，因此成为宙斯的传旨者、信使、行人和商人的庇护神，又是畜牧之神、雄辩之神、竞技比赛庇护神。导语只选择了前者，略去后者。导语从身边生活说起，由阿迪达斯鞋（赫耳墨斯之靴）暗示赫耳墨斯来去自如的神功，引发联想；用中国海关徽章交代其庇护商人的神职，切入寓言故事。寥寥数语，兴味盎然。

2. 这个课例有一个明显瑕疵。第二环节分析赫耳墨斯的形象，劈头就问："赫耳墨斯是神还是人？"学生答："神！'赫耳墨斯化作凡人'有个'化'字！"这一问，其意何在？这个环节结束时，谜底才揭开，教师总结道："赫耳墨斯具有人性的缺点。"这里忽略了寓言和神话的联系与区别：《伊索寓言》中的赫耳墨斯是从古希腊神话中借来的，按照"真理"的要求，给他穿上故事的"外衣"，外衣是寓言的，"神"还是神话中的神。简言之，寓言是借"神"讲故事，寓言故事不是神话故事。在古希腊神话中，神和人同形同性，高度人格化，与人类相比更像是"超人"，除了具有超乎人类的神力、美貌，七情六欲与凡人无异，因此不必追问他是神还是人。这个课例之所以追究"是神还是人"这个问题，也许是因为混淆了希腊神话和中国神话的区别：中国神话中的神是美德的化身，绝无人性的弱点和性格的缺陷；人可以升仙，但必须修成正果，六根清净，品格完美无瑕。

3. 这个课例需要商榷的主要问题。寓言的"外衣"已经在第一环节的变换角度复述中拨开；第二环节对人物的分析已经到位，"真理"已经显现；第三环节名为"发掘道理"，其实依然在回顾故事情节、分析人物形象，教学内容重复。接下来的问题是，区区 185 个字符的文本（含标点）需要耗时整整一节课吗？教学效率何在？

☆改进建议☆

如何解决上述问题呢？

关于第一个问题。压缩掉第三环节中的人物形象分析和故事情节回顾内容，避免与第一环节和第二环节重复。第三部分已经水到渠成，亮出艾宾浩斯错觉图，一经点拨，寓意豁然而出，戛然而止。“尾声”无关宏旨，参禅三境界譬喻虽好，与本课过程和方法不吻合，割爱。

关于第二个问题。这是由第一个问题延伸而来的。节省下来的时间干什么？延伸阅读。怎么读？据笔者阅读体会，《伊索寓言》有个明显的特点：或同一个人物穿着相同的外衣讲真理，或同一个人物穿着不同的外衣讲真理。如果从变换解读视角方面考虑，可做如下整体设计：

前者例如：

两个罐子（一）

河面上漂着两个罐子，一个陶罐，一个铜罐。陶罐对铜罐说：“务必和我保持一定距离，别接近我，因为只要你轻轻碰我一下，我的身体就会散架。况且我根本不愿意让你靠近我。”

实力不相上下的人才能成为亲密的朋友。

两个罐子（二）

河岸上有两个罐子，一个陶罐，一个铜罐。涨潮时两个罐子漂入河中。陶罐小心翼翼，尽可能远离铜罐，铜罐却高喊：“朋友，不要怕，我不会碰到你。”陶罐却说：“如果我和你离得太近，无论是我碰上你，还是你碰上我，都是我不幸。”

强者与弱者不会成为亲密的朋友。

课例中学生对《赫耳墨斯与雕像者》文本的再造性复述与两则寓

言的构思如出一辙。

后者例如：

卖神像的木匠

有个木匠雕刻了赫耳墨斯的木像出卖，无人想买。为了招徕顾客，他就大声叫喊，说这雕像能赐福于人，谁买了就会一本万利，大发横财。一个行人就问："我的朋友，既然你说它有那么大的好处，为什么还要出售，何不留给自己享受它送的横财呢？"他回答说："啊，我急需用钱，但他总是慢慢腾腾，想要获得他送的钱，就必须耐着性子等呢。"

赫耳墨斯神像和木匠

有个木匠，身无分文，雕刻了一尊赫耳墨斯的木像，祈求发财。他每天献祭，反倒生计日窘。一怒之下，他将木像从祭台上拿下来，往墙上用力一摔。木像的脑袋掉了，从里面流出金币；木匠急忙拾起金币，说："你真不可理喻，让我无所适从。敬奉你的时候，让我一无所得；丢弃你的时候，却让我大发横财。"

（《伊索寓言》译本文字多有不同，以上四则系本文作者参考多种版本改定。）

这两则寓言与课例文本讲的都是赫耳墨斯和雕像者的故事（此外有《赫耳墨斯和伐木工》）。

对于前两则，可以先给出第一则故事，让学生据此进行再造性复述，然后出示第二则故事，与之对照；对于后两则，可以先给出第一则故事，让学生进行创作，人物不变，虚构故事内容，仅提示木匠要利用赫耳墨斯雕像发财。从还原性复述到再造性复述，再到创作是一个递进过程。这样就把阅读与表达（说或写）结合起来了，其功效自不待言。“看菜吃饭，量体裁衣”，就本节课而言，可以补充前两则，或后两则；如果“誓将改革进行到底”，可以将后两则作为作文训练，单上一节作文课。

☆附录☆

赫耳墨斯和雕像者①

赫耳墨斯想知道他在人间受到多大的尊重，就化作凡人②，来到一个雕像者的店里。他看见宙斯的雕像，问道：“值多少钱？”雕像者说：“一个银元。”赫耳墨斯又笑着问道：“赫拉③的雕像值多少钱？”雕像者说：“还要贵一点。”后来，赫耳墨斯看见自己的雕像，心想他身为神使，又是商人的庇护神，人们会对他更尊重些，于是问道：“这个值多少钱？”雕像者回答说：“假如你买了那两个，这个算饶头④，白送。”

这个故事适用于那些爱慕虚荣而不被人重视的人。

---

① 《义务教育课程标准实验教科书·语文·七年级 上册》，人民教育出版社，2007年版。选自《伊索寓言》。《伊索寓言》是一部寓言故事集。相传伊索是公元前6世纪欧洲古希腊人，善于讲动物故事。现存的《伊索寓言》是古希腊、古罗马时代流传下来的故事，经后人汇编，统归在伊索名下。赫耳墨斯，古希腊神话里掌管旅行和商业的神，是宙斯的儿子。宙斯是古希腊神话里神的首领。

② ［凡人］这里指世间的人。

③ ［赫拉］宙斯的妻子。

④ ［饶头］商人为了吸引顾客，往往在顾客所买的商品以外，加送一点不值钱的东西，这种加送的东西叫作“饶头”。

要重视语感培养①

——陈尚余《虎丘记》课堂实录观察

2003年至今，15年过去了。这期间语文教学倾向发生了很大变化。当初，语文教学重视知识教学，忽视文本内容理解，用现在的话来说就是重视“工具性”，忽视“人文性”；现在的倾向则恰好相反，脱离语言分析，走向空泛的文本内容解读。改革开放前的语文课强调“思想教育”；改革开放后，“拨乱反正”，强调要把语文课讲成“语文课”；20世纪80年代，呼吁语文课的“人文性”。新课程实施以来，语文教学逐渐形成相反倾向，脱离文本语言分析，偏重文本内容讨论，“语文”因素逐渐弱化。近几年，重视文本语言分析的呼声又逐渐高涨。纵观语文教学发展轨迹，其就像是一个跷跷板，在两个极端上跷来跷去。其实，语文课程标准不必确立“工具性”与“人文性”这种两极概念，应该回归到语文课程根本目标的表述上：培养学生理解和运用语言文字的能力。下面的案例就是一面镜子，从中可以窥见语文教学变化轨迹的真实面貌。原文如下。

长期以来，中学文言文教学一直在走词语解释—句子翻译—内容概括的套路，这实际上是把文言文教学简化为古汉语教学，至于品味语言少有问津。毫无疑问，能否把古汉语翻译成现代汉语固然是评价文言文学习的一个尺度，但手段本身不应该成为目的。语言学习的核心问题是语感的习得，作为历史上的书面语言，文言文的学习更是如此。仅就教学手段而言，文言文教学也不等于词语解释加句子翻译。

① 原载：中学语文教学，2003，（10）. 原题：文言文教学：要重视语感培养 .

如何在语文教学中培养学生的语感？我们可以从陈尚余老师执教的《虎丘记》一课中获得有益启示。

☆课堂实录☆

师：据我所知，很多同学不太喜欢文言文，认为文言文学起来困难，而且没什么意义。其实，学点文言文对优化语言、提高语言表达能力很有好处，先请大家做一个练习。

（投影：1. 春节舞台精彩纷呈，许多名家<u>一起登台表演</u>。2. 多数农民以金丝猴为捕猎对象，主要是<u>陋习使他们这样做的</u>。3. 作为<u>一个普通的书生</u>，吴晗与黑暗势力抗争的武器是那么有限。4. 越到老年，他的思乡之情<u>越不能控制</u>。5. 母校<u>的名声一天比一天大</u>。）

请大家把这几个句子中的画线部分换成文言词语，例如第 1 句可换成“联袂登台”，其他句子大家来改。

生 1：第 2 句改为“陋习使然”。

生 2：第 3 句改为“一介书生”。

生 3：第 4 句改为“不能自己”。

师：“不能自己”还是“不能自已”？

生 3：应该是“不能自已”。

师：这两个字不要搞错。第 5 句难度大点儿，哪位同学来说？

生 4：改为“声名日益”。

师：用“日”字替换原句中的“一天比一天”，很好。但“益”字不妥，因为这个字在文言中常用的义项是“利益”“好处”和“更加”。我有一个更好的，叫“声名日隆”，怎么样？

（学生笑）

师：只要大家留意，生活中经常用到文言词语，要学好文言文。下面我们要学的是一篇写景状物散文，佳词丽句俯拾皆是。下面我背诵一遍。（师背诵全文完毕，学生鼓掌）

师：下面请同学们自读。（学生朗读课文）

师：现在来看第一段。大家不要看课本，只看投影，齐读一遍。（投影课文第一段，删掉了原文标点，此举意在锻炼句读能力。学生看着投影齐读）

师：读得不错，停顿基本正确。

（注：课后有老师指出学生读了破句，把“从千人石／上至／山门”读成“从千人石上／至／山门”，笔者当时没听出来。这个句子应该点出来，让学生比较两种不同的句读，这里的“上”不表示方位，而是动词）

师：下面请大家概括第一段的内容。

生 5：主要描写中秋虎丘游人如织的盛况。

师：找出领起句，大家一起读。

（学生搜索，然后齐读“而中秋为尤胜”）

师：“而”在这句话里起什么作用？

生 6：表示内容的递进，文章先写平时虎丘游人很多，“萧鼓楼船，无日无之”，“游人往来，纷错如织”，然后写到中秋的情景特别——（生说不上来）

师：特别什么？“胜”字怎么解释？

（学生七嘴八舌，有的说“优美的”，有的说“盛大”，也有的轻声说“盛况空前”）

师：我觉得“盛大”“盛况空前”比较好。那么，作者从哪些方面来表现“胜”景呢？

生 7：人很多，“倾城阖户，连臂而至”，“栉比如鳞”。

师：好。“连臂”是什么意思？是不是说大家手挽着手，一起上虎丘？（学生笑）

生 8：不是，是手挨着手，手碰着手。

师：有一个成语也是这个意思，形容人很多，叫什么？

（几个学生一起回答“比肩接踵”）

师：“栉比如鳞”跟哪个成语很接近？

（部分学生回答“鳞次栉比”）

师：也可以说“栉比鳞次”。不过大家要注意，这个成语现在一般不用来形容人多，常用来形容——

生 9：建筑物多、密。

生 10：房屋多。

师：对，桥梁多就不能用这个成语来形容。写人多的还有吗？

生 11：“远而望之，如雁落平沙”，“雁落平沙”也是比喻人多。

师：作者换了一个角度描写，如果不用这个比喻，你还有什么词吗？

生 11：（想了想）“人山人海”。

师：是的，“人山人海”也是形容人多人密，把它换成“人山人海”行吗？

生 12：不好。“雁落平沙”是很美的，而“人山人海”让人感到烦，不美。

师：是啊，“雁落平沙”是美景，其中包含着作者赞美喜悦之情；而“人山人海”则达不到这样的效果。“雁落平沙”后面是“霞铺江上”，它又比喻什么？

生（齐声）：游人的服饰。

师：与前文中哪个句子照应？

生（齐声）：“莫不靓妆丽服。”

师：除了人多，还写了别的什么吗？

生 13：“檀板丘积，樽罍云泻”写“檀板”多，酒器多。

师：从哪两个字看出来？

生 14：“丘”指堆成山丘一样，“云”指像流云飞泻，都说明多。

师：分析得很好。大家再读两遍，准备背诵。

（学生读、背）

师：接下去学课文第二段。（投影第二段，也略去标点）

师：读得不错。请一个同学概括一下本段内容。

生 15：描写了中秋夜“斗歌”的过程。

师：大致是这样，“斗歌”的过程分为几个阶段？找出标志性的词语。

生：（一起）四个阶段，“布席之初”“未几”“已而”“比至”。

师：找得很快，也很准。说说这几个时间词的意思。

生 16：“未几”“已而”都是“不久”“过一会儿”的意思，“比至”是“等到”的意思。

师：好。下面请大家再仔细读课文，填写下面表格：每个阶段唱歌的人数、演唱的方式、演唱的环境和演唱的效果。

（投影表格，学生轻声读书，讨论）

生 17：第一阶段唱歌的人数有“百千”，演唱方式是合唱，演唱效果是“声若聚蚊，不可辨识”。

师：合唱要节奏统一，他们在唱的时候节奏统一吗？有人指挥吗？

生 18：应该是混合唱。

师：就叫混唱吧。第二阶段呢？

生 19：人数是“数十人”，演唱方式不清楚，好像也没写演唱环境。（学生笑）

师：这“数十人”是从“百千”人中选拔出来的，“竞以新艳相角”，“竞”和“角”是比赛吧，那是什么演唱方式呢？

生 20：（脱口）对歌。

师：好，就叫“对歌”吧。（注：课后有老师纠正，说不是“对歌”，应是“连唱”）第三阶段呢？

生 21：唱歌人数“才三四辈”，演唱方式是伴唱，环境是“明月浮空，石光如练，一切瓦釜，寂然停声”，效果是“清声亮彻，听者魂销”。

师：“三四辈”是多少人？

生 22：三四个人，这个“辈”字是量词，相当“个”字。

师：演唱方式是伴唱，不过还可以换个角度说。大家注意到“属而和者”这四个字没有？“属”是什么意思？

生 23：“属”是连续、跟着的意思，因此演唱方式还可以说是“连唱”。

师：有道理。请一个同学说最后阶段。

生 24：最后只剩一人，环境是“月影横斜，荇藻凌乱”，“四座屏息”，演唱方式是独唱，效果是“飞鸟为之徘徊，壮士听而下泪”。

生 25：演唱方式还可以说“清唱”，因为文中说“萧、板亦不复用”。

师：大家说得都对。但我还有一个问题，这段话基本用四字句，为什么最后说到演唱效果时，用了六字句，改成“飞鸟徘徊，壮士下泪”不是更和谐、更简练吗？（长短交错）

生 26：这么一改，那种感叹的语气就没了，还是用六字句好，而且给人一种参差错落之感。

师：你的语感挺强，说得很准确。下面争取背诵下来。开始。

（学生读、背）

师：接下来看第三段。这一段概括介绍虎丘的几处景点，点到即止，语言准确精练。老师说景点，大家回答描写景点的词句，并说出它的特点，要求不能看书。现在开始。剑泉——

生：（齐声）“深不可测，飞岩如削。”

师：它的特点——

生：（七嘴八舌）深、险。

师：千顷云——

生：（齐声）“得天池诸山作案，峦壑竞秀，最可觞客。”

师：特点——

生 27：高、秀。

师：你怎么知道“高”？

生 27：“天池诸山”在千顷云面前像桌子，那不是突出高吗？

师：“案”是桌子，或称茶几。文昌阁——

生：（齐声）“晚树尤可观。”

师：平远堂——

生：（齐声）“空旷无际。”

师：文言文阅读要熟练到别人说上句，你能对出下句。下面读最后一段。这段话写作者第六次登虎丘的感受。请大家快速找出抒写感受的句子。

生：（几个学生轻声）“甚矣，乌纱之横，皂隶之俗哉！”

师：大声再读一遍，要有自信。（学生大声齐读）

师：这句话有何特点？（有人说“倒装句”）哪一种“倒装”？

生：（部分）主谓倒装。

师：为什么要倒装？改成“乌纱之横，皂隶之俗甚矣”不行吗？

生 28：原句更能体现作者的愤慨之情。

师：是啊，“乌纱之横，皂隶之俗”令作者忍无可忍。这样的倒装句，以前碰到过吗？

生 29：（回忆）“甚矣，汝之不惠”，是《愚公移山》里的句子。

师：这话是智叟说的，在智叟看来，愚公要移山，简直愚蠢到令人难以忍受的地步。接下来我们比较一下“甚矣，乌纱之横，皂隶之俗哉”和“今余幸得解官，称吴客矣”，这两句里的“矣”表达的感情一样吗？

生 30：不一样。上句中的“矣”表达愤慨，下句里的“矣”表达的是一种轻松的感情，中国有句话叫“无官一身轻”。

师：（兴奋）“无官一身轻”说得好！文章的最后一句是“虎丘之月，不知尚识余言否耶”？我把它改为“虎丘之月，不知尚识余言与否”或“虎丘之月，是否尚识余言”，比较一下表达的效果有什么不同。

（学生轻声读，体味）

生 31：我觉得原句有自嘲的意味，而改换的句子就没这种意味了。

师：是吗，原句有自嘲的意味吗？自嘲是自我宽慰，作者是主动辞官，应该表达去官后轻松愉快的感情。

师：（结束语，介绍袁宏道和“公安派”）袁宏道，明代文学家。他与兄长袁宗道、弟弟袁中道合称“公安三袁”，被称为“公安派”。“公安派”在文学上反对形式主义和拟古主义，在思想上反对封建礼教和儒家道统。其作品打破传统诗文的陈规陋习，抒发个性，清新流畅。本文重点写虎丘中秋之夜游人如织的盛况，同时，也对自己“吏吴”时最后一次游虎丘的心情作了概括性描写，表达出钟爱自然山水、名胜古迹的一往情深和对权势的鄙薄，反映出作者追求的是人生的自然任性，是人生的真性情。大家有对他感兴趣的，课后可以找他的作品来读。下课。

（执教者系浙江省镇海中学陈尚余）

☆课堂观察☆

陈尚余老师的教学实录给笔者留下深刻印象的有三点：诵读“白文”、品味语言、熟读成诵。这也是该课例依次进行的基本教学步骤，与语感的习得息息相关。

先谈读“白文”。这是教师别出心裁之处。让学生读删除了标点的白文，用意何在？教师注明“此举意在锻炼句读能力”。断句是以粗通文意为基础的，似乎与翻译没有多大差别。然而，从语感习得的角度看，却有高下之分。教学中常常出现这样的情况，教师讲完了课文，一些学生还不能流利地朗读，究其原因是语感的缺失。断句的基本功是机械翻译所不能替代的。这篇教学实录中有就有一个例子，学生将“从千人石／上至／山门”读破为“从千人石上／至／山门”。类似情况在文言文教学中并不罕见，如把“今齐地／方千里”（《邹忌讽齐王纳谏》）读破为“今齐地方／千里”，把“强弩之末／势不能穿鲁缟”（《赤壁之战》）读破为“强弩之末势／不能穿鲁缟”。

次谈品味语言。品味语言一直是文言文教学普遍忽视的问题。语感的习得是心领神会的过程，在引导学生品味语言方面，该课例不乏精彩之处。如“远而望之，如雁落平沙，霞铺江上”几句，教师让学生比较“雁落平沙”与“人山人海”的差异，从中体味其中的美感，从“霞铺江上”的比喻中领会与上文“靓妆丽服”的呼应关系（再者，这两句都是“远而望之”的效果，两个比喻是前后关联的）。再如“甚矣，乌纱之横，皂隶之俗哉”，一般情况下只是让学生辨别出倒装句式便作罢，而在该课例中，教师问学生：改为一般句式“乌纱之横，皂隶之俗甚矣哉”不可以吗？进而引导学生体味作者采用这种句式所表达的愤慨之情。接下来教师又引导学生比较该句与“今余幸得解官，称吴客矣”中的“矣”表达的感情有何不同，学生答得很精彩：“无官一身轻。”语气虚词在教学中一般不受重视，如果单就知识而言，一个语气虚词又有什么好讲的呢？但教师却通过一个语气虚词，引导学生把作者对为官的憎恶、解官的得意之情体味出来。这就从语言运用的角度把语言知识教活了。

再谈熟读成诵。通常情况下，背诵是在课后由学生自行完成的。该课例中，随讲随背不仅减轻了课业负担，更重要的是符合语言习得规律，即在理解的基础上记忆，在背诵的过程中加深理解。《中学语文教学》杂志某期刊载的《〈虎丘记〉教学设计》先让学生反复诵读，涵咏文意；然后再让学生找出精彩语句，玩味欣赏，也是值得借鉴的。

此外，因势利导的教学机智也是本课例的一个亮点。如，有学生说演唱的第三阶段是“伴唱”，教师随之提问“属而和者”中的“属”是什么意思？有的学生回答说是连续、跟着的意思，应该是“连唱”（确切地说应是“一人缓板而歌”过程中的接连唱和，所谓“三四辈”有“其曲弥高，其和弥寡”之意，见于下文“一夫登场，四座屏息，音若细发，响彻云际”）。

☆改进建议☆

若从师生对话的角度看，该教学实录中学生探究的主动性还不明显。再有，个别的词语解释也值得商榷，如“属而和者，才三四辈”中的“辈”字，用在数词的后面表示多数（参见商务印书馆《古汉语词典》）。根据上下文，这里的“三四辈”是“三四伙人”的意思。学生把“辈”误解为“个”，把“三四辈”误解为“三四个人”，没有得到纠正。

这个课例可以引发我们思考目前语文教学需要探讨的一些问题。

（1）语言学习与文章解读是怎样的关系？小而言之，是语文重在学习语言还是重在学习内容的问题；大而言之，是至今争论不休的所谓语文的“工具性”与“人文性”的问题（《普通高中语文课程标准（实验）》说：“工具性与人文性的统一，是语文课程的基本特点。”）。其实这种处于两难境地的争论不会有最终结论，关键是“语文”与“语文课程”是两个不同的概念。广义的“阅读”一般偏重解读的结果，即文章“写了什么”；语文课程的“阅读”重在解读过程，即文章是“怎样写的”。语文课程的任务是使学生学会阅读（进而会写），而不是阅读本身。如此，语言习得是语文教学的第一层面，并且必须贯穿教学的整个过程。

（2）语文教学改革如何继承汉语文教学传统？如文言文教学，传统语文教学中，教材是没有句读的，断句是不可缺少的教学环节；另一个环节是背诵，甚至是先背诵后开讲。后者是否科学有待讨论，但断句和背诵有利于语感的形成是毋庸置疑的。如何从传统语文教学中汲取有益经验，我们可以从上面的教学实录中得到一些启发。

（3）教师的“主导”与学生的“主动”。在新一轮课程改革中这个问题涉及教师的角色问题。任何理念都是在一定的历史背景下提出的，存在的合理性和时效性是一个硬币的两面。“教师为主导，学生为主体”的说法也不例外。新课程改革要求把学习的主动权归还给学生，如此，教师的“主导”地位就会动摇，取而代之的是学生的“主动”。教师的“导”应以学生的“主动”探究为前提，如此，教师的“导”还是“主导”吗？

☆附录☆

虎丘记[①]

袁宏道

虎丘去城可七八里，其山无高岩邃壑，独以近城，故箫鼓楼船[②]，无日无之。凡月之夜，花之晨，雪之夕，游人往来，纷错如织，而中秋为尤胜。每至是日，倾城阖户[③]，连臂而至。衣冠士女，下迨蔀屋[④]，莫不靓妆[⑤]丽服，重茵累席[⑥]，置酒交衢[⑦]间。从千人石[⑧]上至山门，栉比[⑨]如鳞，檀板[⑩]丘积，樽罍[⑪]云泻，远而望之，如雁落平沙，

① 《普通高中课程标准实验教科书·语文·选修·中国民俗文化》，人民教育出版社，2006年版。选自《袁中郎全集》卷八。袁宏道（1568–1610），字中郎，号石公，明代公安（今湖北公安）人。万历二十年（1592）进士。曾任吴县（今江苏苏州）知县、顺天府教授等职，与其兄宗道（字伯修）、弟中道（字小修），都以文学见长，时号“三袁”，被称为“公安派”，其中以袁宏道的成就最高，曾为文复古，主张“独抒性灵，不拘格套”。虎丘，山名，又名海涌山，在苏州西北。相传春秋时吴王阖闾葬在这里，三日而虎踞其上，因而得名，有“吴中第一名胜”之称。

② ［箫鼓楼船］指达官贵人装饰豪华的游船。箫鼓，泛指乐奏。楼船，指有楼饰的游船。

③ ［阖户］指全家。阖，通“合”，全。

④ ［蔀（bù）屋］指穷苦人家昏暗的房屋。这里指贫民。蔀，遮蔽光明之物。

⑤ ［靓（jìng）妆］美丽的妆饰。

⑥ ［重茵累席］指游客席地而坐。茵，垫褥。累，重叠。

⑦ ［交衢（qú）］行人来往的通道，这里指去虎丘的大道。衢，大路。

⑧ ［千人石］虎丘山上的一块大磐石。相传南朝梁代高僧竺道生（即下文的“生公”）曾在此说法，有千人列听，故称千人石。

⑨ ［栉（zhì）比］密如梳齿。栉，木梳。比，并、排列。

⑩ ［檀板］唱歌用的拍板，檀木制成。

⑪ ［樽罍（léi）］酒器。

霞铺江上，雷辊电霍[①]，无得而状。

布席之初，呕者[②]千百，声若聚蚊，不可辨识。分曹部署[③]，竟以新艳相角[④]，雅俗既陈，妍媸[⑤]自别。未几而摇手顿足[⑥]者，得数十人而已；已而明月浮空，石光如练[⑦]，一切瓦釜[⑧]，寂然停声。属而和[⑨]者，才三四辈；一箫，一寸管，一人缓板而歌，竹肉[⑩]相发，清声亮彻，听者魂销。比至夜深，月影横斜，荇藻[⑪]凌乱，则箫板亦不复用；一夫登场，四座屏息，音若细发，响彻云际，每度[⑫]一字，几尽一刻[⑬]，飞鸟为之徘徊，壮士听而下泪矣。

剑泉[⑭]深不可测，飞岩如削。千顷云[⑮]得天池[⑯]诸山作案，峦壑竞秀，最可觞客[⑰]。但过午则日光射人，不堪久坐耳。文昌阁[⑱]亦佳，晚树

---

① ［雷辊（gǔn）电霍］雷鸣电闪。辊，车轮转动的声音。霍，疾速闪动的样子。
② ［呕者］唱歌的人。
③ ［分曹部署］分部安排。
④ ［角］较量、竞比。
⑤ ［妍媸（chī）］美丑。
⑥ ［摇首顿足］形容唱歌者按节而歌。
⑦ ［石光如练］山石反射月光如白练。白练，洁白的绢。
⑧ ［瓦釜（fǔ）］用黏土烧制的锅，这里比喻粗俗的歌声。《楚辞·卜居》："黄钟毁弃，瓦釜雷鸣。"
⑨ ［属（zhǔ）而和］接着唱和。属，连续、跟着。
⑩ ［竹肉］这里指箫管与歌喉。《晋书·孟嘉传》："丝不如竹，竹不如肉。"
⑪ ［荇藻］水藻，这里比喻月下树影。苏轼《记承天诗夜游》："庭下如积水空明，水中藻荇交横，盖竹柏影也。"
⑫ ［度］唱。
⑬ ［一刻］比喻歌声的悠长。古时用漏壶计时，一昼夜共一百刻。
⑭ ［剑泉］又称剑池，在千人石北，为吴王洗剑处。两侧崖高百尺，池水终年不干。
⑮ ［千顷云］山名，在虎丘山上。
⑯ ［天池］山名，又称华山，在苏州阊门外。
⑰ ［觞（shāng）客］宴请宾客。觞，酒器，这里是劝人饮酒的意思。
⑱ ［文昌阁］与下文的"平远堂"皆为虎丘古建筑。

尤可观。面北为平远堂旧址，空旷无际，仅虞山①一点在望。堂废已久②，余与江进之③谋所以复之，欲祠韦苏州④、白乐天⑤诸公于其中；而病寻作⑥，余既乞归，恐进之亦兴阑⑦矣。山川兴废，信有时哉⑧！

吏吴两载⑨，登虎丘者六。最后与江进之、方子公⑩同登，迟月生公石上⑪。歌者闻令⑫来，皆避匿去。余因谓进之曰："甚矣，乌纱之横⑬，皂隶之俗⑭哉！他日去官，有不听曲此石上者，如月⑮！"今余幸得解官⑯，称吴客矣。虎丘之月，不知尚识⑰余言否耶？

---

① ［虞山］在江苏常熟西北，也是江南名胜，上有言子（孔子弟子言偃，字子游）墓。
② ［堂废已久］指平远堂久已废弃。
③ ［江进之］江盈科，字进之，桃源（今湖南桃源）人。万历二十年（1592）进士，官至四川提学副使，时任长轴县令。著有《雪涛阁集》等。
④ ［韦苏州］唐代诗人韦应物，曾任苏州刺史。
⑤ ［白乐天］白居易，字乐天，曾任苏州刺史。
⑥ ［寻作］不久发作。作，发作。
⑦ ［兴阑］兴趣衰减。阑，衰落、消退。
⑧ ［信有时哉］确实是时运啊。信，确实。时，时运。
⑨ ［吏吴两载］袁宏道任吴县令两年（万历二十三年至二十四年）。吏，这里作动词用。
⑩ ［方子公］方文僎（zhuàn），字子公，新安（今安徽徽县）人，袁宏道的幕僚。
⑪ ［迟月生公石上］指坐在生公石上等待月出。迟，等候。
⑫ ［令］吴县令，作者自称。
⑬ ［乌纱之横］官吏的横暴。乌纱，即乌纱帽，这里指官吏。
⑭ ［皂隶之俗］衙役的粗俗。皂隶，衙门中的差役。皂，黑色，差役穿黑色衣服，故称。
⑮ ［如月］以月为证。发誓的口气。
⑯ ［解官］辞去官职。
⑰ ［识（zhì）］记着。

旨趣与诗眼①

——吴春来《夜归鹿门歌》课堂实录观察

古典诗歌为学生所喜爱，也为语文教学所重视。但在实际教学中，古典诗歌教学与其他文体的教学并无二致，未能体现出古典诗歌的特点，不得要领。或流于空泛，大而无当；或失之琐屑，支离破碎。中国古典诗歌的基本特点是情景交融，托物言志，正如王国维所说“一切景语皆情语”（《人间词话》）。也正因此，意象和意境是古典诗歌的两个要素，也是古典诗歌的旨趣所在。古典诗歌讲究“炼字”，固有“诗眼”之说，即画龙点睛，一字传神。苏轼《次韵吴传正〈枯木歌〉》有句：“君虽不作丹青手，诗眼亦自工识拔。”（当然并不是有“诗眼”的诗才是好诗。）

下面吴春来老师《夜归鹿门歌》一课可供研讨。

☆课堂实录☆

师：请一位同学介绍一下孟浩然。

生：湖北襄阳人，其诗与王维齐名，是山水田园诗人，著有《孟浩然集》。他的诗情感飘逸，语言隽永。

师：此前我们学过他的两首著名诗歌。

（生齐背《春晓》和《过故人庄》）

师：他的朋友李白是如何评价他的呢？李白曾写过一首诗《赠孟

① 原载：中学语文教学，2012，（7）. 原题：古典诗歌解读：旨趣与诗眼 .

浩然》，我们欣赏其中几句。（展示“PPT”，生诵读）

吾爱孟夫子，风流天下闻。

红颜弃轩冕，白首卧松云。

师：孟浩然在李白心中是怎样一个形象？

生：风流潇洒。

生：“风流天下闻”，足见他的风流；“白首卧松云”，可以看出他的惬意的隐居生活。

师：马茂元先生在《中国文学史》里说，在他人眼里，孟浩然是位地道的隐逸诗人。《夜归鹿门歌》展示了一个怎样的孟浩然呢？请同学们自由朗读这首诗，要读出它的神韵。（板书课题）

（生自由朗读后，一生朗读）

师：这位同学读得有板有眼，抑扬顿挫。我把这首诗稍作改动，请同学们看看这样改行不行？（展示“PPT”）

山寺钟鸣昼已昏，余亦乘舟归鹿门。

忽到庞公栖隐处，惟有幽人自来去。

生：不行。

师：为何不行呢？我看挺好的。先看标题“夜归鹿门歌”，“山寺钟鸣昼已昏”点明时间“夜”，“余亦乘舟归鹿门”指明“归”，最后两句照应“鹿门歌”。

生：感觉少了点味道。

师：少了什么味道呢？

生：诗的味道。

师：诗的味道，说得好。换句话说，被删掉的地方就是诗歌出味的地方了。下面我们一起来欣赏被删除诗句的诗味。

生：“渔梁渡头争渡喧”，写出了渡头的喧闹。

师：为何要写渡头的喧闹呢？

生：反衬山寺的幽静。

师：写环境幽静，可以正面描摹；以动写静，也有异曲同工之妙。例如“蝉噪林逾静，鸟鸣山更幽”。这里，难道仅仅是以动来反衬静吗？

生：别的我不知道了。

师：让我们一起来读读这两句诗。什么地方要重读？

生：“喧”。

师：为何要这样处理呢？

生：一个“喧”字写出尘世的喧闹，与山寺的静形成对照，使人隐隐约约感觉到作者那种超脱的情怀。

师：那为何“人随沙岸向江村”不能删呢？我们先来读读，什么地方要重读？

（生齐读）

生：“江村”和“鹿门”有突出强调的作用。世人回家，而诗人离家去鹿门，两种不同心情的对比，表明了作者的隐逸情怀。

师：你读读，大家一起来欣赏。（生范读）情感充沛，但抑扬顿挫的味不够。“江村”应该如何读？应该用上扬调。“鹿门”要用平直调。声音可以略低，重读不一定要声音大，用虚声也是一种强调。我们一起朗读这四句，争取把它背下来。

师：这四句表达了作者的隐逸情怀。有什么特点？

生（齐声）：都是写景的句子。

师：王国维说：“一切景语皆情语。”诗歌中的景物是含情的，如果缺了景语，诗就乏味了。欣赏诗歌，要置身诗境，缘景解情，发挥联想和想象。“鹿门月照开烟树”是怎样一种景色呢？

生：朦胧，月光映衬的美。

师：请用散文化的语言把这种美描述出来。

生：朦胧的月色从天空中散落下来，铺展在地上，也洒在我的心头，静静地，悄悄地，没有一丝嘈杂的声音。我独自漫步在这如烟的美景中，享受着月光的洗礼，聆听着大自然的声音。

师：一落，一铺，一洒，写出了月光的动态之美。

生：淡淡的月光从天空流转而下，像薄纱，如薄雾，似轻烟，轻轻地笼罩在树林上。我陶醉在如诗如画的美景中，不知不觉来到了庞公归隐的地方。

师：她是如何写月光的呢？淡淡的，像薄纱，如薄雾，似轻烟，用比喻的修辞写出了月光的朦胧，的确很美。刚才她用了一个“陶醉”，有道理吗？

生：有。因为后面一个“忽”字，说明不知不觉就到了庞公隐居的地方。树被朦胧的月光映照得太美了，因此作者陶醉了。

师：联系语境来品读诗句，好！诗歌中“开烟树”为何用一个“开”字呢？树如何开呢？

生：其实这里是写树像花一样开放，朦胧可人，表现出作者的喜悦之情。

师：行文至此，流露出一种喜悦与洒脱之情。那么“岩扉松径长寂寥”一句中的“寂寥”该如何理解？

生：“寂静”的意思，因为这里除作者外，没有人来居住；“寂寥”还有无奈的意思。

师：那“自来去”是什么意思呢？

生：逍遥自在。

师：你前面讲他无奈，后面又说他逍遥自在，自相矛盾啊。

生：他是一个假隐士，其实没有真正想当隐士。

师：作何解释？

生：他在 40 岁时去过长安，还给张九龄丞相写过一首诗。

望洞庭湖赠张丞相

［唐］孟浩然

八月湖水平，涵虚混太清。

气蒸云梦泽，波撼岳阳城。

欲济无舟楫，端居耻圣明。

坐观垂钓者，徒有羡鱼情。

师：写了这首诗就说明他是假隐士，理由不充分吧？刚才你运用了知人论世的方法来解读作品，很好；如果我们再联系诗歌来具体分析，就更好了。“寂寥”应该是一种落寞和无奈吧。作者为何有这样的感叹？我们还是结合这首诗来谈谈。

《望洞庭湖赠张丞相》写于 733 年，是孟浩然西游长安时写的一首干谒诗，希望得到张九龄的赏识和录用，但最后张九龄并没有赏识他。这里还有一个小故事呢！话说，孟浩然去了京城长安后，王维非常欣赏他的才华。一天早上，王维邀请孟浩然去交流诗歌创作，唐玄宗突然驾临，情急之下，孟浩然便躲到床底下。王维不敢隐瞒，如实禀告。唐玄宗笑了笑说：“我早就听说这个人了，出来吧。”于是，孟浩然从床底下爬了出来。唐玄宗说：“你带诗来了吗？”孟浩然说不巧没有带来。

于是唐玄宗就让孟浩然背诵几首听听，孟浩然就背起“不才明主弃，多病故人疏……”唐玄宗皱起眉头，很不高兴地说：“朕并没有不要人才啊，是你自己不求进取！”结果，孟浩然被打发回家了。当然，这个故事是真是假，我们不好判断，不过这首诗的确说明孟浩然有怀才不遇的情结。

孟浩然性格孤高狷介，不愿在权贵面前摧眉折腰，但他始终怀抱济世之志，在隐与不隐之间徘徊。因此“寂寥”一词还掺杂着一种无奈。这首诗使我们感受到他是一位无奈的——

生（齐声）：隐者。（板书：无奈的隐者）

师：这样的隐者也是古代文人的真实写照，谁不想立功、立德、立言呢？陶渊明欣然归园田，最后还不是发出了“日月掷人去，有志不获骋”的感叹？因此古代真隐士少，假隐士多，是真隐士就不会留名于世了。隐士可谓各有隐衷。

师：刚才删掉的两句是写景的，先前删掉的两句是——

生（齐声）：写人的。

师：我记得朱光潜先生说过这么一句话，诗歌中如果有人的活动，诗歌就会更具灵性。比如我们以前学的“最喜小儿无赖”——

生（齐声）：“溪头卧剥莲蓬。”

师：“卧剥”二字写出了田园生活的闲适。

师：“夕阳西下”——

生（齐声）：“断肠人在天涯。”

师：“断肠人”的出现，让诗歌有了动感，凸显苍凉。那么这首诗歌的味道是如何体现出来的呢？

生：通过尘世中的人来反衬或对比写自己的隐逸之路，借景物的描写来抒写自己的生活感受，有隐逸之乐，也有无奈之恨。比您改写的诗歌更具诗歌味。

师：说得好，我接受批评。诗歌不是简单的议论和抒情，必须借助意象营造意境来言志抒情。欣赏诗歌要知人论世，但更要置身诗境，缘景解情。最后让我们一起来背诵全诗。

（生齐背）

师：推荐大家阅读一本书《歌者的悲欢——全面解读唐代诗人》，这里面有孟浩然的故事。下课。

（执教者系湖南省永州市第一中学吴春来）

☆课堂观察☆

该课例有诸多值得揣摩之处，主要表现在如下几方面。

1. 最引人瞩目的是减缩原诗。常规教学采用串讲方式，这堂课却独辟蹊径。原诗八句，减缩为四句，这个教学设计很巧妙。减缩后的诗句，仍构成一首“完整”的诗，基本保持了原诗韵味。如果减缩后，诗句不连贯，节奏失顿挫，那就另当别论了。缩减诗句是一种文字游戏，但游戏是手段而不是目的，目的在于引发学习兴趣。这样，接受性阅读就转变成探究性阅读，研读角度随之转变，问题集中在“这样改行不行”上。这个问题当然是无疑而问，其教学价值却不可小觑。教学生成过程就印证了这一点。在学生做出否定回答后，教师辩解道：“我看挺好的。先看标题‘夜归鹿门歌’，‘山寺钟鸣昼已昏’点明时间‘夜’，‘余亦乘舟归鹿门’指明‘归’，最后两句照应‘鹿门歌’。”由此引发讨论，逐一解读被删除的诗句。这里有一个问题显然是不能回避的，即接下来讨论的是被删除的诗句，那么保留下来的诗句是不是被忽略了？其实，教师的辩解就是对其他四句的解读。因此，教学内容取舍精当。

2. 这堂课的生成过程。预设与生成是相对而言的，这堂课的生成过程呈现出一种“自然”状态。这种“自然”状态表现在作品讨论的各个环节。讨论是多元对话过程，强调以学生为主体，并不意味着教师仅仅是一个教学组织者，更重要的是一个引领者，随机引导教学方向。教师的教学机智突出体现在切中肯綮的点拨上。

先是关于“渔梁渡头争渡喧”的解读。学生说“写出了渡头的喧闹”，问题似乎已经解决了。教师追问道：“为什么要写渡头的喧闹呢？”学生回答：“反衬出山寺的幽静。”教师继续追问：“仅仅是用动来反衬静吗？”有学生回答：“一个‘喧’字描写出尘世的喧闹，这样的情形跟山寺的静形成对照，可以隐隐约约地感觉到作者那种超脱的情怀。”这就切近了作品的旨意。接下来是关于“人随沙岸向江村”的解读。这里教学引导有微妙变化，转向朗读重音的探讨。学生回应“江村”和“鹿门”有突出强调的作用，世人回家，而作者是离家去鹿门，两种不同心情对比，表明了作者的隐逸情怀。这个解读是有瑕疵的，鹿门山是东汉庞德公的隐居故地，也是作者的隐居之所，“归鹿门”就是回家，关键在于俗世之“家”与隐居之“家”的境界是不同的。尽管如此，学生还是抓住了“隐逸”的旨趣。

接下来是关于“鹿门月照开烟树”的解读。教师点出“开”字，切中关键，但关于“开”字的解读却值得商榷。一是用散文化的现代书面语言描述古典诗歌意境，近似翻译，冲淡了古典诗歌韵味。用现代语言翻译古典诗歌，自五四新文化运动以来较为常见，一些著名诗人和学者也从事过这方面的工作，却劳而无功。原因是诗歌是语言艺术的结晶，如果翻译成另一种语体或语言形式，无疑是一种“稀释”，犹如陈酿之于白水。二是学生解读有误：“写树像花一样开放，朦胧可人。”其实，“开”字是诗眼，指的是烟雾散开。烟雾笼罩，树木朦胧，转眼间，月光朗照，树影清晰。一个“开”字，化静为动，意境全出，诗人脱离喧嚣尘世遁入山林的怡然自得之情跃然纸上。这是写客观之景，还是写主观之情呢？关键在那个“开”字，出神入化。与其说烟雾笼罩的山林转瞬之间赫然清晰，莫如说诗人的心情豁然开朗。正所谓“一切景语皆情语”（王国维语）。

3. 这堂课的精彩之处是关于“岩扉松径长寂寥”的解读。教师点出对“寂寥”该如何理解，学生回应：“‘寂静’的意思，因为这里除作者外，没有人来居住；‘寂寥’还有无奈的意思。”教师又问“惟有幽人自来去”的“自来去”是什么意思，学生回应道：“逍遥自在。”教师因势利导：“你前面讲他无奈，后面又说他逍遥自在，好像有点自相矛盾啊？”学生回应：“他是一个假隐士，其实他没有真正想当隐士。”于是展开了关于真假隐士的讨论。学生援引了作者的另一首诗《望洞庭湖赠张丞相》来印证“假隐士”之说。最终由学生归结出：“原诗通过尘世中的人来反衬或对比写自己的隐逸之路，借景物的描写来抒写自己的生活感受，有隐逸之乐，也有无奈之恨，比您改写的诗歌更具诗歌味。”至此，这堂课戛然而止，首尾呼应。

整体而言，这堂课教学设计突破常规，教学过程干净利落。

☆改进建议☆

这堂课需要进一步探讨的有两个问题：关于“归隐”和“诗眼”的解读。

1. 关于“归隐”。求仕与归隐是古代知识分子一种普遍的纠结处境。入仕之志在于济世，济世是古代知识分子的政治抱负。所谓“知识分子”，对于现实社会是有担当的，古今皆然。从思想层面看，古代知识分子儒家与佛老相济，得意之时，信奉儒家，入世为官；失意之时，崇尚佛老，出世归隐。从世俗角度看，归隐是古代知识分子的无奈选择，“士”者任官为“仕”，岂有原本就不求上进之“士”呢？归隐是古代知识分子失意之时的生存方式，以此获得精神解脱。归隐只是一种生存方式，而不是一种理想追求。魏晋以降崇尚佛老，在特殊的历史背景下，仕途坎坷者，由隐而仕，乃是“终南捷径”；仕途得意者，或由仕而隐，或边隐边仕，名利双全。“穷”“达”二字咫尺天涯，“山水田园诗人”应运而生。陶渊明、谢灵运开先河，至孟浩然、王维为巅峰。

古代知识分子纠结于出世与入世，孟浩然也不例外。他隐居一生，却未放弃出仕的热望。有其诗为证：“三十既成立，嗟吁命不通。慈亲向羸老，喜惧在深衷。甘脆朝不足，箪瓢夕屡空。执鞭慕夫子，捧檄怀毛公。感激遂弹冠，安能守固穷？”（《书怀贻京邑同好》）入仕的热望和期待朋友援引的心情在此表露无遗。他四十岁北上长安，赢得诗坛盛名，但入仕热望落空，于是有激愤之语：“寂寂竟何待？朝朝空自归。欲寻芳草去，惜与故人违。当路谁相假？知音世所稀！只应守寂寞，还掩故园扉。”（《留别王维》）“北阙休上书，南山归敝庐。不才明主弃，多病故人疏。白发催年老，青阳逼岁除。永怀愁不寐，松月夜窗虚。”（《岁暮归南山》）这些诗作清楚表明其归隐乃无奈之举。

《夜归鹿门歌》这堂课中，关于真假隐士的讨论是有课程生成价值的。其中有一个深入探究的契机，即学生援引了《望洞庭湖赠张丞相》这首诗。这是一首投赠之作，希望时任中书令的张九龄予以援引。欲渡无舟的慨叹以及临渊羡鱼的情怀，曲折表达了入仕心迹。稍感遗憾的是，教师对此虽然有所阐发，但浅尝辄止。

2. 关于“诗眼”。诗眼无疑是画龙点睛之笔，但并非能够使诗篇灵动起来的字眼儿都可称为“诗眼”，也并非所有的佳作都有诗眼。诗眼是非常态的字眼儿，对上下文的意义连缀是间接的，凭借这种间接的意义连缀，超越诗歌意象的自然动态，赋予诗歌意象以特殊动态，凸显诗人主观色彩，从而触动读者的联想和想象，产生一种特殊的情感体验。如《夜归鹿门歌》这首诗中，“鹿门月照开烟树”的“开”字，如果是描摹自然状态，可以说成“鹿门朗月照烟树”，“照”字也是描摹动态，但上下文的意义连接就直接了，不能触动读者的想象。用一个“开”字，就把烟树在月光照射下，由朦胧到清晰的动态过程凸现出来。作者脱离尘世喧嚣，归隐鹿门幽境，顿觉豁然开朗的心境赫然而出。这个“开”字足以表明中国古典诗歌情景交融的特征。“开”字表面是写眼前之景，其实是写心中之意；不是客观的自然描摹，而是主观的情感体验。

《夜归鹿门歌》一课教学中，教师意识到了诗眼的存在，问道：“诗歌中‘开烟树’为何用一个‘开’呢？树如何开啊？”学生回答：“其实这里是写树像花一样美，朦胧可人一般开放，表现出作者的喜悦之情。”显然，“开”不是开放的意思，而是清晰可见的意思，遗憾的是学生的这种误读没有得到纠正。

总之，这堂课不乏精彩之处，虽有明显瑕疵，但瑕不掩瑜。

为方便同人对孟浩然《夜归鹿门歌》及课例做进一步探讨，现将有关资料摘录如下，以供参考。

一、关于作者及其作品风格

1. 孟浩然一生徘徊于求官与归隐的矛盾之中，用他的诗来说，“朱绂恩虽重，沧洲趣每怀”，直到在长安碰了钉子以后，才了结了求官的愿望。他虽然隐居林下，但跟当时的达官显宦如张九龄、韩朝宗等都有往还，和诗人王维、李白、王昌龄等也有酬唱，还常同一些隐者、道士、上人、法师谈玄说道，因此他的隐遁生涯并不寂寞。

孟浩然的诗已摆脱了初唐应制、咏物的狭窄境界，更多地抒写了个人怀抱，给开元诗坛带来了新鲜气息，并博得时人的倾慕。李白用礼赞的口吻称颂他“高山安可仰，徒此揖清芬”（《赠孟浩然》）。①

2. 山水的清幽，伴以写法上的浑然而就，洗脱凡近，无论情、境、人都有“风神散朗”（王士源《孟浩然集序》）的气象，格外显得韵致高远。②

3. 沈德潜说：“襄阳③诗从静悟得之，故语淡而味终不薄。”④

4. 叶燮说：“孟浩然诸体似淡远，然无缥缈幽深思致，如画家写意墨气俱无。”⑤

5. 苏轼称孟浩然“韵高而才短，如造内府酒手，而苦无材料”。⑥

6. 明代胡应麟说孟浩然的诗“淡而不幽，时杂流丽；闲而匪远，颇觉轻扬”。⑦

二、关于这首诗

1. 从艺术上看，诗人把自己的内心体验和感受表现得平淡自然、优美真实，技巧老到，深入浅出，是成功的，也是谐和的。也正因为诗人真实地抒写了隐逸情趣，脱尽尘世烟火，因而表现出消极避世、孤独寂寞的情绪。⑧

---

① 中国社会科学院文学研究所 . 唐诗选 · 上册 . 人民文学出版社，2003. 55.

② 余恕诚 . 唐诗风貌 . 安徽大学出版社，2000.178.

③ 孟浩然襄阳人，世称孟襄阳。

④ 转引自苏雪林 . 唐诗概论 . 商务印书馆，“中华民国”二十三年 .66.

⑤ 同上。

⑥ 同上。

⑦ 罗宗强 . 唐诗小史 . 陕西人民出版社，1987.54.

⑧ 萧涤非等 . 唐诗鉴赏辞典 . 上海辞书出版社，1983.80—81.

2.“幽”是全诗的主色调，诗人不仅以今人、古人来反衬、正衬“我”之幽独，更以黄昏、月出的景色转换来渲染气氛，月照深山，树色朦胧，岩扉松径，阒无声响，画出了与“渔梁渡头争渡喧”的入间世截然不同的幽深的山景，却也因众人与“我”同舟共济，而使这入间世与出世间有一种隔不断的联系，所以全诗幽而不冷，这也是浩然隐逸诗的共同特点。①

3. 前半虚写，是拟归时所见。后半实写，是归后兴感。②

4. 开烟，全诗校：“一作烟中。”岩非松径，全诗校：“一作樵径非遥。”又“松，一作草”。寥，全诗校：“一作寞。”③

5.《汇编唐诗十集》唐云曰：“浅浅说去，自然不同，此老胸中有泉石。”④

6.《唐诗选脉会通评林》陈继儒曰：“明月在天，清风徐引，一种高气，凌虚欲下。知此诗可读孟诗。”⑤

7.《唐贤清雅集》：“幽秀至此，直是诗中精灵。”⑥

8.《唐诗归折衷》吴敬夫云：“‘幽’之一字，非孟襄阳其谁与？然篇不多见，即此五十六字，亦足当诸家千百言。”⑦

三、关于“诗眼”

1. 诗眼的作用并不仅仅是使诗歌所描述的事物具有“动态”，而是要使这些意象具有“特殊的动感”。“池塘生春草”的“生”字不算诗眼，而“绿荫生昼静”的“生”字才算诗眼……“池塘生春草”

---

① 赵昌平 . 唐诗三百首全解 . 复旦大学出版社，2006.53.
② 喻守真 . 唐诗三百首详析 . 中华书局，1957.60.
③ 陈贻焮 . 增订注释全唐诗 . 第一册 . 文化艺术出版社，2001.1235.
④ 转引自陈伯海 . 唐诗汇评 . 浙江教育出版社，1995.527.
⑤ 同上。
⑥ 同上。
⑦ 同上。

的“生”字对于“池塘”与“春草”之间的意义连缀太直接了，它只不过是一种普通的自然现象，因此读者一带而过；而“绿荫生昼静”的“生”字对于“绿荫”与“昼静”之间的意义连缀却是间接的，这种“生”乃是一种心理现象，是诗人特殊的感觉，读者须仔细体验一下绿树成荫下一个人的感觉，才能领会到夏日午间树荫中那种静谧与安宁——甚至还有凉爽带来的恬淡。[①]

2.“诗眼”的凸现使诗歌意象的物理运动或自然情状染上了诗人的情感色彩，使诗歌意象赢得了生命力，因此盛唐以后的诗人似乎都迷上了这种语言技巧。我们在中晚唐诗歌中可以发现不少对偶整齐、诗眼精巧的句子，像“寒雨暗深更 / 流萤度高阁”（韦应物）、“蝉声静空馆 / 雨色隔秋原”（郎士元）、“孤灯寒照雨 / 深竹暗浮烟”（司空曙）、“过桥分野色 / 移石动云根”（贾岛）、“远山笼宿雾 / 高树影朝晖”（元稹）、“乱花渐欲迷人眼 / 浅草才能没马蹄”（白居易）、“疏雨残虹影 / 回云背雁行”（马戴）、“远山横落日 / 归鸟度平川”（杜荀鹤），等等，而“推敲”的故事（贾岛）和“一字师”的传说（郑谷）分别出自中、晚唐，也说明了“炼字”之风在当时的盛行。[②]

① 葛兆光．汉字的魔方——中国古典诗歌语言学札记．复旦大学出版社，2008.181-187.

② 同上。

☆附录☆

夜归鹿门歌①

［唐］孟浩然

山寺钟鸣昼已昏，渔梁②渡头争渡喧。

人随沙岸向江村，余亦乘舟归鹿门。

鹿门月照开烟树，忽到庞公③栖隐处。

岩扉④松径长寂寥，惟有幽人⑤自来去。

---

① 《普通高中课程标准实验教科书·语文·选修·中国古代诗歌散文欣赏》，人民教育出版社，2006年版。选自徐鹏《孟浩然集校注》，人民文学出版社，1989年版。孟浩然（689–740），襄州襄阳（今湖北襄樊）人。少时，隐居鹿门山（今湖北襄阳东南），40岁时到长安应进士举，失意而归。张九龄镇荆州时，招致幕府。后病死。他的诗多写隐居闲适和羁旅愁思，在山水田园景色的描写中寄托自己的性情，语言清淡，意境清远，多自然超妙之趣，与王维并称于诗坛。

② ［渔梁］洲名，在湖北襄樊汉水中。《水经注·沔水》中记载："襄阳城东沔水中有渔梁洲，庞德公所居。"

③ ［庞公］庞德公，襄阳人，东汉隐士。荆州刺史刘表请他为官，不就，后携妻登鹿门山采药，一去不回。

④ ［岩扉］石门。

⑤ ［幽人］隐居者，诗人自指。

语文课的“反常”①

——张玉新《苏东坡词二首》课堂实录观察

平时教师们常说某课是“常规课”。“常规课”没有明确定义，但约定俗成，有一个相对概念“公开课”。在人们的印象中，公开课要精心准备、别出心裁，通俗的说法叫“出彩”，正式场合叫“创新”；同时又含有负面的意思，即“表演”。而平常教学中没有表演痕迹，即无须“表演”的课就是常规课了。“常规课”与“公开课”的区别就在于：平实，不花哨，讲求教学效率和效果。这有什么不好呢？在公众场合讲一节“常规课”，以供观摩交流，就显得“反常”了。其实，无论是常规课，还是公开课，语文教学期待的都是：平实，不花哨，讲求教学效率和效果。这并不排斥创新，公开课也不应该去戴一顶“华而不实”的帽子。

下面张玉新老师执教的《苏东坡词二首》一课可资借鉴。

☆课堂实录☆

【课前设想】

本课是我应邀到长春西新经济技术开发区第六中学一年六班上的一节教学研究课。我对这节课的定位是常规课，体现我对高中语文课堂教学的一般思考。这所学校是一所二类重点校，所教学生都是从农

① 原载：苏立康．品课·高中语文卷001．教育科学出版社，2013．原题：常规课：语文课的“反常”．

村招收来的。为了体现课堂效率，我没有事先安排预习，学生上课后才知道教学内容。我觉得，学生只要注意力集中，方法得当，古代诗文的学习完全可以实现在课堂上熟读成诵。因此我确定的教学目标是当堂熟读成诵，在此基础上探究鉴赏的一般方法。教学难点则是如何结合生活体验恰当解读文本，不是追求“术语”化的解读，而是追求生活体验式的解读，在解读中获得审美愉悦。

一、问题导入，务求简洁

师：今天要研究的课文没有老师作指导，我们要共同探究怎样读宋词会更便捷，因此没有安排预习。我们共同研究《苏东坡词二首》，研讨怎么读。请同学们把书翻到第 36 页。这两首词同学们可能都略读过，但是没有认真读，现在我给大家一个任务：我们共同探究如果没有老师指导的前提下，我们怎么读。大家可以默读，也可以出声读，但不要齐读。我主张大家自由读。读的同时思考：第一遍，我能读懂哪些，还有哪些不懂；第二遍，我结合注释能读懂哪些。讲究效率，达到效果，要挖掘文本固有的美感。这是语文学习非常重要的两个层面：第一，效率意识；第二，美的意识。先请读第一首词。

（随机板书：苏东坡词二首）

（学生自由读课文，教师察看）

二、反复诵读，校音析意

师：同学们暂停，第一遍是不是已经读完了？同学们感觉到字词层面有没有问题？有的请举手。

生：是不是“多情应笑我早生华（huā）发”？

师：正确。“多情应笑我早生华（huā）发”。

生：“一尊还（huán）酹江月”，还是“还（hái）酹江月”？

师：huán，古诗中一般读这个音，意思与（hái）的音一样。

生：“初嫁了（liǎo）还是了（le）”？

师：“初嫁了（liǎo）”，因为古诗中有平仄的要求。

师：可见同学们读第一遍时，除了几个字音外，再没有什么读不准的地方。意思上有什么不懂的？请读第二遍。

（生读第二遍）

师：好，第二遍同学们已经读完了。为了给你们一点思考的时间，我把词再读一遍。请同学们思考字词层面以外文句上的问题。

（师朗读，生鼓掌）

师：同学们在文句上是否有问题？

生：“小乔初嫁了”，“初”为什么不是“出”？

师：初，当初，开始之意。这个问题涉及本文作者写作的章法，实际上小乔不是刚刚出嫁，而是已经出嫁多年。中国古代有这样的写作传统，英雄美人相配，显得周郎越发潇洒。还有没有别的问题？

师：为了再给一点思考时间，请同学朗读，哪位同学愿意？

（生朗读）

师：请这位同学评价一下。

生：挺好的，声音洪亮。

师：比我还洪亮吗？

生：感情充沛。

师：比我还充沛吗？

师：刚才这位同学在这种公开场合主动读，精神可嘉，但是朗读技巧稍差一点：刚性不足，不太讲究节奏感，过于匀速。有的时候要加速、减速，如“江山如画，一时多少豪杰”。总之是不错的，下面请大家齐读一遍。

（师开头，生齐读）

师：齐读的效果非常好，烘托了一种气氛。我们的思维一下子和九百多年前的苏东坡联系在一起了。现在提出一个更高、更难的要求，请一位同学背诵。这位同学能不能尝试背上片？

（生背诵）

师：好，那位同学能不能把全词背下来？

（生背诵）

师：同学们知道他为什么能背下来全词吗？因为我教了他一个方法，而我没教那位女同学。请看，我把词按照诗的形式重新排列了，而课文是按照散文的形式排列的，这就叫效率。希望同学们以后背诵词的时候，把散文排列的词按照诗歌的形式重新排列，对你的记忆会有直接帮助。这是今天我教给同学们的方法——改变文本的呈现方式能提高你们的记忆效率。

师：既然同学们认为这两首词在文句上已经没问题了，那我有问题，接招吧。第一个问题，本来这两首词叫《苏轼词两首》，我把它篡改成《苏东坡词二首》，道理何在？

生：一样。

师：一样吗？我肯定不会多此一举。

生：我认为是一样的，苏东坡就是苏轼。

师：不一样，你们是否学过《赤壁赋》？

生：学过。

师：时间，元丰五年，在黄州期间苏轼遭遇了人生的第一次变故，但是造就了一个苏东坡，为什么？同学们的知识储备不足，苏东坡在黄州写了一首《临江仙·夜归临皋》。（展示“PPT”）

临江仙·夜归临皋

［宋］苏轼

夜饮东坡醒复醉，
归来仿佛三更。
家童鼻息已雷鸣。
敲门都不应，
倚杖听江声。

长恨此身非我有，
何时忘却营营！
夜阑风静縠纹平。
小舟从此逝，
江海寄余生。

（师朗读，简单解释）

师：黄州期间，苏轼在东坡种庄稼，于是开始自号“东坡”。而今天要学习的两首词都是他在黄州作团练副使时写的，因此说“东坡词二首”。没有黄州贬谪，就没有苏东坡。希望同学们以后再学课文时尽量多了解背景材料，这就是知人论世的方法。

师：刚才我给那位同学传授的是用“PPT”展示的方法，为了加深大家的印象，我们按照这种方式齐读一遍。

（生齐读）

师：同学们是否能尝试齐背？

（生齐背）

师：好，只有三四个同学口形不太对，但不是毛病，因为我们是在尝试。这种方法同学们可以课后自己完成。

师：我问第二个问题，你们以前都读过诗词，有没有想过任何诗词都可以抽出核心情节？用一句非常简练的话概括《念奴娇·赤壁怀古》的核心情节。

师：它的核心情节就是“赤壁怀古”，这是第一个层次。同学们用自读的方式来读《定风波》，也把它的核心情节归纳出来。

（随机板书：赤壁怀古）

师：好，同学们都读完了。现在我们齐读，要读小序。

（生齐读）

师：下面同学们再按老师这种（“PPT”）呈现方式，再齐读一遍，同时尝试背诵。

（生齐读）

师：好，现在齐背。

（生齐背）

师：非常好。现在同学们已经验证了老师的一个预设：只要方法得当，真心投入，在短时间内背诵下来经典篇章是完全可以的。

师：我们把它延伸一下，同学们如果不是在课堂情境，而是在自学情境下，也经常给自己这样的暗示，你们的阅读面就会非常宽阔，你们的语文学习就不是仅仅停留在课堂上，人文修养和精神文化内涵就会越来越深厚。

师：今天这节课的上半节想和大家交流的就是这个问题。古代诗歌和文言文的学习，必须要通过反复诵读、大量诵读，把它化成自己的，仿佛是自己说出来的。在此基础上，再加上自己的人生阅历，你的语文学习就会越来越有趣。

师：现在我们看第二首词最核心的情节是什么？

生：遇雨。

师：加上地点呢？

（随机板书：道中遇雨）

师：老师再把它概括一下，用东北“儿化音”的方式。分析先要“懂事儿”，这是分析的第一个层次。第二层次还要“知趣儿”，即知道诗词好在哪儿。这样的概括更便于记忆。

（随机板书：懂事儿　知趣儿）

师：现在进入第二层次，你认为这两首词中哪一首最有味儿？更喜欢哪一首？

生：《定风波》。

师：你认为哪一句最有味儿？

生：最后一句。

师：你怎么觉得这句最有味儿呢？

生：联系到苏轼当时是在被贬期间，这句话能让人感到他有归隐的想法。

师：实际情况是这样的。当时苏轼被贬为黄州团练副使，“着本州安置”，也就是“画地为牢”。他在东坡开垦了荒田，又到沙湖去买田，想在那终老此生。这位同学说东坡想归隐，不能说他没有。我们先要读懂作者，然后按照自己的方式解读文本，只要言之成理就可以。这位同学没有说清楚言外之意，你看老师揣摩得对不对。你是想说“也无风雨也无晴”是眼前景色，更是人生况味。你是不是要表达这个意思？

生：我没说完。

师：好，接着说。

生：“回首向来萧瑟处，归去，也无风雨也无晴。”这几句表现出苏东坡在人生最困难时期的心灵旷达。

师： 好，有道理。品出味道来了。

师： 这位同学来谈一谈，看你的眼神就知道你想说。

生： 我更喜欢《念奴娇·赤壁怀古》。我前几天刚看完《赤壁》这个电影。

师: 你先打住，电影和这首词能比较吗？这是题外话，你先接着说。

生： 我按我的想法给这首词归纳了一下。苏轼先由“大江东去，浪淘尽，千古风流人物”想到“三国周郎赤壁”，又由“雄姿英发。羽扇纶巾，谈笑间，樯橹灰飞烟灭”想到“多情应笑我，早生华发。人生如梦”。

师： 你把我要说的都说了，太好了，请坐。

师： 他认为作者在上片描写一个宏阔的场面，令人感到精神振奋。“乱石穿空，惊涛拍岸，卷起千堆雪”这样一种场面，波澜壮阔！因此他感觉到一个人在倒霉的时候，心灵还能如此旷达，如此豪迈。这的确与众不同，是趣味！人说苏东坡在黄州时是倒霉的，他生在眉州，被贬到黄州、惠州，又被贬到琼州，最后死在常州，而他的每次人生磨难经历却给我们留下了精彩的作品。

师： 这两位同学品读得都非常好。还有哪位同学想说？

生： 我也喜欢《念奴娇·赤壁怀古》。我觉得“人生如梦，一尊还酹江月”，表现了苏轼对官场的厌恶。当时被贬，他应该已经人到中年。

师： 好，这两位同学阐释的观点基本一致。他们都是从第一印象去体会这两首词，但我们不能把感情强加于文本。要读懂作者，还需要有一定的人生阅历。当然现在没关系，只要我们已经按照这样的途径走进文本就成功了。

师：把这两位同学的理解做一下比较，会发现这位同学是从眼前景去引发人生况味，用这种思路去分析就是“由事到理”（板书）。

师：而另一位同学则是说词中写到了眼前的景，这景中又隐含着苏轼的人生感悟。那就是说，他通过描写景物，来做什么呢？他没有仅仅抒发感情，而是将这种感情上升到一种“理”，“一时多少豪杰”（板书）。

师：实际上我还有一种感觉。词句“大江东去，浪淘尽，千古风流人物”，“大江东去”苏东坡站在赤壁上看到了；但巨浪淘尽了千古风流人物，苏东坡没看到。淘任何历史人物，苏轼都不在现场，但是为什么他却知道结果呢？因为他们都不在了。那么历史人物是被长江的波澜壮阔淘洗掉的吗？不是。但是苏轼把他们之间建立了关系，总之，大江在那，而你们将被淘尽，当然也将淘尽苏轼自己，这就是在写一种“理”。这样，他由景到情，最后还是上升到了理。

这就是趣味，类似的趣味还有。例如第二首词里老师非常喜欢“莫听穿林打叶声，何妨吟啸且徐行”。我最喜欢的是“吟啸”，“吟”是朗读诗歌，那“啸”是什么意思呢？大家查字典就知道，“啸”是把嘴撅起来打呼哨，也就是打口哨。多么可爱啊！此时，遇雨，雨具没了，大家都在受着淋漓之苦，而他有雨具，却“同行皆狼狈，余独不觉”。已而天晴，他写此词。“何妨吟啸且徐行”，在雨中，他慢慢地行走，边走边朗诵，时而还打着呼哨。我眼前出现的是一个老顽童的形象——生活的释然，个性的洒脱，学者的旷达。

我品味的就是“何妨吟啸且徐行”。“吟啸”，我和同学们体会的道理基本是一样的，但又有不同，我比同学们体会得深，是因为我的人生阅历比你们深。另外，我研究这首词的时间也比你们长，我是专业工作者，你们是业余工作者。如果你们能在专业工作者的指引下按照这种方法，上升到更高的水平，那你们就超越一般了，就会感受到语文学习的境界奇妙无比！我只是给你们举这样一个例子。我课前已经和同学们强调了，这节课只是一个方法指引的开始，不在于把这两首词分析得多透。

三、归纳概括，方法点拨

师：最后还有个步骤是“品味儿”。这里我们主要来品风格。刚才有个同学说了这两首词十分壮阔，东坡词被认为是什么词?

生：豪放词。

师：豪放是苏轼词的一个特点。有哪些字眼呢？“大江”“千古”“穿”“拍”“卷”，等等。但你能说《定风波》是豪放的吗?或是婉约的吗?

师：老师给大家朗诵一首苏轼的《蝶恋花》，大家感受一下这首词的婉约风格。

（师朗诵）

蝶恋花

［宋］苏轼

花褪残红青杏小。
燕子飞时，
绿水人家绕。
枝上柳绵吹又少，
天涯何处无芳草。

墙里秋千墙外道。
墙外行人，

墙里佳人笑。
笑渐不闻声渐悄，
多情却被无情恼。

师：这首词婉约吧，肯定比《定风波》婉约吧？《定风波》里面隐含了一种俏皮幽默，大家再去体会下“何妨吟啸且徐行”。总之，通过这两首词的对比，想和同学们交代这样一个问题——一个词人的作品并非都是一个风格的。

师：这堂课仅仅是个方法引导的开始，它是开端而不是结束。我们把黑板上的内容概括一下，就是这节课你们需要掌握的。这堂课我和大家共同学习，很愉悦。谢谢大家。

【板书设计】

苏东坡词二首

	念奴娇	定风波
懂事儿	赤壁怀古	道中遇雨
知趣儿	事、情、理	事、情、理
品味儿	旷达、壮阔	洒脱、俏皮

（执教者系吉林省教育学院张玉新）

☆课堂观察☆

张玉新老师说他讲授的《苏东坡词二首》（教材中为《苏轼词两首》）是“常规课”。这节课中的一些做法是“常规”的，但在追求教学手段翻新的当下，“常规”做法却显得“反常”了。

主要表现在以下几方面：

1. 当堂熟读成诵。语文素养的形成是一个涵养过程，类似中医，标本兼治，但见效慢。教师普遍抱怨学生不重视语文，而重视数理化。“重视”和“喜欢”不是一回事，不重视不等于不喜欢。在应试压力下，语文犹如望梅止渴。日常教学，常规做法是课前预习，所谓预习也就是熟悉课文。在课后作业穷于应付的情况下，语文预习只是个“美好的愿望”。一节课 40 ~ 45 分钟，学生连读课文的时间都没有吗？当堂读课文有一个好处，就是即时获得新鲜的阅读体验，形成阅读期待，有利于即时生成。但人们很少考虑阅读心理，与其强求不得，明智的做法就是当堂开读。《苏东坡词二首》这堂课就是如此，“常规”教学看似无新意，但确实很有效。让学生先自由读，再齐读，接下来才是教师范读与朗读指导。流行的做法是，教师先范读，声情并茂，学生叹服。应该注意的是，阅读是一个逐渐深化的过程，教师的范读其实是对作品的直观阐释，学生的阅读体验在某种程度上被“省略”了。本课在学生熟读的基础上教师才范读，看似无心却有意。人们比较关注教师讲得是否“深透”，很少留意教师的阅读经验。教学是个性化行为，从本质上看，是教师用自己的学习经验阐释课程内容的过程，教学效果取决于此。这节课把诗句的“散文式”排列变成分行排列，两相比较，效果明显；奥妙常在细微处，细微之处见功夫。新课程倡导“学会学习”，教师的学习经验是必要条件。

2. “写意”式解读。语文教学低效表现之一是：环节多，内容少，密度小；“讲深讲透”，文本阐释胜过文本阅读。一首诗百十个字，学生竟然不能当堂背诵。课后给学生留下深刻印象的不是文本本身，而是文本阐释。在这方面，《苏东坡词二首》的教学给我们以有益的启示——“写意”式解读。

关于这一点，教者在“教后思考”中说：“由于本课的立意是针对教师喜欢‘讲深讲透’的教学常态，颇有‘矫枉过正’的纠偏意识，故而没有细致分析解读文本，使得教学流程呈现‘写意’的特点，这用通常的语文课堂标准衡量，可谓解读不足。可是从教者的‘方法引导’教学意识看，注重宏观方法的引领自然有其独特的价值，况且这节课只是一个开头，还有待后续课程‘工笔’式的剖析，只是这一节课没能体现出这一特点。”

这里教者的表述借用了国画技法，“写意”与“工笔”，二者是相对的。其实，教学的写意性也可以从教学艺术风格的角度来理解。

写意性是中华民族文化通约之一。课堂教学是一门艺术，自然也可以从文化通约的角度来看待。它不是教者对教学内容的直接陈述或阐释，而是对教学内容的艺术呈现，解读的多元性和文本的人文内涵为文本解读的写意性提供了依据。

这节课的“写意”特征是很明显的。讲《念奴娇·赤壁怀古》，学生理解到核心情节是“赤壁怀古”；讲《定风波》，学生说“回首向来萧瑟处，也无风雨也无晴”两句表现出苏东坡心灵旷达；继而回头解读《念奴娇·赤壁怀古》，触景生情，由壮阔之景联想到风流人物，由豪杰故事引发壮志未酬的慨叹；再由“豪放”之词拓展到“婉约”之作。整个教学过程行云流水，不事雕琢，看似“随意”，颇具匠心。这节课教材篇目 2 首，课外篇目 2 首，教学要点各有侧重，浑然一体。

教学艺术的写意性与虚实感密切相关。教学艺术的写意性形成了独立思考的“空白”，正是这个“空白”突出了教学重点的质感，提高了教学效率。

3. 文本重构与教学生成。一般情况下，讲这两首词，先要交代作者的身世或时代背景；有时也会提示词作风格，除了“豪放”还有“婉约”。 当然这些都是必要的，但如何呈现这些教学内容，却体现出教学机智。

授课伊始，教师问：这两首词教材中题为“苏轼词两首”，我把它“篡改”成“苏东坡词二首”，道理何在？由此引出作者贬谪黄州的坎坷经历和“东坡”名号的由来，顺势补充苏轼贬谪黄州的另一篇词作《临江仙·夜归临皋》，这也为后面引导学生掌握“知人论世”的解读方法埋下了伏笔。在这节课的结尾处，教师又由《念奴娇·赤壁怀古》的“豪放”风格，引出“婉约”之作《蝶恋花》。

这两首词作的“随机”引入，别具匠心。《临江仙·夜归临皋》“小舟从此逝，江海寄余生”，诠释了苏轼贬谪黄州的坎坷仕途，旷达的胸襟，其词作风格也与课文《定风波》互为印证。而《蝶恋花》在词作风格上恰与课文《念奴娇·赤壁怀古》形成鲜明对比，拓展了阅读视野。此举很有针对性。一般情况下，学生以为苏轼既然是豪放派代表，其词作自然多为豪放风格，其实不然，《蝶恋花》的引入则解除了这种误解。

从上述情况看，文本的重构是与教学生成密切相关的。文本重构是预设的，要使“重构”的文本转换为课程生成的有机资源，教学契机的选择至关紧要。

我特别看重的是两点（执教者也强调了这两点）：一是效率，一节课讲了四首词；二是效果，学生当堂把课文背下来了。这在目前的课堂教学中就是一种“反常”，希望这种“反常”能成为目前语文教学的“正常”。

☆改进建议☆

一堂课能够取得好的教学效果，教学机智是一个重要因素。本课也不例外。教学机智是丰富的教学经验和教学悟性融合的产物。由此，可以回答一个令青年教师困惑的问题：有些好课为什么不可复制？

阅读方法是在阅读体验中逐渐积累形成的，是在使用的过程中逐渐摸索进而掌握的。方法是从实践中抽象出来的，不是“秘诀”，应该根据具体的教学情境适当“点拨”，而不能“告诉”。“告诉”一种方法容易，而掌握一种方法则必须通过长期实践。这堂课提出了“懂事儿”—“知趣儿”—“品味儿”的路数，其实是解读过程，既不是“方法”，也不应该成为“套路”。而如何“知趣儿”，如何“品味儿”才是“方法”。

因此，如果要对该课提出商榷的话，我以为要在一节课里涵盖解读古诗词的一般方法，面铺得大了些，着重讲一点可能效果更好。

冉者，在讲《定风波》时教师说：“此时，遇雨，雨具没了，大家都在受着淋漓之苦，而他有雨具，却‘同行皆狼狈，余独不觉。’”说苏轼“有雨具”与这首词的序言不符。原文是：“雨具先去，同行皆狼狈，余独不觉。”既然“雨具先去”，苏轼哪来的雨具？一行人都没有雨具，同行者“狼狈”，而唯独苏轼“不觉”。这个“不觉”指的正是“淋漓之苦”，这才显出他游兴之忘情，于是才有此词作。这首词的序言强调的正是这个。

这个课例的教学语言有“兴之所至”的特色，这固然是长处，但还有提炼的余地，应点到为止，适可而止。

☆附录☆

念奴娇[1]·赤壁[2]怀古

大江[3]东去，浪淘尽，千古风流人物。故垒[4]西边，人道是，三国周郎[5]赤壁。乱石穿空，惊涛拍岸，卷起千堆雪。江山如画，一时多少豪杰。　　遥想公瑾当年，小乔[6]初嫁了，雄姿英发[7]。羽扇纶巾[8]，谈笑间，樯橹[9]灰飞烟灭。故国神游[10]，多情应笑我，早生华发[11]。人生如梦[12]，一尊[13]还酹[14]江月。

---

① 《普通高中课程标准实验教科书·语文·必修4》，人民教育出版社，2006年版。选自《东坡乐府》，商务印书馆，1958年版。［念奴娇］词牌名。这首词作于宋神宗元丰五年（1082）。

② ［赤壁］苏轼所游的是黄州（今湖北黄冈）的赤鼻矶，并非赤壁大战处。

③ ［大江］指长江。

④ ［故垒］古时军队营垒的遗迹。

⑤ ［周郎］即周瑜，字公瑾，孙权军中指挥赤壁大战的将领。24岁即出任孙策的中郎将，军中皆呼之为“周郎”。

⑥ ［小乔］乔公的小女儿，嫁给了周瑜。“乔”，史书里作“桥”。

⑦ ［雄姿英发］姿容雄伟，英气勃发。

⑧ ［羽扇纶（guān）巾］（手持）羽扇，（头戴）纶巾。这是儒家的装束，形容周瑜有儒将风度，佩有青丝带的头巾。

⑨ ［樯（qiáng）橹］这里代指曹操的水军。樯，挂帆的桅杆。橹，一种摇帆的桨。

⑩ ［故国神游］即神游故国。

⑪ ［多情应笑我，早生华发］应笑我多愁善感，过早地长出花白的头发。

⑫ ［人生如梦］一作“人间如梦”。

⑬ ［尊］同“樽”，酒杯。

⑭ ［酹（lèi）］将酒洒在地上，以表示凭吊。

定风波[①]

三月七日，沙湖[②]道中遇雨。雨具先去，同行皆狼狈，余独不觉。已而[③]遂晴，故作此词。

莫听穿林打叶声，何妨吟啸[④]且徐行。竹杖芒鞋[⑤]轻胜马，谁怕？一蓑烟雨任平生。　　料峭春风吹酒醒，微冷，山头斜照却相迎。回首向来萧瑟[⑥]处，归去，也无风雨也无晴[⑦]。

---

① ［定风波］词牌名。这首词于元丰五年（1082）三月七日作于黄州。

② ［沙湖］地名，在黄山城东南 30 里。苏轼被贬黄州后，准备在沙湖买田终老。这首词是去沙湖看田归途遇雨后所作。

③ ［已而］不久，过一会儿。

④ ［吟啸］吟咏长啸。

⑤ ［芒鞋］草鞋。

⑥ ［萧瑟］风吹雨落的声音。

⑦ ［也无风雨也无晴］意思是风雨天气和晴朗的天气是一样的，没有差别。

拓展语文湿地[①]

——张冬颖《帕斯卡尔的芦苇地》课堂实录观察

有关工具性和人文性的争论由来已久，反映在具体教学中，关注的焦点在于：偏重理解语言文字，还是偏重解读文本内容。从“语文”视域看，当然应该肯定前者。对于这个问题的讨论应该再上升一个层面，不是从语文的视域看人文，而是从人文视域看语文。从人文视域看语文，就会关注精神家园的建构。如此，语文课程就不再限于一篇课文的教学，而会拓展一片滋养学生心灵的语文湿地。这应该是语文课程人文性的应有之义，由此拓展的人文阅读领域才是语文课程人文性的价值所在。既然“语文的外延与生活的外延相等”早已成为共识，语文课程的外延就理应包含阅读的外延。

阅读视域与教育理念密切相关。教育的终极目标是人的发展。我以为教育目标分为三个层面：做一个好人、做一个视野开阔的人、做一个有独立思想的人。做好人是教育的底线，知识在其次；视野开阔，就不会坐井观天，夜郎自大；具有独立的思想，就不会盲从，成为别人思想的奴隶。之所以强调阅读的人文视域，就是要通过阅读引导人心向善，打开观察社会的视野，启迪思考人生的智慧。

下面张冬颖老师执教的《帕斯卡尔的芦苇地》一课可供参考。

---

① 原载：苏立康．品课·高中语文卷 001. 教育科学出版社，2013. 原题：人文视域：拓展语文湿地．

☆课堂实录☆

【课前设想】

这是高三复习阶段的课。要培养学生丰富而深刻的内心，不能通过做题来实现。况且高考要求学生的阅读能力和写作能力要有一定的深刻性和思想性，复习阶段也需要用富于情感和思想力量的文章来开启学生的心灵。

《帕斯卡尔的芦苇地》文质兼美，思想性强，有延伸空间。我想以这篇文章为一个切入口，启发学生意识到在人生历程中，要有“感受的自觉”“思考的自觉”“学术的自觉”。

这节课的授课班级是实验班，学生素质很好。

导入：

师：我们经常会说，人生有三种境界，即功利的境界、道德的境界和审美的境界。高三的语文课，也可以分为三种境界：娴于做题的技能之境，乐于读书的兴趣之境，理性沉思的自由之境。第三种境界反映了人的精神自由，是人的能动性的体现。这节课的学习目标就是要培养“感受的自觉，思考的自觉，学术的自觉”。

师：请简单介绍一下这篇文章。

生：《帕斯卡尔的芦苇地》文笔很优美，更重要的是，这篇文章有很强的思想性，它启示人们要对人生进行反思。

第一板块：培养感受自觉

师：我们这节课的流程分为三个板块，即培养“感受的自觉，思考的自觉，学术的自觉”。

针对第一板块培养“感受的自觉”这种意识，请同学们思考，什么是感受的自觉?

生: 感受的自觉首先要学会感受自己的内心,直面自己心灵的声音。

师：说得好。还有吗?

生：人生活在社会中，要感受群体意识、情感和文化。

生：现在人类对自然伤害很大，我们也要用心听听大自然的真实声音。

生：不同的民族有不同的文化，要感受不同民族文化的内涵。

师：几名同学说得都很好。感受自己，感受群体，感受自然，感受文化，这些正是一个心灵丰富的人应该用心去体会的。请看两件美术作品，米开朗琪罗的油画《失乐园》和罗丹的青铜雕塑《思想者》。

生：《失乐园》描述的是亚当和夏娃偷吃智慧果，被逐出伊甸园的故事。我感觉画面上主人公的表情似乎很矛盾，有不舍，也有坚决。

师：有道理。感觉主人公因为拥有了智慧而失去了乐园，所以没太过痛苦。

生：《思想者》原是为纪念意大利诗人但丁而雕刻的。“思想者”是坐在地狱的门口，俯视着地狱中的人们。我感觉到他的痛苦和心灵所受的巨大煎熬。

师：很好。同学们是否发现这两件作品有一个共同的主题，那就是智慧。也许可以说，智慧是人类痛苦的起点，或许也正是人类获得尊严与精神自由的开端。智慧能让人类从地狱、炼狱走向天堂，也能让人类由懵懂、挣扎、渴望走向救赎。

师：在大屏幕上呈现两段话：

1. 在一个偌大的时空里，有大群人披枷带锁，都被判了死刑，他们之中天天有一些人在其余人的眼前被处决，那些活下来的人就从他

们同伴的境况里看到了自身的境况，他们充满悲痛而又毫无希望地面面相觑，都在等待着轮到自己。——帕斯卡尔

2. 人是会思想的芦苇——帕斯卡尔

师：我们感受了这两幅作品。我想最重要的启示正如帕斯卡尔所说：人是脆弱而渺小的，但因为人有思想，所以人可以蔑视死亡和苦难，因为人的精神可以上达宇宙而不朽。

第二板块：培养思考自觉

师：现在进入第二个板块——培养“思考的自觉”。我们应该自觉地思考什么呢?

生：我觉得我们首先要思考生命的意义：人为什么要在世间存在?

生：我觉得应该思考存在的价值：如何让自己的人生意义最大化?

生：我们生存的世界还有很多不完善的地方，我们还要思考人类的命运。

生：还应思考精神的走向：如何让人的心灵更能获得一份充实和快乐?

师：同学们说得很有道理，思考生命的意义，思考存在的价值，思考人类的命运，思考精神的走向。这些内容让我们的人生更真实、更明确、更有分量。

师：《帕斯卡尔的芦苇地》这篇文章可切入的角度很多，我们今天就围绕一个核心问题：这片芦苇地是个双重的世界。请同学选出最喜欢的段落，自由朗读，自由交流，体会那是怎样的双重世界。

生：我觉得这篇文章中，有两个世界：一个是物质的世界，就是我们每天都生活在其中的空间；还有一个是精神的世界，是可以让人的精神获得安宁和自足的世界。

师：你能描绘一下“帕斯卡尔的芦苇地”的实体世界是什么样子

的吗？

生：“它生长在临水的河边，茎秆中空，叶子翠绿，在风里歌唱，并开出美丽的芦花，帕斯卡尔在其中行走，由他开垦、播种、耕耘，并最终收获的芦苇地。”

师：你读得很细致，抓住了描写芦苇地的句子。那么，作为精神世界的芦苇地，它又有哪些内涵呢？

生：“他可以放心地、尽情地、赤裸地在其中想象，呐喊，可以把生命匍匐在其中。”

师：在这句话中，你最喜欢哪个词？

生：“匍匐”。这个词让人感觉到一种情感的力量，是一种全身心的投入，身心与芦苇地完全相融。

师：解读得很好。请同学们思考，这一片精神的芦苇地让他精神上获得了极大的满足，在这片思想的天地，他能获得精神上的哪些启示呢？请结合文本来谈。

生：文中写道：“灰白的芦花开始到处飘荡，翩翩若雪。我想到了帕斯卡尔，他的思想中没有规范的体系和严谨的学说，他是个任思绪流淌而不做聚集和汇总的人，宛若一片自由的芦花。他的毫无拘束的思想火花奔放不羁，直抵生命的最深层次。”芦苇地的自由和奔放就像人的思想一样，可以奔放不羁，直抵生命的最深层次。

师：思想的可贵在于不受时空束缚，可以上达苍穹，拥有极大的自由。

生：文章说：“帕斯卡尔关注的是生命和生命中昂扬的激情，帕斯卡尔的灵魂破土而出，他找到了皈依。他开始了修道式的生活，他收留穷人住在自己的寓所，帮助不知名的流浪少女。”在这段文字中，我获得一种启示，一个有思想自觉的人，要认识自我，这样才能彰显昂扬的激情。

师：是的，走什么样的道路，过什么样的人生，作为一个有理性自觉的人是要认真想清楚的。

生：文章说："成熟的芦苇如满头华发的老人，脱去轻飘，归于凝重，静谧中有一种庄严和安详。我想芦苇如果有眼睛，也一定是充满阳光般的睿智，那是超越一切悲喜苦痛的旷达。"芦苇庄严与凝重能让人获得精神上的启示，有智慧的人，睿智旷达，能超越悲喜苦痛。

师：芦苇地就像一个智者，在成熟沉默中让人获得了情感的平和和思想的凝重。

生：文章说："这里是一片河滩，一些叫不上名字的在水面贴着滑翔的鸟发出不可一世的鸣叫。它其实是没有思想的。任何一个思想家，都会在广阔之处表现得沉默。那正是一种成熟。就像面前的芦苇，该张扬时便张扬，该安静时就安静，似乎自己智慧地把握着生命的节奏。芦苇的境界，人是不容易达到的。"这也是芦苇地给人的启示，对生命的节奏把握得游刃有余，有一种自如的境界。

师：的确是这样。芦苇地不为外物所扰，有内心的定力和操守。

师：总结一下同学们的发言，"帕斯卡尔的芦苇地"的确是一个双重世界，尤其是在精神领域里，能让人（板书）：

自由奔放，直抵生命深层

认识自我，彰显昂扬激情

睿智旷达，超越悲喜苦痛

成熟沉默，把握生命节奏

师：请看文中的一句话："思想，人的全部尊严就在于思想。这是他留给这个世界永恒的嘱咐。"帕斯卡尔是否用自己的行动证明了自己作为人的尊严？他有哪些成就？

生：帕斯卡尔（1623—1662年），法国数学家、物理学家和思想家。1623年6月19日出生在法国克莱蒙费朗，1662年8月19日逝世于巴黎。帕斯卡尔是17世纪最卓越的数理学家之一。他39年的人生证明了作为人的全部尊严。这就是思想的力量。

第三板块：培养学术自觉

师：至此，大家体会了文章深邃的内涵。接下来，进入到本课的难点问题：培养“学术的自觉”。“学术的自觉”的内涵是什么呢？请大家看大屏幕：

学术的自觉：

关注思想史上丰碑式的人物

了解伟大思想者的经典学说

培养独立思考与研究的习惯

内省灵魂的深度与坚守学术良知

师：一个人要想真正有所作为，获得作为人的全部尊严，就要终其一生有学术的自觉。关注思想史上丰碑式的人物，了解伟大思想者的经典学说，培养独立思考与研究的习惯，内省灵魂的深度与坚守学术良知。具备这些意识，会让我们的思考更明确，更有深度，更容易产生有价值的思想。下面请思考：帕斯卡尔因思想而获得了尊严，在你看来，还有哪些人因为思想而获得了人的尊严？请你选一位对人类思想有杰出贡献的人，介绍他的经历和思想成就。

生：孔子是思想史上的杰出代表之一。他是中国历史上首创私人讲学的教育家。他主张“有教无类”；提倡“学而时习之”“温故而知新”，注重言传身教；提倡“知之为知之，不知为不知”的老实态度；

要求自己“学而不厌，诲人不倦”；在教学中“不愤不启，不悱不发”，注意因材施教。他是中国历史上影响最深远的教育家。

师: 的确是这样。孔子也是中国古代逻辑思想的启蒙者，提出了“正名”主张。同时，孔子还是中国古代美学的奠基人，他的美学思想主张“尽善”“尽美”，这些思想对人类有巨大贡献。

生： 老子也是人类思想史上的杰出代表。老子最先把“道”看作是宇宙的本原和普遍规律，成为道家的创始人。老子认为，天地万物都由道而生。他深刻地揭示了对立面的互相转化。老子论“道”的另外一个重要思想是“贵柔”。他反复强调：“天下之至柔，驰骋天下之至坚。”“以其不争，故天下莫能与之争。”这种思想非常奇特，对辩证法有深远影响。

师： 说得好，你这么欣赏老子，本身就说明你有对学术思想有敏锐的直觉。

生： 我喜欢苏格拉底。他是著名的古希腊哲学家，他和他的学生柏拉图及柏拉图的学生亚里士多德被并称为“希腊三贤”。苏格拉底的哲学思想包括心灵的转向、灵魂不灭说、助产术和辩证法。这些思想对西方唯心主义哲学思想有巨大影响。

师： 苏格拉底是西方哲学之父，他的思想是把握西方哲学思想的一把钥匙。希望你将来会有进一步的研究。

生： 我喜欢萨特。他是法国战后存在主义哲学思想的代表人物。主要哲学著作有《想象》《存在与虚无》。这些著作已成为二十世纪资产阶级哲学思想发展变化的重要思想资料。萨特把深刻的哲理带进小说和戏剧创作，他的中篇《恶心》、短篇集《墙》，剧本《苍蝇》《间隔》等被认为是法国当代文学名著。

师： 看来你是做了深入的研究，萨特是一个特立独行的人，他一生坚持着思想的独立与自由，因此才有丰硕的成果。

……

师：像老子、孔子、庄子、苏格拉底、柏拉图、康德、黑格尔、叔本华 、尼采、马克思、萨特、爱默生这些人都是人类杰出的代表，正是这些人，为人群带来了丰盛的精神礼物，在人群之上利益之外追寻被人群遗忘了的终极命题，将思想的星光带给人群。

师：留个作业，阅读迁移训练：以“感受的自觉、思考的自觉、学术的自觉”这种意识，研读《今生今世的证明》（作者刘亮程）这篇文章，写一篇读书心得。

教师总结：

借用刘亮程的一句话，“当家园废失，我知道所有回家的脚步都已踏踏实实地迈上了虚无之途”。现代人忙于追名逐利，往往迷失了精神家园，这是人类可怕的疾病。人类需要自我救赎。请同学们记住本课提到的三种意识：“感受的自觉”“思考的自觉”“学术的自觉”，时时保持心灵的成长，寻找到永恒的精神故乡。

（执教者系长春市十一高中张冬颖）

☆课堂观察☆

课例是高三复习阶段的一节观摩课。这节课关注的不是高考答题技巧，而是“深刻的思想”，仅就这一点而言难能可贵。教者曾在“教后思考”中说：“没有人会在几十年后还记住自己在高中阶段做过什么题，但他却会终生记得自己读过的一本好书、一篇好文章，文章中的情感和思想也许会影响学生的一生。”正是这种超越了应试功利的长远目光，决定了其开阔的教学视野。

这节课定位于“拓展阅读”。语文课向哪里拓展？这节课给我们的启示包括两个层面：一是从课内向课外延伸，一是跨学科阅读。

课内向课外延伸。《帕斯卡尔的芦苇地》由人民教育出版社教科书帕斯卡尔《人是一根能思想的苇草》拓展而来，意在通过对《帕斯卡尔的芦苇地》的解读，深化对“人是一根能思想的苇草”的理解。后者是对前者的解读，而教学此文则是解读之“解读”。这节课的教学设计切中肯綮，围绕“这片芦苇地是个双重世界”展开。一个是自然的，一个是精神的。“你能给我描绘一下‘帕斯卡尔的芦苇地’的实体世界是什么样子的吗？”“在这片思想的天地，他到底能获得精神上的什么启示呢？”“芦苇地就像一个智者，成熟沉默中让人获得了情感的平和和思想的凝重”……这些连续的问题清晰地体现了对核心问题的索解过程，而核心问题的索解又通过一个关键词语“匍匐”的点拨而达成——“我曾想，如果有一片芦苇地，我也许会把生命匍匐在其中。”（见课文）设定一个核心问题，抓住一个关键词语，索解一篇文章的主旨，是这节课的精彩之处。课外延伸是教学的有机构成，不只是一个简单的文本扩充问题，重要的是教学重构。在教学重构过程中，阅读视野得以拓展，解读层面得以深化。

跨学科阅读。如果超越单纯的“语文”阅读这个层面来思考问题，这节课给我们的启发非同“寻常”，它超越了学科界限。只要留意一下学生提到的这些名字，就会觉察到其阅读视野、人文修养是“不一样的”：孔子、老子、苏格拉底、柏拉图、亚里士多德、萨特……这是“语文”吗？是这个班级的阅读教学出了“问题”吗？跨学科阅读一直是语文教学的盲区，也是阅读教学突破的方向。跨学科阅读是涵养人文精神的重要途径，不容忽视。毫无疑问，语文课程的核心任务是学习语言文字；同时，也要通过语言文字的学习，吸收优秀文化。著作诉诸文字，无论阅读哪个学科领域的著作，都可以实现语言学习目标；不同学科有不同的言语方式，而要形成语文的综合表达能力，恰恰需要广泛的跨学科人文阅读。阅读作为一种学习方式和生活方式，应该超越狭隘的“语文”视域，扩展至广泛的人文（包括科学人文）视域。长期以来，语文课程中的阅读大多局限于文学作品，这种偏向应该被纠正。须知，人的精神发育，不仅需要文学、艺术的情感熏陶，还需要哲学和科学的理性引导。从这个意义上说，广泛的人文阅读是构建人类精神家园不可或缺的土壤。

阅读课要向课外延伸，发挥教师的创造力，进行课程重构；要进行跨学科阅读，拓展到广泛的人文领域。语文课不能局限于单纯的语言文字赏析，也要汲取深邃的思想内涵。向课外延伸，跨学科拓展，广泛的人文阅读是语文教学的湿地。有了这块湿地，语文课程的水源就不会枯竭，语文教学的领地就不会萎缩。这就是《帕斯卡尔的芦苇地》一课给我们的启示。

☆改进建议☆

单纯从课堂教学技术层面看，这节课的“第一板块”和“第三板块”值得商榷。

第一板块，米开朗琪罗的油画《失乐园》和罗丹的雕塑《思想者》主题并无关联。从教学的“思想”目标设定看，《思想者》与“思想”有关，而《失乐园》则与“思想”无关。教师下断语说：“这两个作品有一个共同的主题，那就是智慧。”这句话是不妥的。况且，这节课意在体会“深刻的思想”，也与“智慧”无关。“第一板块”是导入部分，若做取舍的话，用罗丹的《思想者》就足够了。

第三板块，教师把这个环节定位于“学术的自觉”——“关注思想史上丰碑式的人物，了解伟大思想者的经典学说，培养独立思考与研究的习惯，内省灵魂的深度与坚守学术的良知。”一节课，一个环节，如此宏大的目标显然不切实际，能够引导学生“关注思想史上丰碑式的人物，了解伟大思想者的经典学说”就足够了。还有，学生的讨论涉及中外诸多思想家，教学重点在哪里？教师可以从“阅读”的角度加以点拨，提示学生从阅读兴趣出发去拓展阅读视野；以某学生的发言为例（如关于老子的交流），探讨如何在阅读中把握经典著作的主要观点，或结合社会和人生现实加以阐发。这样一来，语文的因素就会得以强化。当然，由于这节课目标宏大，内容过多，难以深入，只能浅尝辄止。因此，解决问题的关键在于确定具体目标，提炼核心内容。

☆附录☆

帕斯卡尔的芦苇地①

赵丰

在所有的植物中，我最喜欢的是芦苇。我曾想，如果有一片芦苇地，我也许会把生命匍匐在其中。

我之所以喜欢芦苇，是源于年轻时喜欢过帕斯卡尔《思想录》的一句话：人是会思想的芦苇。在帕斯卡尔看来：“人只不过是一根苇草，是自然界最脆弱的东西：但他是一根能思想的苇草……我们全部的尊严就在于思想。”帕斯卡尔用一串串精神的记录证明，他是一根最有尊严的苇草。我常常想着帕斯卡尔说出这番话的表情。幻觉里，我的眼前出现了一片芦苇，它生长在临水的河边，茎秆中空，叶子翠绿，在风里歌唱，并开出美丽的芦花，帕斯卡尔在其中行走……帕斯卡尔的芦苇地。那是属于他的精神家园，由他开垦、播种、耕耘，并最终

① 选自《福建文学》2009年第5期。有删节。

收获的芦苇地。那是人们用肉眼无法触及的芦苇地。他可以放心地、尽情地、赤裸地在其中想象，呐喊。

在一个雨后有阳光的秋日，朋友约我去钓鱼。他引领着我向沣河的上游奔去，在一片挖过沙的河滩。我见到了一片面积很小的芦苇，但足以令我喜出望外。我举着钓竿只有几分钟，就放弃了，先是坐着，后来就躺在那片芦苇中了。我感谢这个多雨的秋天，给了北方这片土地一片芦苇。让我有了一个驰骋思想的空间。

秋天的芦苇一片苍茫。灰白的芦花开始到处飘荡，翩翩若雪。握住一片芦花时，自然，我想到了帕斯卡尔，他说："人显然是为了思想而生的。"他的思想中没有规范的体系和严谨的学说，他是个任思绪流淌而不做聚集和汇总的人，宛若一片自由的芦花。他的毫无拘束的思想火花奔放不羁，直抵生命的最深层次。

躺累了，我便起身站在一个高处，对这片芦苇进行俯视。视野里的芦苇，虽然很小，但是比起任何旷野的景致都要壮观。成熟的芦苇如满头华发的老人，脱去轻飘，归于凝重，静谧中有一种庄严和安详。我想芦苇如果有眼睛，也一定是充满阳光般的睿智，那是超越了一切悲喜苦痛的旷达。

其实这里是一片河滩，更多的是荒草、沙子、水面，还有一些叫不上名字的在水面贴着滑翔的鸟。它们翅膀扇动着，发出不可一世的鸣叫。它其实是没有思想的。任何一个思想家，都会在广阔之处表现得沉默。那正是一种成熟。就像面前的芦苇，该张扬时便张扬，该安静时就安静，似乎自己智慧地把握着生命的节奏。芦苇的境界，人是不容易达到的。

沣河岸上的这片芦苇地，我设想它是属于帕斯卡尔的。

朋友在收杆，西山的晚霞送走了遥落的太阳，秋风下，金黄色的芦苇在水面荡漾，一片片云朵围拢着又散去，舞动成晚霞样的遐想。朋友钓了许多鱼。他说，我在乎的是钓鱼时的感觉，没有工作，没有应酬，没有烦恼，就只有我自己的思想。在这片属于帕斯卡尔的芦苇地里，我惊喜地发现，我的这位朋友居然拥有了帕斯卡尔般的境界。当他陷于那个小城，那间只有十几个平方米的办公室时，他是陷入思想的荒芜的。当人们热衷于建立体系和规范的时候，其实也是在从事着一件作茧自缚的工作。我们为什么不能像帕斯卡尔那样，在广阔的芦苇地里收获灵感呢？

帕斯卡尔关注的是生命和生命中昂扬的激情，他呼唤："人必须认识自己……我们对自己越是认识的深刻，就越是接近于一个真实的人。"在说出这番话后，他将自己置于芦苇地的深处，任冬日的晚风吹着。那个夜晚，帕斯卡尔的灵魂破土而出，他找到了皈依。他从此开始了修道式的生活，他收留穷人住在自己的寓所，帮助不知名的流浪少女，他效仿耶稣"我热爱贫穷是因为他热爱它……"

1662年，他39岁，正值人生最美好的时光，上帝却领走了他。"思想，人的全部尊严就在于思想"。这是他留给这个世界永恒的嘱咐。

跨学科介入①

——张玉新《〈物种起源〉导言》课堂实录观察

研究性学习是高中课程改革的热点。学科教学在研究性学习中处于怎样的位置，学科教学如何体现研究性学习的课程改革精神，这是目前学科教学亟待回答的问题。

首先对“研究性学习”概念进行阐释，以便于对课程改革进行深入思考。“研究性学习”应有广义和狭义之分，广义的研究性学习是指一种学习方式，狭义的研究性学习是指研究性学习课程。“研究性学习课程”与“研究性学习方式”是两个不同的概念，却又密切相关。研究性学习首先是一种学习方式。研究性学习课程是以学习方式的转变为初衷，以研究性学习方式为标志的，如果剔除了研究性学习方式，作为独立课程的研究性学习也就不存在了。因此，研究性学习方式不应为“研究性学习”课程所独有，有必要在各个学科普遍采用研究性学习方式，如此才能使研究性学习切合我国基础教育现实，并落到实处。②

下面是东北师范大学附中张玉新老师 1999 年的课堂实录。这个课例有其独特价值：第一，教育部《普通高中“研究性学习”实施指南（试行）》是 2001 年 4 月 9 日印发的，课例的出现在此之前，可谓“前卫”。据执教者张玉新老师说，当时还不知道“研究性学习”这个概念。这意味着实践先于理论，实践之树常青。第二，新课程实

---

① 原载：中学语文教学，2002，（12）. 原题：学科间学习的相互介入 .

② 参见：王鹏伟 . 学科教学与研究性学习 . 教育研究，2002，（9）.

施以来，课堂实录大量涌现，课例借鉴和研究受到广泛关注。这些课例一般属于教学技术层面，而这个课例则属于课程层面，实属罕见。这个课例的出现，至今已近20年，类似课例仍然鲜见，该课例依然“超前”，显得弥足珍贵。它可以引发对语文学科与研究性学习的思考，同时也可以引发对课程改革的思考。

☆课堂实录☆

第一课时

一、导入新课

师：宇宙进化，导致生命起源；生物进化，导致人类起源；人类进化，导致社会起源与发展。19世纪的欧洲，对人类起源的认识还停留在神创论阶段。达尔文从1831年开始，以自然科学家的身份，免费搭乘贝格尔号巡洋舰作历时五年的环球航行，对沿途的动植物、地质地貌进行大量观察和采集；1836年回国，他在物种考察和理性判断的基础上创立了进化论说。《〈物种起源〉导言》是《物种起源》一书的导言部分，编入教材时编者做了节选，因此我们看到的不是全貌。

二、研读文本：整体阅读

师：在达尔文的进化论之前，对人类起源的认识，是统治欧洲的“神创论”，就是上帝造人。谁对此有一些了解？

生1：牛顿在他生命的最后25年里，也力图证明上帝的存在。达尔文的学说动摇了“神创论”的定论，对当时的哲学界、宗教界的冲击是毁灭性的，因此也招致来自学术界和宗教界的批判。

师：请问，“牛顿在他生命的最后25年里，也力图证明上帝的存在”

是什么意思？

生 1：就是说达尔文的进化论有局限性。

师：你有什么证据？

生 1：没有，凭直觉。

师：光凭直觉不行，观点需要证明。

生 2：既然是删节的文章，不能看到原貌，还有必要分析结构思路写法之类的东西吗？还像以往那样，让我们读读算了，腾出时间给我们补充点别的内容吧！

生 3：这篇课文很没趣，读一遍就懂了，然后就不愿意看了。

师：那我们就跳过结构思路写法之类的内容。请问，达尔文的学说在创立之初就遭到批判，那么，在当今社会，人们对达尔文的学说持什么观点？有什么证据呢？

（学生摇头，表示出困惑）

师：科学是在证伪中前进的。就连牛顿的三大定律也只适用于一定的范畴，也有局限性。达尔文的进化论也存在局限性，在现代科学领域、考古等领域也在不断显露出其局限性。今天学习这样一篇文章，难道仅仅是为了弄懂它的结构特点和写作方法吗？显然不是。那我们学什么？以课文为引子或突破口，请同学们课后查阅有关书籍或在网上搜索相关信息，对达尔文的进化论观点进行综述，力图把握目前这个问题的理论前沿；在搜集信息的过程中，尝试独立学习、自主学习的快乐，体验语文学习的成就感。

大家分成若干小组，每个小组选出一名代表，下节课请同学们宣读自己的“研究”成果。

（以下内容是关于课文的常规处理，从略。）

第二课时

（两天以后）

一、研讨文本：拓展阅读

师：大家查到了哪些资料？请阐述资料的主要观点。

生1：我们小组借到了《自达尔文以来——自然史沉思录》，这本书的作者是美国的斯蒂芬·杰·古尔德，此书由三联书店1997年10月出版。

师：好，请陈述这本书的主要观点。

生1：古尔德是当今世界上著名的进化论者、古生物学家、科学史家和科学散文家。他的最大贡献是于1972年提出了“间断平衡”的进化理论。按照这种理论，生物的进化并不像达尔文及新达尔文主义者认为的那样，是一个缓慢的渐变积累过程，而是长期的稳定甚至不变与短暂的剧变交替的过程。这种理论引发了一些人对达尔文主义的全盘否定和怀疑，但作者并不这样认为。他是达尔文主义者，他认为进化论的核心是自然选择理论，而不是生物渐变论，因此他自己的“间断平衡”并不能动摇进化论的核心理论。我们小组认为，“间断平衡”理论至少证明进化论存在缺欠。

师：很好！你们小组的材料有价值，表达很清晰。有一个问题我不大清楚，什么是“新达尔文主义”？

生1：我们没查到，时间来不及了。

师：有知道的吗？

生2：旧金山大学前生物系主任钱锟教授为《审判达尔文》一书写的中文版序言中提到“新达尔文主义”，他说“达尔文物竞天择的理论，是现代思想的支柱之一，发展至今，已被学术界称为‘新达尔文主义’”，一般简称为进化论。

《审判达尔文》的作者詹腓力认为，深入讨论必须将微观的微进化与广义的广进化两词分开，并小心定义和使用。生物种因遗传改变，加上自然选择，可以演化出新种，这是“微进化”；但一切复杂动植物都由同一单细胞的祖先经过漫长的岁月，渐渐进化而来，这是“广进化”。两者不能混为一谈。詹腓力支持微进化，但对广进化的速度及机制提出质疑。这也可以看出科学家们对进化论的质疑。

师：你们小组的材料是生物学方面的，也是对进化论的局部质疑。有没有对进化论持赞同态度的？

生 3：我们的材料是《再创未来——世界杰出科学家访谈录》，三联书店出版。在《自私的基因——访理查德·道金斯》部分，理查德·道金斯自己说：“从我是一名新进化论主义者这个意义上看，我是正统的，但我以一种与大多数人不同的方式认识到了新进化论的内涵。”还说：“进化论是唯一反映客观实际的理论。人们对化石感兴趣是为了发展进化论的实际历史进程，以及进化论是如何发生的，但化石并不是证明进化论之正确性的最有力武器。它们可以证明进化论是正确的，可是话说回来，凡是具有理智的人谁也不会怀疑进化论的正确性。”理查德·道金斯是研究基因的著名科学家，他肯定、坚信进化论一定有他的道理，可惜在文中没有阐述理由，因此，我们小组也没有形成最后的观点。前面几个小组的材料也让我们为难，觉得赞同和反对都有道理。

生 4：我们组的资料是《大灭绝——寻找一个消失的时代》，也是三联书店出版，作者是许靖华，美籍华人科学家。他认为物竞天择理论漏洞百出。他说：“达尔文天择理论的核心缺乏根据。演化的动力可能是自然选择，但是选择者并非竞争对手，新物种的诞生也绝不是对老物种的死亡宣判。”

师：四个小组搜集的材料有的是达尔文主义者的观点，有的是反达尔文主义者的观点，有的认为达尔文的进化论虽有缺陷但值得相信，有的认为完全可以相信，还有的认为不可信。其他组还有什么资料？

生 5：我们在网上找到了几条消息：

第一条：贵州省台江古生物群的发现填补了澄江生物群和布尔吉斯生物群的中缺环节，对探讨和研究早期后生物的演化具有重要意义。台江古生物群内含“两个世界级生物群”和一条潜在“国际层型候选剖面”，具有较高的国际学术研究价值和意义，是探索地球生命奥秘的又一主要窗口，为修正补充达尔文进化论提供了有力证据。目前，已有包括中国、美国、瑞典、波兰共十二家科研单位的三十多位教授、专家学者对此古生物群进行研究。

第二条：科学家首次提出 2.5 亿年前突发地球生物大绝灭。中国科学院南京地质古生物所金玉玕研究员等人经科学研究证实，2.5 亿年前发生的地球生物大绝灭，不是以往认识的逐渐消亡或分期绝灭，而是一次突然爆发的灾难性事件。今天出版的美国《科学》杂志发表了这项成果的研究论文。专家们认为，这一重大发现对破解生物大绝灭之谜具有重要意义。金玉玕认为，达尔文进化论认为适应环境的生存竞争对生物演化的影响比自然环境大得多，然而对古生代与中生代大绝灭的研究则表明，灾难性环境变化是促使生物大绝灭的重要因素。科学研究再一次证实，生物演化是在渐变与突变交错进行中实现的。

师：你们组的材料是新闻报道，特点是真实、及时，角度与前几组不重复。好，还有没有新材料？

生 6：我们也是在网上找到了一篇报道。

《北京青年报》1999 年 12 月 14 日：英基因专家得出新结论——

人类进化走到尽头。

伦敦大学基因学教授琼斯表示，达尔文提出的进化论，已经不适用于现代社会。琼斯认为，物竞天择中“适者生存，不适者淘汰”的说法已经过时，因为弱者的繁殖能力就和强者一样有效率。琼斯断言：“人类的进化已经终结——至少在已发展的西方国家。”

琼斯分析了达尔文提及进化的三个因素——突变、自然选择及随机改变。琼斯认为，现代社会人类的生活方式以及人类改变世界的能力，已使这些因素消失。以突变为例，辐射、食物以及脱氧核糖核酸（DNA）等因素都会造成突变，然而最主要的因素却是年纪，即母亲的年纪愈大，子女遗传的突变因子愈多。琼斯发现西方国家父母亲的年龄正逐年下降，这意味着子女体内携带的突变因子也减少。

琼斯说：“以前人类很年轻就开始怀孕，一直到无法生育时才停止，但大部分生存下来的人，其母亲怀孕的时间大约在 30 岁，而现在妇女平均怀孕年纪是 23 岁。”

突变因子愈少，则人类之间多样性导致物竞天择的机会就愈低。再加上随着社会进步、新药物发明、交通及生活质量的改善，人类能找到更适当的伴侣，混合的基因越来越多，即使是杰出的基因，也会在混合的过程中消失不见。琼斯表示：“这代表着最强的基因不再有必要占优势。”

然而也有学者质疑琼斯的说法，美国圣迭戈大学教授威尔斯认为，人类的进化并没有结束，相反正在加速，并以另一种方式呈现，从以往以体力为主的竞争，变成智力的角逐。

我们觉得，这个材料很新颖，它没有对达尔文的理论进行具体的质疑，而是借助他的理论印证自身的局限性。

师：你们组的观点有不准确的地方。琼斯的观点应该是承认达尔文的理论在从前是正确的，只是在现代社会已不适用。当然，这等于指出了他的理论存在问题。

同学们都能在小组学习的过程中主动学习，这样使得课堂的容量增大，课堂得到拓展。其实，问题解决得是否圆满暂时并不重要，眼下最重要的是学会发现问题和尝试解决问题。

我也查阅了一些资料，其中有相当一部分我看不懂。《科学新闻周刊》1999 年第 28 期发表的孙关龙《达尔文进化论的局限性》一文，可以作为这个问题的总结。其主要内容为：渐进与跃进、渐灭与突灭、小进化与大进化、生存竞争与协同发展、自然选择与中性学说。

二、归纳总结

师：我们应该承认，达尔文进化论是一个伟大的学说，是 19 世纪三大科学发现之一。它首次勾画出生命由简单到复杂、由低级向高级发展的图式，创立了自然选择理论，为生命科学的研究和发展奠定了科学的基础，否定了“特创论”“神造论”，为马克思、恩格斯创立辩证唯物主义、历史唯物主义提供了科学的基础。

然而，任何伟大学者及其显赫的理论都受到历史的局限，达尔文及其进化论也是如此。恩格斯说：“进化论本身还很年轻，所以，毫无疑问，进一步的探讨将会大大修正现在的包括严格的达尔文主义关于物种进化过程的观念。”

（执教者系东北师范大学附属中学张玉新）

☆课堂观察☆

教师是这样来设计《〈物种起源〉导言》这一课的：第一节课，研读课文，提出达尔文的进化论在现代生物学、考古学等领域不断暴露出其局限性，接下来对课文进行常规处理。课后，学生阅读文献资料，通过收集相关信息，对有关达尔文进化论的研究成果进行综述。第二节课，拓展研读，梳理文献，依据文献对达尔文的进化论展开讨论。

我们注意到，教学过程的重心显然在有关达尔文进化论研究成果相关信息的收集与整理上。人们有理由提出质疑：这样的课还是不是语文课？在研究性学习中语文教学将走向何方？

下面从研究性学习的视角探讨上述问题，并推而广之，探讨研究性学习中学科教学的共性问题。

1. 语文是研究性学习的载体。关于语文学科性质的争论由来已久。1996 年国家教委颁布的《全日制普通高级中学语文教学大纲（供试验用）》将语文学科的性质确定为“最重要的交际工具，也是最重要的文化载体”。鉴于教学大纲颁布后语文教育界对“文化载体”这一提法颇多争议，2000 年教育部正式颁发的《全日制普通高级中学语文教学大纲（试验修订版）》将“最重要的文化载体”这一提法改为“人类文化的重要组成部分”。应该强调指出的是：作为语言文字的“语文”与作为一门课程的“语文”是两个不同的概念。把作为一门课程的“语文”界定为“人类文化的重要组成部分”，显然不合逻辑；而作为一门课程的“语文”，确实起到了负载文化的作用，这是不争的事实（姑且不论这是不是它作为一门课程的本质属性），由此涉及语文学习在研究性学习中的地位与作用。

教育部《普通高中“研究性学习”实施指南（试行）》指出：研究性学习与社会实践、社区服务、劳动技术教育共同构成“综合实践活动”，属普通高中必修课程。可见研究性学习与学科教学并不是一种对应关系。

在语文学科教学中，研究性学习涉及两个方面：一是语文学科自身成为研究性学习的对象，二是在非语文内容的研究性学习过程中语文成为载体。

语文学科自身成为研究性学习的对象，这是不言自明的。如，喜欢《诗经》的可以进行有关《诗经》的专题研究，喜欢庄子文章的可以广泛地涉猎庄老之学，喜欢田园诗的可以专注于王维、孟浩然的作品，喜欢婉约词的可以去读《花间集》，喜欢明清小说的可以研究《水浒》，喜欢鲁迅的可以开展有关鲁迅的研究性学习活动，喜欢俄国文学的可以去读托尔斯泰的作品……可以读书报告会的形式交流阅读心得，也可以把研究成果形成文字。总之，研究性学习是学生独立自主的动态的探究过程。

语文作为研究性学习的载体，是一个有待深入探讨的问题。语文作为研究性学习的载体有两个方面的含义：一是研究性学习的成果由语言文字表述，这无疑强化了语文在研究性学习中的作用；二是语文应主动介入非语文学科的研究性学习活动，使学生从中获得语文能力的发展。课例《〈物种起源〉导言》，主动介入了关于生命科学的研究性学习。在探讨达尔文进化论的过程中，学生阅读了大量文献资料，从报刊、网络等媒体中获得了大量的信息，并对信息进行了加工整理，在这一学习活动中，作为载体的语文因素是显而易见的。文献阅读和信息整理本身是一种语文实践活动；从研究内容上看，说这是生物课也未尝不可。其实国外的学科教学，一般都需要阅读学科资料，写评述文章。例如，科学课要阅读科学家传记，美术课要写作品评论等。

2. 教学过程成为课程本身。按照后现代课程论的观点：一个开放的课程结构，允许学生和教师在对话中创造出比现有的封闭性课程结构所可能提供的更为复杂的学科秩序与结构。教师的角色不再是原因性的，而是转变性的。课程不再是跑道，而是跑的过程本身。

在研究性学习中，过程具有重要意义。在针对某一专题的研究过程中，学生会主动获得诸多知识，逐步形成发现问题和解决问题的能力，这些比获得答案本身更有意义。研究性学习打破了线形发展的课程模式。

从研究性学习的角度看，《〈物种起源〉导言》教学是否成功呢？答案是肯定的。学生对达尔文进化论的研究不可能取得令人瞩目的成果，但学生在研究过程中阅读并整理了大量文献，通过各种媒体筛选了大量信息。如科学人文著作《自达尔文以来——自然史沉思录》《审判达尔文》《再创未来——杰出科学家访谈录》《大灭绝——寻找一个消亡的年代》，以及有关生物进化的报道：贵州省台江发现古生物群、科学家首次提出2.5亿年前突发地球生物大灭绝、英国基因专家得出新结论——人类进化走到头，等等，获得了有关生物进化的大量知识。即使从语文学习的角度看，学生提炼观点、筛选信息的能力得到了很好的锻炼，而“培养收集、分析和利用信息的能力”则是《普通高中“研究性学习”实施指南（试行）》所规定的6项目标之一。

3. 学习方式与教师角色的转变。教育部基础教育司有关负责人在回答《中国教育报》记者问①时指出：当前，受传统学科教学目标、内容、时间和方式的局限，在学科教学中普遍地实施研究性学习尚有一定困难。因此，将研究性学习作为一项特别设立的教学活动，作为必修课纳入《全日制普通高级中学课程计划（试验修订稿）》，将会逐步推进研究性学习的开展，并从制度上保障这一活动的深化。这表明了设立研究性学习活动的初衷，对我们理解研究性学习的课改精神有重要参考价值。

研究性学习没有确定的教学内容和学科体系，它实质上是一种学

---

① 普通高中如何实施研究性学习——教育部基础教育司有关负责人答本报记者问．中国教育报，2001.5.31.

习方式的转变。在研究性学习活动中，一方面，学生采用的是类似于科学研究的学习方式，通常围绕一个需要解决的理论和实际问题展开，学生自主地发现和提出问题，设计解决问题的方案，收集、整理、利用信息，并通过合作方式分享信息和研究成果。应该强调指出的是研究性学习不是通过课堂教学，而是通过活动来完成的。另一方面，作为学习方式的转变，研究性学习又必须体现并贯穿于整个学科教学过程中，包括课堂教学。

学习方式的转变直接影响到教师角色的转变。在研究性学习活动中，教师的角色将发生明显变化，教师将从知识权威和传授者的角色，转变为学生研究性学习活动的组织者、指导者，平等地参与到学生的研究活动中。教师的指导切忌将学生的研究引向已有的结论，而是提供信息、启发思路。

上述课例充分体现出研究性学习的特征。关于达尔文进化论的研究是学生在课后独立完成的，课上交流研究成果。教师以平等的身份参与学生的研究活动，主要起组织作用。例如，第 2 课时开始，当学生陈述《自达尔文以来——自然史沉思录》的主要观点后，教师问：有一个问题我不清楚，什么是“新达尔文主义”？由此而引出了学生对《审判达尔文》一书主要观点的陈述。单纯从解决问题的角度看，教师只是补充了一个资料——《科学周刊》1999 年第 28 期发表的孙关龙的文章《达尔文进化论的局限性》。在整个教学（学习）过程中，学生的学习方式和教师的角色发生了明显变化。

从整体上看，我更倾向于将课例《〈物种起源〉导言》的教学看作是一个非语文学科的研究性学习活动，而不是严格意义上的语文课。这个课例的价值也许正在这里。

课例《〈物种起源〉导言》教学或许会引发出这样的看法：语文

课何必管那么多事儿？据上述，我的看法是，语文教师不必画地为牢，应该主动介入到非语文内容的研究性学习活动中去，这对语文教学来说，是一大进步。

☆改进建议☆

语文学科的核心目标是培养学生理解和运用语言文字的能力。上面的课例是围绕达尔文的进化论展开的，在整个教学过程中，这是一条主线。如果从语文学科教学的角度来审视，这个课例可以做适当调整，突出如何整理阅读材料、提炼主要观点、概括主要论据。尽管在这方面课例已经予以关注，体现出明显的语文学科教学的意识，仍可进一步强化。例如教师可以拿自己补充的孙关龙《达尔文进化论的局限性》一文为例，进行示范，并在总结阶段从语文教学的角度加以阐释，而不仅仅是从探讨进化论的角度来思考。简言之，在研究性学习的跨学科介入中，学科本位意识有理由也有空间得到强化。

☆附录☆

《物种起源》导言①

达尔文

我曾以博物学者的资格参加贝格尔号巡洋舰的环球远航②，在南美洲看到的关于生物的地理分布和现存生物与古生物在地质上的关系，给了我很深刻的印象。回国以后，在1837年我就想到，如果耐心搜集与这问题有关的各种材料，加以整理研究，也许可以得到一些结果。这样，在五年的时间内，我专心思考这个问题，并且作了一些札记。1844年又把这些札记加以充实，写成当时我认为是正确的结论的纲要。从那时候起，一直到现在，我对这个问题的探讨始终没有间断。我希望读者能原谅我作这些琐屑的陈述，我之所以说明这些，是为了要表明我并没有轻率地下结论。

现在（1859年）我的工作将近结束；但是全部完成还需要更多的岁月③，并且我的体力渐感不支，所以不得不先将这个摘要付印。现

① 《全日制普通高级中学教科书（必修）语文 第二册》，人民教育出版社，2003年版。选自中译本《物种起源》，商务印书馆，1963年版。原题是“导言”，有删节。原著第一版于1859年刊行。达尔文（1809-1882），英国博物学家，进化论的创立者。物种，生物分类的基本单位。在生物学的分类中，一般采用种、属、科、目、纲、门等几级分类单位。导言，绪论。

② ［我曾以博物学者的资格……环球远航］从1831年开始，达尔文以自然科学家的身份，免费搭乘贝格尔号巡洋舰作历时五年的环球航行，在动植物和地质等方面进行了大量的观察和采集，到1836年回国。博物学，旧时动物、植物、矿物、生理等学科的总称。

③ ［现在（1859年）我的工作将近结束……更多的岁月］达尔文认为《物种起源》只是他的生物进化论的绪论部分，所以这样说。以后他更详细地论述了进化论的各个问题，进一步充实了进化论学说的内容。

在在马来群岛研究博物的华莱斯①先生，他对于物种起源问题所得到的一般结论，几乎和我完全相同，这也是使我早日发表这个摘要的一个原因。

本书还是摘要的性质，未必完备；有许多论述，我没能指明它的来历和参考资料，但是我希望读者相信我的正确。同时，我虽然力求审慎，使一切能根据正确的证据，但是错误的窜入，还是不可避免的。本书所述及的，仅仅是我所得到的一般结论，略举少数事实，作为说明，希望读者不要嫌其过简。我极其盼望，并且感到有这样的需要，将来能把我所根据的一切事实和参考文献，详尽地刊印出来。因为我十分清楚：本书中所讨论的几乎没有任何一点不能引用事实来作证，而每一论点显然往往会引到一些与我所得到的完全相反的结论。我们处理一个问题，必须把两方面的事实和证据，加以详细叙述和比较，然后才能得到完善的结果，但这是这里所不能办到的。

关于物种起源的问题，如果一位博物学家，对于生物相互间的亲缘关系②、它们的胚胎的关系、地理的分布以及在地质期内出现的程序等等事实，加以思考，那么，我们可以推想得到，生物的种，和变种一样，是由以前别的种演变而来，而不是分别创造出来的。这个结论，即使很有根据，但是如果不能说明地球上的无数生物，怎样经历变异③而达到它们的极其完善的构造和相互适应，仍然是难以令人满意。一般博物学家；常以外部环境如气候、食物等等作为唯一可能引起变异的原因。就某一狭隘的意义上来说，这可以算是正确的，这点

① ［华莱斯（1823–1913）］英国的自然科学家。1858 年他写了一篇关于生物进化的自然选择的科学论文寄给达尔文。达尔文于当年把自己的研究成果和华莱斯的论文同时在林奈学会的杂志上发表。

② ［亲缘关系］指生物在种类方面互相接近的关系。

③ ［变异］指同种生物世代之间或同代不同个体之间的性状差异。

以后当再讨论到；但是如果把像啄木鸟的构造，它的足、尾、嘴、舌如此巧妙地适应于捉取树皮里面的昆虫，仅仅归因于外界的条件是不合理的。如槲寄生[①]，它生长在某几种树木上以吸取养料，需要鸟类传布它的种子，更因为它是雌雄异花，必须依赖昆虫才能完成传粉作用；如果我们仅仅以外部环境，或植物习性的影响，或植物本身的倾向，来解释这种寄生植物的构造以及它与其他几种生物的关系，必然也同样是不合理的。

因此，我们对于生物变异及相互适应的原因和方法，迫切地需要有个明确的了解。我从事本题研究的初期，就觉得要解决这个困难问题，应当从研究家养动物和栽培植物着手；果然没有使我失望，我经常获得动物因由家养而变异的知识，虽然还不够完备，但总可以为处理这个问题和其他一切复杂事件提供最良好最可靠的线索。所以这类的研究，虽然常为一般博物学家所忽略，但是我却相信它的价值的重大。

根据上述理由，我把家养变异的问题，放在本书的第一章。我们将由此看到，大量的、遗传的变异是可能的；同样的，或者更其重要的，是我们将看到人类选种力量的伟大，能使微小的变异逐渐累积起来。然后，我们将讨论物种在自然状态下的变异。但是很不幸，我在这里所讲的，不得不很简略，因为要使这个问题讨论得恰当，必须举出大量的事实。

如果认识到我们对于生活在我们四周的许多生物的相互关系还有很多不了解的，那么，关于物种或变种[②]的起源问题，我们即使有很多地方不能解释，也就不足为奇了。为什么某种生物的分布广泛而繁

① ［槲（hú）寄生］一种寄生的小灌木，多寄生在槲、栗等树的树干上。

② ［变种］物种以下的分类单位，指变异比较显著的个体或个体群。变异比较显著的个体群就相当于亚种（例如东北虎和华南虎就是两个亚种）。

多，而它的邻种却分布得狭小而稀少呢？谁能解释这个问题呢？然而这些关系，实在是非常重要，因为我相信，这是决定地球上每一生物的现在和将来的命运，以及变异的趋向的。对于生活在过去的地质时代的无数生物的相互关系，我们所知道的就更少了。虽然许多事实现在还是不清楚，而且在未来长期内也还弄不清楚，但是我们经过了精细的研究和冷静的判断，可以毫不怀疑地断言创造论①的错误。创造论这一观点，虽为近代许多博物学家所信奉，我自己以前也曾信奉过，但是事实上决不能成立。我深信生物的种不是不变的；所谓同属的种，都是其他大概已经灭亡的种所传下来的直系后代，而现在认为同种的各项变种，都是这同种的后代。我又确信自然选择作用，它虽然不是物种变异的唯一条件，也该是最重要的条件。

---

① ［创造论］一种认为每一物种都由上帝创造的谬论。

大赛评课

语文穿上了华丽衣裳[①]

——第二届“中语杯”课堂教学大赛现场评课

中国教育学会中学语文教学专业委员会举办的“第二届‘中语杯’课堂教学大赛”2010年7月19日—22日在江苏省连云港市举行。赛会分为初中组和高中组，分别在两个会场进行；各有16名选手参赛，分为4个竞赛单元（每半天为1个单元），每个单元由1位评委点评，然后分别由各组评委会主任作总评。现将本人在闭幕式上所作的高中组赛课总评实录如下，与同人交流。

一、几点说明

1. 本次竞赛分为4个单元，已经分别由韩雪萍、史绍典、黄厚江、朱芒芒4位评委作了具体而精辟的点评，我的总评可谓“狗尾续貂”。我谈几点共性问题，仅供参考。

2. 对参赛教师来说，能走进“中语杯”这个赛场，本身就意味着“优秀”。

3. 竞赛的目的不在于给选手分等级，而在于观摩交流，探讨问题。竞赛的价值不取决于选手的竞赛结果，而在于引发思考。相对而言，有的课获得了好评，有的课不如人意，但在引发思考方面，也许是等值的。

4. 本人在探讨某个问题时自然要涉及具体课例，但一孔之见并不影响对这节课的整体评价。再者，既然竞赛的目的在于探讨问题，改进教学，我就要多谈一点商榷意见，也希望得到参赛教师的谅解。

① 原载：中华语文网，王鹏伟的博客，2010-8-2.

二、良好趋势

1. 课程理念方面。重视学生的阅读体验与学习者的本体地位。多数教师在学生阅读理解的基础上启发、点拨，注意倾听学生对文本的多元解读。这里要说明一下，“对话”不是“问答”，而是一种指向倾听的课程文化。正如日本学者佐藤学所说：教师要善于从学生含糊不清的表述中，倾听出其思维过程，发现其结症所在。“倾听”是“启发”的前提，也是一种教学风度。

2. 教学目标与教学途径方面。依据文字解读文本，即披文入情，析文入理。这是语文课程的基本特征（在学科分类上，语文课程是形式学科，而非内容学科），也是语文教学的基本途径。但新课程实施以来，语文教学游离文本的现象渐成风气（意在体现“人文性”，其实是对“人文性”的误解）。本次活动普遍表现出对文本语义的回归，是对上述风气的匡正。这表明，语文教学的原点正在逐渐明晰。

3. 教学风格各异，体现出教学的个性特征。有的连类而及，旁征博引，拓展了教学空间，如《将进酒》（李白）一课；不足之处是教学节奏跳荡，问题指向不明。有的追问思索，不枝不蔓，如《老王》（杨绛）一课，这篇课文学生已经学过，参赛教师临时改为“重读”，抓住“那是一个幸运的人对不幸者的愧怍”一句，理解作者的心路历程，教学思路清晰；需要商榷的是，车夫的心事有待深入理解，不然“我”的愧怍由何而来？这是前提。

三、问题商榷

1. 诵读是一件“奢侈”的事情。参赛教师选篇基本是诗歌和短篇散文。一首百字左右的古诗，学生不能当堂背诵；一篇三四百字的古文，学生甚至来不及看注释。古诗文尚且如此，语体文自不待言。至于默读更为难得，没有默读怎么思考？没有“阅读”何来“解读”？“解读”文本比“阅读”文本还重要吗？阅读教学的底线在哪里？

2. 几乎所有教师都做了示范朗读，并且背诵时声情并茂（为什么学生连默读的机会都很少？）。如果说好的朗读是一件体面的事情，那么，写一笔好字是不是一件体面的事情？北京二十七中的戚峰老师（讲《兰亭集序》）在讲台上挥毫，显得很“嚣张”，但我们期待有更多的教师能表现出这种“嚣张”！

3. 语文穿上了华丽的衣裳。村姑进城穿着缀满亮片的衣裳，华丽的亮片遮蔽了其天然质朴的面容。例如，所有教师示范朗读都配乐，有的甚至在学生朗读时也配乐，学生朗读与音乐不合拍，教师说学生的节奏不对。从教学的角度看，学生按照自己的节奏朗读，是学生的节奏不对，还是音乐的节奏不对？是朗读配音乐，还是音乐配朗诵？几乎所有的“PPT”字号过小，导致后排学生看不清楚，教师制作“PPT”时是否从学生的角度考虑观看效果？教师使用媒体手段需谨慎，例如《四点零八分的北京》一课，教师讲得较好，知识青年下乡的时代背景只需交代几句就可以了，可是播放有关“文革”的幻灯片，讲解时代背景用去至少 8 分钟。不仅如此，媒体手段还影响到教学设计，例如《林黛玉进贾府》一课，首先播放新旧两种版本的《红楼梦》电视剧片段，由此切入，进而讨论哪个版本的电视剧片段更接近原作。这个创意虽新颖，但转移了教学视线。除了媒体手段运用失当，教学设计的点缀也成蛇足，例如讲《短文三篇》（人教版教材，该课包括下面提到的三篇短文）中的《热爱生命》（蒙田），横生枝节，插入另两篇短文《人是一根能思想的草》《信条》。前者阅读不到 2 分钟，匆匆而过；后者更是与生命主题无关。

4. 繁杂的内容挤占了有效教学空间。《情真意切释猜疑》（薛宝钗看望病中林黛玉片段）一课，课一开始，首先引入对薛蟠的评价，用意何在？讲陶渊明《归园田居》，引入陶渊明的《五柳先生传》《归去来辞》《乞食》，匆匆一瞥，学生连“一知半解”都不可能。“羁鸟恋旧林，池鱼思故渊”，“羁鸟”“ 池鱼”本是归隐起因，却未作深究。这里有必要借鉴简约主义的主张。简约主义来自西方建筑领域，后来影响到西方现代音乐、绘画、文学领域，成为西方现代主义的一种思想方法。其原则是“减少、减少、再减少”，即用最经济的手段获得最大的建筑空间和最好的色彩与光线效果。语文教学可曾考虑用最“经济”的手段获得空间？仅就这一点而言，姜绪波老师讲《水龙吟·登建康赏心亭》（辛弃疾）采用串讲方式，让学生看注释，了解典故，这在当下可以视为一种“勇敢”。

5. 在文本内容和形式之间，语文取舍什么（我不赞同用“工具性”和“人文性”这样的话语来诠释）？《我为什么而活着》（罗素）一课的定位是：读一篇美文，识一位伟人。课文中提到三种激情：渴望爱情、寻求知识、对苦难的同情心。课上提问罗素的激情源于什么？就是这一步之差，超出了文本，无字可寻。于是引入《罗素自传》及相关生平资料，这就为下面的讨论奠定了基础：“你为什么而活？”这是个好问题，可不是语文问题。由此想到 2007 年人民教育出版社珠海新教材实验研讨会上，一位教师讲《信条》（富尔格姆）一课，半节课的时间里，学生都在讲述自己的“信条”。这样的课是语文课还是思想品德课？

6. 教学内容的确定。教学指向写了什么，还是指向怎样写？阅读教学依次有三个层面：写了什么？怎样写的？为什么这样写？从小学一年级开始，语文教学就注重写了什么。写了什么固然是基础层面，但教学内容不应该在这个层面停滞，高中阶段尤其如此。例如《雨巷》一文，我在公开课上听过多次，很多名师都在讨论诗中的姑娘是怎样一个形象，其实这是无疑之问，因为诗歌开篇就说她是一个“结着愁怨的姑娘”。问题在于，如何来写“愁怨”。“丁香”是诗歌的意象，“雨巷”是诗歌的意境。诗人把心仪的姑娘置于蒙蒙细雨之中，幽深的巷口里面，让其飘然而过。姑娘如期而至了吗？没有。这就是作者所渲染的“寂寥雨巷”中的“惆怅”。这样的解读未必深刻，但至少比姑娘是怎样的一个形象贴近教学诉求。

7. 教学生成。谁牵引教学走向？这个问题不能一概而论，取决于教学生成过程和问题价值。例如《赞美》（穆旦）一课，教师很放得开，学生读过课文之后，先让学生在黑板上写出阅读心得，可以是一个短语，也可以是一个词。学生的板书有：把爱献给苦难的土地，对民族崛起的自豪、赞美，勤劳、善良、忍耐力……，农夫的意象却渐去渐远。接下来，逐个让学生述说自己的上述评论，直到这节课结束。教师应引导学生回到文本阅读，有关问题可以在复读原文的过程中迎刃而解。新课程实施以来，一再强调教师不能牵着学生的鼻子走，这是对的，但也不能由学生牵着教师的鼻子走吧？

8. 多元解读与曲解。新课程提倡的教学民主不等于教师妥协。其实那灰暗都市里被囚禁的常春藤喻指的正是作者本人。原文的信息是：“我要借绿色来比喻葱茏的爱和幸福，我要借绿色来比喻猗郁的年华。”学生的观点有：常春藤象征了中华民族的精神，象征了抗战的希望，象征了中国人……有的学生反诘道：如果说常春藤象征了中国，那么，日寇侵华是不是因为喜欢中国？这个归谬是合乎逻辑的。教师说，同学们做出了多元解读。其实前者不是多元解读，而是误读（这种误读当然不能责怪孩子，有其深层的社会原因）。教师的阅读体验是教学预设的重要依据，教师的阅读体验哪里去了？那么，教师与学生任何一方的失声都不能称之为“民主”。

谁说马甲不是衣衫[①]

——第三届“圣陶杯”课堂教学大赛现场评课

第三届“圣陶杯”课堂教学大赛于2011年10月18日—20日在四川省德阳市外国语学校举行。展示课分为初中组和高中组，各有10名教师授课。各单元已分别有评委评课，以下为本人对高中组赛课所作的总评。

一、两点说明

1. 如果说教学是一门艺术，那么每节课都可以视为一件艺术品。因此，评课也就见仁见智，仅供参考。

2. 教研活动是观摩平台，目的在于研讨。相对而言，有的课好一些，有的课逊色一些，但这种差距并不决定其引发研讨的价值。好课有其值得商榷之处，不尽如人意的课也有其值得借鉴之处。

3. 只讲值得关注的问题，不对某堂课作整体评价。

二、值得肯定之处

1. 回归传统：重视基础知识和教学基本功。对基础知识和教学基本功的重视可以视为对语文教学传统的回归，主要体现在：落实字词、重视诵读、重视板书设计等。教师终于拿起粉笔在黑板上写字了——对学生而言，这是必要的语文基本功示范；教师终于舍得时间让学生诵读了，甚至能让学生静下心来默读了——这种现象虽然还不够普遍，但毕竟不再稀罕了。

例如，哈尔滨第九中学姜珠老师讲授《诗经·氓》，依次正音、释义、

① 原载：中华语文网，王鹏伟的博客，2011-10-31.

翻译等。当然，古诗一经翻译，就失去了韵味，是否应该翻译也值得商榷。

又如，天津市大港油田实验中学刘铭老师讲授《埃菲尔铁塔的沉思》（张抗抗），其板书设计呈现出虚实相生的辩证关系，简明扼要。

2. 研读文本：依据文本阐发文意，言之有据。多年来，脱离文本、空泛议论的现象屡见不鲜，名曰体现语文的“人文性”，实则脱离了对语言文字的解读，还奢谈什么“人文性”呢？

例如，姜珠老师讲授《诗经·氓》，在概括文本内容时，学生说第四章是写“婚中”，教师提示：“淇水汤汤，渐车帷裳”，去往何处？回娘家了，是省亲吗？不是，往而不返，是“婚变”。

3. 教学设计：文本解读的拓展与迁移。北京教育科学研究院刘宇新先生在评课时说：“目前课堂教学，高质量的教学设计少，而低水准的教学技巧多。”此种倾向确实应该引起关注。整体而言，本届展示课在教学设计方面缺乏创意，也正因为此，偶有脱颖而出者，立刻引起与会者普遍关注，获得好评。

例如，四川省绵阳南山中学周静老师讲授《记梁任公先生的一次演讲》，这篇课文比较浅显。教师把文本解读重点放在了文中所引的诗歌《箜篌引》《闻官军收河南河北》，以及剧本《桃花扇》片段，引导学生深入理解梁启超先生在讲解这些作品时何以如临其境，如醉如痴，“状极痛快”。这节课在文本拓展与迁移方面值得借鉴，同时也启发我们思考这样一个问题：“深”的文章如何讲得“浅”，“浅”的文章如何讲得“深”。

4. 对文本的深入解读。

（1）把文本放在它所滋生的文化土壤中去解读。

文本是在一定的文化土壤中滋生出来的，脱离了它所滋生的文化土壤，是难以被深入理解的，甚至会让人产生误读。新课标提出要尊重和理解多元文化，只有把文本放在相应的文化体系中才能正确理解文本内涵。

例如，吉林省吉林市第一中学李花老师讲授《我有一个梦想》（马丁·路德·金）时，引入了《圣经·旧约》训谕，表明马丁·路德·金暗引了圣经信条，据此深入理解这篇演讲的宗旨，即“人人生而平等”。这种解读符合西方文化背景，也符合马丁·路德·金的牧师身份。正如李花老师所阐释的那样，马丁·路德·金所追求的不仅仅是要解除白人对黑人种族歧视所导致的经济贫困和政治压迫，更重要的是宣扬平等、博爱的圣经信条和基督精神（大意如此）。这就是实现其“梦想”的理由：“昔日奴隶的儿子将能够和昔日奴隶主的儿子坐在一起，共叙兄弟情谊……有朝一日，那里的黑人男孩和女孩将能与白人男孩和女孩情同骨肉，携手并进。”即不同社会地位的美国公民、不同肤色的人种都是上帝的子民。

（2）暗示文章应该怎样写的教学思路。

语文教学包括三个层面：文章写了什么—文章是怎样写的—文章为什么要这样写。平常的语文教学止于“文章写了什么”这个层面，很少关注“文章是怎样写的”。解读文章是怎样写的，对学生作文起着示范作用。

例如，浙江省杭州第二中学陈欢老师讲授的《清兵卫与葫芦》，有这样一个教学设计：略去校役卖葫芦时与古董商讨价还价的细节，与原文比较。这些细节恰恰反映出校役与古董商的心理较量，耐人回味。这样的教学设计自然会使学生体会出校役和古董商的心计，从而理解细节描写在刻画人物上的作用。

三、商榷意见

1. 教学是文本解读过程，还是印证过程。例如，重庆市兼善中学张春艳老师讲授《赤壁赋》（苏轼）、内蒙古包头市第一中学贾侦老师讲授《念奴娇·赤壁怀古》都先摘引余秋雨的《苏东坡突围》中的一段文字："他从监狱里走来，他带着一个极小的官职，实际上以一个流放罪犯的身份走来，他带着官场和文坛泼给他的浑身脏水走来……他不知道，此时此刻，他完成了一次永载史册的文化突围。黄州，注定要与这位伤痕累累的突围者进行一场继往开来的壮丽对话。"并且，张春艳老师的课围绕苏东坡是否真的"突围"而展开，这样的教学设计有先入为主之嫌。这是在解读文本，还是用文本来印证引述？况且所引语段是描述，而不是论断，余秋雨先生在这里并没有提出学术观点，又何须印证？"黄州，注定要与这位伤痕累累的突围者进行一场继往开来的壮丽对话"，但教学设计却未必如此"注定"。作为封建士大夫，苏东坡深受儒道二学影响，徘徊于出世与入世之间，得志之时儒家思想占上风，失意之时凭道家思想以解脱，这才是"突围"的关键。

2. 文本阅读指向哪里。例如，天津市大港油田实验中学刘铭老师讲授的《埃菲尔铁塔沉思》（张抗抗）、河南省开封市第二十五中学赵红颜老师讲授的《荆轲刺秦王》都引导学生批注文本（点评），这种传统方式值得借鉴。但具体做法值得商榷：先给出"批注"定义，然后再给出批注示例，进而朗读、赏析批注示例。示例本身就表明了什么是"批注"，还有必要先下定义吗？这样一来教学的逻辑就成了：是什么，做什么，而不是怎么做。再者，教学旨在解读文本，还是解读评注文字？毫厘之差，导致方向偏移。

又如，内蒙古包头市第一中学贾侦老师讲授的《念奴娇·赤壁怀古》，该课整体看讲得很生动，再现了作品的豪放风格。但是，练习设计出现了“偏移”：以“豪放”为题写一段话。“豪放”是作品风格，而不是作品主题，这个写作练习与文本何干？

3. 教学机智：随机生成与随机取舍。例如，安徽省青阳县木镇中学曹文斌老师讲授《记梁任公先生的一次演讲》，讲得很有声色，其中摘引茨威格对托尔斯泰的肖像描写，与课文描写相映成趣。不足之处是：上课伊始，学生就给出了“答案”——梁任公先生是一位“有学问、有文采、有热心肠的学者”（文章的作结语句）。结论突然“提前”出来了，课就难讲了。也许教师一时不知所措，只好让学生依次解释：什么是“有学问”？什么是“有文采”？什么是“有热心肠”？这些显然是无问之问。其实教师可以顺势而上，一句带起：“何以见得？”学生自然回到文本，举出例证。其实，这句话中所提三点，文中都有相对应的段落，据此也可以总结出文章由分而总的结构。

又如，有的课整体看讲得很顺畅，在课堂时限内基本完成了教学任务；有些次要内容没有讲完，这不足为怪，讲到哪算哪，交代一下就可以了。但是，压堂现象并不少见，有的严重超时，影响了展示效果，引为遗憾。打个比方：你手执一匹好锦缎，上面绣着好图案，一再指给人家看，直把人看得生厌倦，就是不肯动刀剪。原想做一件旗袍，可惜来不及了；那就拦腰一剪，做件短衫吧；做短衫也来不及了，那就舍去衣袖，做个马甲吧——谁说马甲不是衣衫？遗憾！

积累知识　解读章法①

——第三届“中语杯”课堂教学大赛现场评课

中国教育学会中学语文教学专业委员会举办的“第三届‘中语杯’课堂教学大赛”7 月 19 日—21 日在安徽省池州市举行。现将本人在闭幕式上所作高中组赛课总评实录如下，与同人交流。

这次教学观摩反映出目前语文教学的进步以及普遍存在的方向性问题，主要涉及以下几个方面：语文知识教学的价值，古诗文特点与教学针对性，文本的整体感知与肢解，章法解读的教学价值，教学文本拓展与课程重构。

一、语文课程要重视知识积累

2011 版《义务教育语文课程标准》（以下简称“课标”）将语文课程定义为“是一门学习语言文字运用的综合性、实践性课程”。这一修订明确了语文课程的内容和特点，也有值得商榷之处。语文课程是“学习语言文字”的课程，而不是“学习语言文字运用”的课程。课标的这种表述在逻辑上是不通的：“学习”本身包含了“运用”，“运用”的前提是“掌握”。只有“运用”而没有“掌握”，则为“无米之炊”。学习语言，首先是掌握语言文字本身，在此基础上才是运用。课标强调语言文字的“运用”，而非“掌握”。这种表述坚持了课改以来“淡化语文知识教学”的主张。

淡化语文知识这一主张，2001 版课标和 2011 版课标是一再坚守的。2001 版课标在课程理念中强调“语文课程是实践性很强的课程，

---

① 原载：中学语文教学，2012，（9）. 原题：阅读教学新思路：积累知识　解读章法　拓展文本.

应着重培养学生的语文实践能力，而培养这种能力的主要途径也应是语文实践，不宜刻意追求语文知识的系统完整”。2011 版课标在阅读教学和语法修辞知识教学建议中亦有类似表述。

问题在于，语文知识本身是有“系统”的，为什么不能“系统、完整”地讲授呢？语文知识范畴，仅仅局限于语法修辞吗？课改十余年来，在淡化语文知识教学主张的影响下，语文知识教学从一个极端走向了另一个极端，从脱离语言实际运用走向忽视语文知识积累，这种倾向值得警惕。例如汉字知识，离开了大量汉字知识的系统积累，怎能理解汉字文化？再如古诗词教学，学生读到高中了，连格律常识都未接触，休说写对联，甚至贴对联都分不开上下联。这次会议会址临近九华山，九华山景区中有关地藏菩萨本生故事绘画，所配文字是竖排版，竟然由左到右书写，全国著名佛教圣地尚且如此，语文常识的荒废还不应该警觉吗？如果连系统掌握汉字文化、汉文常识这条底线都视为歧途，那么还何谈民族文化传承？

这次教学观摩课中，出现了重视语文知识教学的迹象，值得肯定。

例如《寡人之于国也》（执教者：河南省辉县第二高级中学刘飞）一课，功夫下在了基础知识落实上，在多年的教学观摩中实属罕见。首先是文字正音、释义、特殊句式。在释义环节依次讲到“走”为“跑”，“河”为“黄河”，“岁”为“年成”等。古诗文教学中，古今异义词的掌握非常必要，否则望文生义，以今释古。如果连这些都不提及，文言文教学与语体文教学目标的基本区别又在哪里呢？这里说一下如何“系统、完备”地讲授语文知识的问题。例如这节课，教师在讲到“走”为“跑”时，提及“走”的意思在文言中用“行”，其实在这一点上就体现出“系统、完备”了。但这样是不是就足够了？我觉得不够。例如“五亩之宅，树之以桑，五十者可以衣帛矣”，提到“树”

是“种植”的意思，可以顺便讲到“树木”的意思文言中用“木”，成语有“十年树木”。这并不是说所有的文言词语的教学都应这样做，但至少应该抓住典型字例，由字形而推知字义，引导学生理解汉字表意特征，逐渐确立体认汉字文化的意识。如果再做一点拓展的话，“五十者可以衣帛矣”，可以由“帛”提及“褐”，“褐”是粗布。长此以往，就会形成较为系统完备的知识积累。

二、古诗文教学要着眼古诗文特点

本届教学观摩课，古诗文篇目8篇，约占二分之一，可见执教者对古典诗文的重视，从一个侧面反映出对传统文化的重视。

古诗的特点是情景交融，“一切景语皆情语”（王国维《人间词话》），这是基本常识，因此意象与意境是解读古典诗歌的基本要素。意象凝聚了汉民族思维的具象特征与审美情趣，以此呈现情景交融的意境，通过意象体会意境是解读古诗的钥匙。但在古诗解读方面有的比较得法，有的不得法。

例如李清照的《声声慢》（寻寻觅觅）（执教者：重庆涪陵实验中学校周波）。酒、雁、黄花、梧桐雨是意象，教师抓住意象特征，引导学生理解作者凄清缠绵的愁绪，解读得法，如果对意境深窥一步就更好了。“满地黄花堆积，憔悴损，如今有谁堪摘？”这只是写眼前凋零之景，还是写容颜憔悴、心绪凄凉、身世坎坷？一声轻叹，满腹凄苦。

再如柳永的《望海潮》（东南形胜）（执教者：湖北省襄阳市第四中学刘明国）。教师的教学设计颇有新意，但作为古诗词教学却有值得商榷之处。先是交代了一则材料：据说金人完颜亮读过这首词后决定举兵南侵，顿时激起学生的阅读兴趣；又说明“望海潮”是词牌，题目应该是“咏杭州”（题目是误解），这个说明很有必要，规避了对作品的误读；接下来讨论词中的杭州给你留下怎样的印象，学生依次回答美丽、富饶、繁华、和谐、悠然等。最后总结是：“杭州是一座（　）的城市”。对于一般文体这样的讲授是可取的，但对于古诗词教学却值得商榷。这首词分上下阕，上阕写都市形胜，居高临下；下阕写湖光水色，由远而近。上下阕构成了一幅交相辉映的全景画卷。解读这首词，要品味的是画卷的写意与工笔。美丽、富饶、繁华、和谐、悠然等都市风景与民俗生活是有的，但这样解读，诗词的味道却没有了，最终归结为“杭州是怎样一座城市”就淡乎寡味了。这里反映出古典诗歌的价值取向：古典诗歌阅读应该追问的是如何描绘出诗情画意，而不是描绘了哪些物象。古典文化中，诗、书、画是相通的，虚实感、写意性、主观色彩是中国古代文化通约。读诗如看画，例如《清明上河图》，民俗学者关注的是运河商船，市井格局，青楼酒旗，货郎挑担，轿夫走街，驼队出城等；画家关注的却是画面布局，景致着墨，人物情状的勾勒等。民俗学者着眼的是民俗信息，画家关注的是审美情趣。

就阅读的价值取向来说，读诗不是从语言中抽象出信息，而是借助语言还原具象。

与语体文相比，古诗文不仅在语言上有古今之别，在文体上也有其明显特征。文言文教学在这方面注意得还不够。

又如苏轼《赤壁赋》（执教者：新疆乌鲁木齐市第十九中学杨凯）。这堂课教学思路清晰，尤其是对“潜蛟”“嫠妇”两个典故的分析，对理解作者的情怀和际遇起到了关键作用。讲授古诗文有必要做一点考据，但要看能否对解读文本有启迪作用，否则有“掉书袋”之嫌。毕竟中学古诗文教学是重在赏析，而不是重在学术研究。这堂课需要商榷的是，重点讨论实景与虚景、实写与虚写。这就把文学作品讲得太“实”了，岂不知墨客为文不过是借景抒情，托物言志。这篇赋及作者的《念奴娇·赤壁怀古》，所游之地是黄州赤鼻矶，而非赤壁古战场，这原本就是“虚”的。核心问题不在实写与虚写，而在主客对答。赋的特点是主客对答，抑客伸主，《楚辞》中的《卜居》《渔夫》无不如此。主与客其实是一个人，而不是两个人，是作者思想矛盾的具象化。主客对答是作者心灵的独白，这是解读赋体文章的关键。

主客对答反映了出世与入世的思想矛盾。古代学而优则仕，岂有不求仕之士？求仕不得乃走终南捷径。入世秉持儒家，建功立业；出世借助道家，以求精神解脱。客曰“寄蜉蝣于天地，渺沧海之一粟。哀吾生之须臾，羡长江之无穷”，苏子曰“客亦知夫水与月乎？逝者如斯，而未尝往也；盈虚者如彼，而卒莫消长也”，所表达的正是道家思想。

三、文本的整体感知与肢解

新课程倡导学生自主学习，教师也很重视学生的阅读感受，这是应该肯定的。但有一种简单化倾向：学生把文章匆匆读过一遍，教师便问，你喜欢哪一段或哪几句？由此出现了一种较为普遍的现象：从文本中抽出几句话，就此展开讨论，篇章由此肢解。其后果是，用问题搁置文本阅读，功夫下在了寻找答案上，阅读的原始体验因此被消解。

文章是一个有机的整体。好文章如常山蛇阵，正如古人所说：击头则尾应，击尾则头应，击其中则头尾皆应。文章掐头去尾，看不出脉络。课改前批评阅读教学字词句篇面面俱到，现在则过犹不及，偏重词句，忽视段落和篇章。

这次观摩课中，《奥斯维辛没有什么新闻》（执教者：江西省南昌市八一中学张玉璠）、《合欢树》（执教者：天津市实验中学范历）两课受到普遍好评。前者从新闻的“零度情感”、参观者的视角解读文本，切中肯綮；后者抓住文章脉络及细节，提问：此文前半部分回忆母亲，后半部分提到合欢树，以之为题妥否？教学过程水到渠成。

尽管如此，在语句斟酌方面还有深入发掘的余地。例如《奥斯维辛没有什么新闻》一文，在写参观毒气室时，作者特别提示道：“对于另外一些人来说，这样一个事实使他们终生难忘：在德国人撤退时炸毁的不热金卡毒气室和焚尸炉废墟上，雏菊花在怒放。”然而，师生还是没有留意到，怒放的雏菊花意味着什么呢？那是绽放在尸骸之上的鲜花，象征着不屈的生命；就是那一束雏菊照亮了历史和现实的分野，镌刻于参观者的心中。

有时作者用了许多笔墨，其实只是为了告诉读者一句话。例如《合欢树》，结尾写到那个在老屋里望树影的初生婴儿，长大了也会想起自己的童年和妈妈，会跑去看那棵树。“但他不会知道那棵树是谁种的，是怎么种的。”这是在说，那棵树见证了母亲对儿子一生的挚爱，寄托了儿子对母亲的无尽缅怀。可惜在教学过程中，对这句至关紧要的话教师没有引导学生深入回味。当然离开了全篇的铺叙，这句话的深味也就失去了依托。

四、重视章法：文章是怎样写的

上面谈到，近几年来有重视词句教学而忽视篇章教学的倾向。整体感知是从篇章开始的，语句是附着在篇章骨架上的；离开了上下文，语句的含义就失去了依托，所谓“词不离句，句不离篇”。古人写文章是不断句、不分段的。语文教学不仅要学语言，也要学章法，至少在高中阶段要解决这个问题。

有的课整体看讲得比较成功，美中不足的是缺乏章法意识。例如前面提到的《寡人之于国也》，是一篇章法显明的佳作。开篇梁惠王诉苦尽心民生，而民不加多，孟子抓住对方心理，单刀直入“王好战，请以战喻”。孟子文章以雄辩著称，善用“欲擒故纵，引君入彀”手法，全文围绕“民不加多”这一问题展开。第二段以战喻政，用“五十步笑百步”譬喻民不加多的原因。第三、第四、第五段谈使民加多的措施，其中第五段又用比喻，反诘而出。文章三个部分的末尾分别用“寡人之民不加多”“则无望民之多于邻国也”“斯天下之民至焉”等关键句突出章法线索，显示文章脉络，使全文成为一个有机整体。这没有涉及章法，仅仅发掘内容，是为缺憾。

又如加西亚·马尔克斯的《礼拜二午睡时刻》（执教者：浙江省绍兴鲁迅中学彭玉华），其教学设计突出学生主体地位，归纳学生提出的问题，就此展开讨论，对小说后半部的细节剖析得很到位。但遗憾的是，这堂课没有从小说构思的角度思考教学目标，取舍教学内容。这篇小说是如何制造悬念的，是怎样构思的？小说为什么用接近一半的篇幅写火车行程和小镇的荒凉，为什么一再写那束用报纸裹着的鲜花，为什么一再写小姑娘脱鞋穿鞋，为什么穿着褴褛丧服的母子神情镇定安详，为什么这个故事发生在一个闷热的中午……这正是作者的匠心所在。

五、教学文本拓展与课程重构

高中语文教学应该有专题意识。高中阶段已经有了一定的文本积累，有专题学习的基础。

专题教学意识促使我们思考教学文本的拓展与课程重构。教材是课程资源，进入到教学过程才成为教学文本，教学文本的拓展与课程重构是教学设计的应有之义。看菜吃饭，量体裁衣，即使是教学一篇课文，也可以根据实际情况进行文本拓展与课程重构，以此丰富教学内容，改变课程形态（由封闭而开放），提高教学效率。

例如舒婷的《神女峰》（执教者：吉林省东北师范大学附属中学 李跃庭）。这篇课文的教学设计严谨而简洁，补充的阅读材料包括陆游《入蜀记》有关神女峰的描述，以及关于神女峰的三则不同传说；围绕杳鹤与春江月明以及金光菊与金贞子的意象与情感表达展开讨论；最后归结到诗歌特点：用传统的意象表达现代情感。这个教学设计最后还有一个令人耳目一新的比较阅读：同中见异——洪亮的《神女峰》，异中见同——舒婷的《惠安女子》。可惜的是这两首诗没有当堂阅读，而是布置为课后作业，形同虚设。

教学文本拓展与课程重构和教学效率密切相关。一首几十字的古诗，或是一首一百多字现代诗，需要分别用40分钟解读吗？《神女峰》这节课讨论了三个问题，如果每个问题用8分钟，熟读成诵5分钟，余下10分钟泛读另外两首未尝不可。

从教学效率角度看问题，文本拓展当然不能一概而论。篇幅短的文本可以适度拓展，篇幅长的文本要立足熟读。文章无论长短，都要多读少讲，一篇千字左右的文言文，来不及熟读就开讲，显然低效。

我们做一个假设：如果教师不讲，学生能不能大致读懂课文？如此，教师应该怎样讲？如果读比讲重要，怎么讲才能体现讲的价值？哪些奥妙学生视而不见，哪些地方浅尝辄止？外行看热闹，内行看门道。我们常常把教师的指导称为“点拨”，点拨的是“门道”吗？值得考量。顺便提及教师的阅读，教师的阅读积累是重要的课程资源，教师独立阅读的原始体验是教学预设的最重要依据。俗话说“半部《论语》治天下”，《论语》仅15,900字（共20篇），读一遍用不了多少时间。然而，热读《〈论语〉心得》之类的大有人在，通读《论语》

原著的能占多大比例？读别人的“心得”比读原著还重要吗？其实，语文教学的读与讲也与此类似。

最后我想说，读过《论语》可能会有这样一个印象：孔子是指导学生自主学习的好榜样！

以“文”为本 力求创新[①]

——第四届“圣陶杯”课堂教学大赛现场评课

“第四届‘圣陶杯’课堂教学大赛”于2013年11月4日—5日在江苏省扬州市举行。按照惯例，观摩课分别由初中组和高中组评委会主任作总评。现将本人对高中组赛课所作总评实录如下。

观摩课各单元已有评委作了点评，下面所谈仅是本人听课心得，供授课教师及同人参考。

我听课的总体印象是，老师们重视文本解读，有明显的创新意识，但也存在一些问题。

一、重视积累：汲取传统语文教学经验

积累是传统语文教学的主要经验，是语文课程的基本目标。积累不仅是小学和初中课程的基本目标，也是高中课程的基本目标。学段不同，积累的知识层次就不同，忽视不得。积累是形成语文素养的根基，失去这个根基，语文素养的形成岂不成了空中楼阁？语文教学看上去很复杂，但从语言习得方面看，其实也很简单。一般来说，能掌握3，500个常用字，能背诵150首古诗词、50篇文言文，能掌握400个左右的文言词语，就视为有“语文功底”了。这是阅读和作文的基础。本届赛课在这方面有得有失。10位授课教师中仅有1位进行了字词书写，这本是再平常、再简单不过的事情，但在高中教学中显得“难能可贵”；有3位教师讲授古典诗词，都没有做到熟读成诵。

关于写字。《拿来主义》（鲁迅）一课，第一个环节是听写字词，

---

① 原载：中学语文教学，2013（12）.

这在中学观摩课上实属罕见。结果怎样呢？到台上板书的两个学生都没写出“残羹冷炙”“吝啬”中的“羹”和“吝”。从学生提问的手写笔迹看，字迹笨拙潦草，远未达到流利、端正的水准，至于美观就更谈不上了。学生能熟练地操作键盘、发短信，却不能熟练地书写。汉字是民族文化的结晶，是语文的基本功；汉字写不好，民族文化传承堪忧，语文教学堪忧。听写字词并无新意，但有必要。

关于背诵。本届观摩有3节古诗词课，分别为《望海潮》(柳永)、《琵琶行》（白居易）、《杜甫诗三首》（杜甫）。古诗词应该熟读成诵，可是课上学生连熟读都没做到。讲授《杜甫诗三首》（杜甫）的教师，创意是好的，从教材中的《登高》拓展到《秋兴（其一）》《咏怀古迹（其三）》，至少学生是应该当堂背下来《登高》的。一节课45分钟，学生背诵一首诗词用5分钟足矣，可这竟然成为奢求。就教学价值而言，文本本身和文本阐释哪个更重要呢？一节课下来，总要让学生有所得，如果学生连一首短短的律诗都没背下来，还期待什么呢？况且古典诗歌托物言志而已，哪里有什么微言大义，哪里需要花那么大气力阐发？语文本身并不复杂，是教师把语文教学搞得复杂了。

二、古典诗歌教学：凸显意象与意境

意象与意境是古典诗歌的要素。古典诗歌中的山水云烟、荒原古道、风花雪月都有其作为诗歌意象的特质，是营造诗歌意象材料，是言志咏怀的媒介。正因此，古典诗歌教学要从意象入手，体味意境，理解旨趣，陶冶情怀。本届赛课关注了古典诗歌情景交融的特点，但未能凸显意象与意境，在教学设计和文本解读方面都出现了偏差。

例如《杜甫诗三首》（杜甫）一课，教学重点放在情景交融的分类上：以景衬情、借景抒情、触景生情、寓情于景，等等。教学古典诗歌的关键不在情景分类上，而在“何景”寓“何情”，通过何种意象营造出何种意境。

例如《琵琶行》（白居易）一课，整堂课讲授描绘音乐一段，深究“裂帛”二字所表达的情感，见解独到。需要商榷的是，应该引导学生分析从乐曲旋律变化中可以倾听出诗人怎样的心境。乐曲的演奏者是琵琶女而不是作者，是乐曲跌宕的旋律触动了诗人的人生感伤和仕途喟叹，而不是诗人通过乐曲演奏表达情感；是触景（曲）生情，而非借景（曲）抒情。有诗句为证：“同是天涯沦落人，相逢何必曾相识！”

三、阅读教学：文章是怎么写的

阅读教学应使学生读懂行文之法、为文之道，读文章的终极目标是学会作文。本届赛课在这一层面有所突破。

例如《拿来主义》（鲁迅）一课，课前教师将学生提出的问题进行梳理，课上就学生的提问展开讨论。学生的提问很有教学价值：作者主张拿来主义，为什么先写“送去”？破立结合的写法因此迎刃而解，这一环节仅用了 15 分钟。如果教学重点放在破立结合上，显然难以为继，接下来，重点分析比喻论证“大宅子”。对倒数第二段的解读尤其值得称道，教师让学生借助标点符号分层，顺势讨论各层与最后一段“或使用，或存放，或毁灭”一句的呼应关系。至此，文章脉络昭然若揭。

比较而言，《香玉》（蒲松龄）一课围绕“至情纯美”分析人物形象，脉络清晰。如果从构思的层面鉴赏作品，还有待深入，仅仅分析人物形象，这还是停留在“文章写了什么”层面；只有了解了作品的构思，才深入到“文章是怎么写的”。这篇小说的高明之处，不在于写香玉如何“至情”，而在于为什么要写两位花妖，题为“香玉”又写绛雪。绛雪说：“妾与君交，以情不以淫。”黄生感喟：“香玉吾爱妻也，绛雪吾良友也。”所谓“纯美”由此可见。阅读教学应力求读出学生“看不见”的东西，如此才能体现其价值。这个“看不见”的东西，通常就是“文章是怎么写的”，也就是俗话所说“外行看热闹，内行看门道”。阅读教学应该引导学生看出写作的“门道”。“看门道”需要“内行”的眼力，能够看出“门道”的教师就是一个“内行”了。这是一种专业水准，也是语文教学的一个长久期待。

四、文道统一：语文教学应以“文”为本

古人主张文道统一，“披文入情”（刘勰《文心雕龙》），这与今天的“人文性”与“工具性”的统一并无二致。语文教学应以“文”为本。以“文”为本的“文”，既包括阅读，也包括作文。阅读之本是透过语言文字窥见文章脉络和主旨，即“文章是怎样写的”；作文之本是通过语言文字清晰地表达作者的所思所想，即“文章应该怎样写”。总之，如孔子所说：“言而无文，行而不远。”比较下面三个课例，以供参考。

《听听那冷雨》（余光中）一课，紧扣冷雨与故国的隐秘关系进行解读，汉字、国画、诗文，瓦户的绝响，秋虫的绝唱……教师引导学生抓住具体语句去体味文章旨趣。如果要做点儿补充的话，我想应该留意到“现在只剩下一张黑白片，黑白的默片”这一句，作者为什么要重复？“黑白片”说的是故乡影像已成历史遗痕，“黑白的默片”道尽了乡愁无言的隐痛。

《知其不可为而为之》（语文版《〈论语〉选读》）一课，定位于读懂孔子，功夫下在品评孔子政治品格上。但读懂《论语》与读懂孔子并非一回事，语文教学的首要目标不是理解孔子品格，而是从教材文本中读出孔子是怎样一个人。例如孔子使子路问津，长沮说孔子是“知津”者，语意双关，一个指点世道迷津的圣人，又何须“问津”呢？另外，课上讲孔子与隐士之别，说孔子“避人”，隐者“避世”，其实二者区别在于入世与出世，儒道分野就在这里。文中的古今异义词应该要求学生掌握，却没有给予关注，如“四体不勤”的“四体（四肢）”，“河不出图”的“河（黄河）”等。

语言与思维同步发展，被倡导于20世纪80年代。叶圣陶先生曾说，只有想得清楚才能说得清楚。现行课程标准采纳了这一理念，但新课程实施十余年来，这一理念并未得到重视。本届赛课对此有所关注，例如作文课“让思想的荒原开出创新之花——学习立意新颖”，利用俗语、成语等材料，进行逆向思维、多向思维（应为发散思维）训练，可惜没有实际写作环节。严格地说，这堂课是思维训练课而不是作文训练课。

五、创意：基于文本，立足教学实际

文本思路不等于教学思路，阅读教学需要对文本进行解构。教学解构贵在创意，创意目的无他，有效教学而已。离开了有效教学这个初衷，就是南辕北辙。所谓“创意”当然是独特的，但独特仅是个标志，而不是目的。一个好的创意，未必显得鲜亮夺目，也许质朴无华，最终要体现其教学价值。例如上面提到的《拿来主义》课例，在大家都漠视字词听写（甚至可以说是不屑一顾）的时候，授课教师进行了听写，把学生手写的提问字条进行处理后，通过幻灯片播放，仅在播放出来的手书中，就有3个学生将“为什么”写成“未什么”，全场听课教师为之感慨（甚至可以说触目惊心），从而体现出其教学价值。谁能说这样的教学设计就没有新意呢？创意说难也简单，无非是做了别人没做却有价值的事情。一言以蔽之：创意要基于文本，立足教学实际，否则难以取得教学实效。有的教学观摩课在创意方面进行了尝试，引发了相关思考。下面结合《祝福》一课谈谈看法。

《祝福》（鲁迅）一课的教学目标设定为“掌握鉴赏小说人物形象的方法”，课上仅分析鲁四老爷一个人物（涉及外貌描写、语言描写、书房对联等），采用把文本与文中插图比较的方式。这节课给我们的启发是“长文短教”，这一点值得肯定，但从哪个角度切入更好些呢？湖北有位教师讲这篇课文时选择“看客”的角度讲祥林嫂，可供参考。阿毛的故事在经历了同情的眼泪、冷漠的奚落之后，仅剩下渣滓，从这个角度进行教学设计可以凸显小说的创作意图。在鲁迅作品中，“看客”是一个重要角色，《孔乙己》中有，《阿Q正传》中有，《示众》则专写看客；不仅小说中有，杂文中也有。“看客”是鲁迅笔下“民族劣根性”的典型，而比较插图与文本中的鲁四老爷的肖像（插图中的鲁四老爷留着山羊胡子），是插图画得好，还是小说写得好，结论是小说写得好：没有胡子更可怕。小说中的鲁四老爷没留胡子是否有什么深意，不得而知，但插图应该尊重原作才是。此外，外貌描写、语言描写是常识，但作为教学目标没有价值。况且小说塑造人物的手段不等同于鉴赏小说的方法，通过一节课、一篇小说的教学要掌握分析小说人物的方法，目标也过于宏大。方法是“工具”，工具是在使用过程中逐渐掌握的，知道方法未必意味着掌握了方法。

以上从探讨问题的角度，从某个侧面援引课例，并没有对某节课作全面评价。商榷意见仅供参考，不当之处还望授课教师谅解。

教学的细节与架构①

——第四届"中语杯"课堂教学大赛现场评课

第四届"中语杯"课堂教学大赛于2014年7月19—21日在湖北省荆州市举行。现将本人在高中组闭幕式上所作总评实录如下，与同人交流。

所谓"总评"不过是一己之见，仅供参考。为说明问题援引课例，并非对课例作全面评价，不当之处请执教者谅解。

课堂教学大致分两个层面：一是教学细节，一是教学架构。前者是微观的，容易忽视；后者是宏观的，引人瞩目。下面着重谈教学细节需要改进的问题和教学架构值得借鉴之处。

一、教学细节

教学细节是治学态度和求是精神的表征。教学细节容易被人忽视，却往往反映出执教者的真实状态和学养。细节决定品质，忽视不得。下面提到的现象在日常教学和赛课中普遍存在，并非只是出现在本届赛课中，应予关注。

1. 不要打扰学生读书。读书是阅读课最基本的任务，要让学生静下心来读课文，不要随意打扰他们，这是再简单不过的事情。可是无论日常教学还是观摩课，授课教师很少让学生静下心来读课文。一节课40 ~ 45分钟，教师能分割出3 ~ 5分钟让学生静下心来通读全文的都很少见。在学生读课文的过程中，教师不停地提示、提问、催促，喋喋不休。即使学生长期处于这种课堂环境中，已经形成了较强的抗

① 原载：中学语文教学，2014，（9）.

干扰能力，但这种做法还是令人心烦的。设身处地为学生着想，此种教学习惯应该改正，无须多言。

2. 不要把“PPT”和视频当作“装饰”。“PPT”是展示教学材料的视觉手段，起码要让人看清楚，否则失去其教学价值。有些“PPT”制作精致，视觉效果却不好。字号过小、文字密集、字图重叠，让人看不清楚，此种现象屡见不鲜。屏幕装饰了课堂，却未能发挥实效。

再如视频的使用。有的教师讲授《荆轲刺秦王》（本届活动有两位教师讲授此篇），讲到廷刺秦王时播放了电影视频，画面上秦王环柱而走，荆轲紧追不舍，场面一片混乱。这样的画面既看不出演技高超，对展示人物性格也没有价值。阅读是一种二度创作，读者头脑中的再造想象要比影视作品丰富得多，通常情况下，影视剧作的视频要慎用。

3. 不要放大导入环节。导入环节可以开门见山，也可以启发诱导。后者类似于电影“桥段”，即过渡。过渡要适度，不能失度。过度放大导入环节，如同把一件首饰夸张成一副面具，遮蔽了面孔。

例如《好仁不好学，其蔽也愚》（《论语》节选）一课。授课伊始，展示北京考生拜孔子，顿时引发了学生的兴趣。其间也不乏精彩处，如引用辜鸿铭调侃的话“监生拜孔子，孔子吓一跳”，但应该就此打住，转入正题，却“一发而不可收”，让学生就此谈感受。有的说“考生拜孔子，孔子很欣慰”，有的说“考生拜孔子，孔子听不到”……最后教师说“考生拜孔子，孔子很着急”。这个环节进行了 12 分钟，上课的学生很厌倦，观摩的教师很“着急”。

再如《故都的秋》（郁达夫）一课。授课伊始，讲解“学而时习之，不亦说乎？有朋自远方来，不亦乐乎？人不知而不愠，不亦君子乎”，重点讲了“习”的本意（雏鸟习飞）。这一环节用了 6 分钟。所有听课评委不得其解，误以为暗示学生虽然已经学过这篇课文，再重学一遍。课后与授课教师交流才知道，此举意在匡正目前忽视基础知识教学的倾向，落实基础知识。这样一来就引出了另一个疑问：《论语》中的这段话与《故都的秋》有知识迁移的关系吗？在这一点上，是不存在“误解”的。

4. 不要出现知识性错误。人们常把知识性错误称之为“硬伤”，知识性错误显而易见，它是学识功底的客观反映，因此教师对显性知识的教学要格外谨慎。长期以来，对语文知识的准确把握不够重视，教学中出现知识性错误的现象并不鲜见。

例如《将进酒》（李白）一课（本届有两位老师讲授此篇），板书中有“时不与我”字样，细究起来句式不妥，否定句疑问代词作宾语，宾语前置，句式应为“时不我与”。

再如《虞美人》（李煜）一课。教师将每句的最后一个字板书出来，讲解词的平仄，其实这是韵脚；词的句数、句子的长短、平仄取决于词牌。

知识教学严谨总比大意好。

5. 不要曲解文意。新课程实施以来，强调多元解读，甚至可以对作品提出质疑。但要注意，多元解读的前提是准确理解作品原意，而作品原意是不可曲解的，要慎重。

例如《荆轲刺秦王》一课，对荆轲既有肯定的观点，也有否定的观点。否定的观点是不果断，临场犹豫。其理由是：荆轲行前对樊於期说了行刺计划，“臣左手把其袖，而右手揕其胸”，廷刺秦王时“左手把秦王之袖，而右手持匕首揕之，未至身”。前者是“揕其胸”，后者是“揕之”而未至身，可见乱了手脚。这个观点实在过于牵强。这种曲解的要害在于，文章本意是要把荆轲刻画为一个懦夫吗？秦武阳的形象还有反衬作用吗？

荆轲行刺是决绝还是犹豫，教学中对这两种观点不置可否。不同意见应该尊重，但“尊重”不等于“迁就”。

荆轲之决绝在易水之别时就已凸显。“太子及宾客知其事者，皆白衣冠以送之……高渐离击筑，荆轲和而歌……歌曰：‘风萧萧兮易水寒，壮士一去兮不复还！’……于是荆轲遂就车而去，终已不顾。”且不说“壮士一去兮不复还”这句壮语，仅“终已不顾”这个举止就足以表现出视死如归的气概了。送行者“皆白衣冠”意味着什么？向活人致丧礼。可谓“悲壮”，何其悲壮！

如果要做一点教学拓展的话，应该留意到高渐离这个人物。荆轲是高渐离的音乐知音，高渐离是荆轲刺秦的继任，互为知己。秦兼并天下后，高渐离隐匿于市井，后来被秦始皇发现，熏瞎双目，为其击筑，筑中置铅，举筑相扑。（参见《史记·刺客列传》）

再如《将进酒》一课。这节课前半部分围绕“愁”字展开，学生对作品旨意的把握确切：时光易逝，功业无成。接下来，学生说这首诗表现出李白积极乐观的处世态度。这种说法不确切，却没有引起关注。借酒浇愁，及时行乐，恰恰是消极的。这种情绪在李白诗歌中屡见不鲜：“抽刀断水水更流，举杯消愁愁更愁。人生在世不称意，明朝散发弄扁舟。”（《宣州谢朓楼饯别校书叔云》）“别君去兮何时还？且放白鹿青崖间，须行即骑访名山。安能摧眉折腰事权贵，使我不得开心颜。”（《梦游天姥吟留别》）

其实，古代文人一直纠结于出世与入世。仕途坎坷，得意之时倾向儒家，失意之时趋向道家。儒道本不相容，但穷达之间却相容于个体。李白也如此，怀抱儒家“兼善天下”的理想，却崇尚道家遗世独立的精神，不仅如此，还兼有游侠行径。这在上面列举的诗歌中有所体现。了解作者思想是解读作品的钥匙，课堂上未必要讲授作者思想，但备课时必须要充分考虑。

二、教学架构

本文用“架构”而不是“结构”这个词来表述教学概念，是要表明教学是一个动态过程，既包括宏观设计，也包括实施流程。“架构”是一个比喻说法，犹如盖一座房子，先要奠定基础，建立支柱，架设梁椽脊檩；然后才是添砖加瓦之类的具体施工。

本届观摩课在以下方面值得借鉴。

1. 读出作者的匠心。选入教材的作品均为杰作，之所以成为杰作，必有其独特之处。它既是作品的阅读价值所在，也是教学价值所在。作品的独特之处在哪里？这是教学首先要考虑的问题。

例如卢涛执教的《合欢树》（史铁生），抓住“人”与“树”的关系贯穿教学过程，依次探讨：母亲是怎样对待合欢树的？（提示：树与“我”的共性）作者为什么不愿意去看合欢树？（提示：“我”的内心隐痛）为什么到后半部才写合欢树？（拓展阅读：《项脊轩志》）结尾部分为什么写那个孩子？问题环环紧扣，“合欢树”的隐喻逐渐明晰。

例如张茗执教的《项脊轩志》（归有光），紧扣“余居于此，多可喜，亦多可悲”一句展开，讨论：喜从何来，悲由何生？（同时应该提及其承上启下的结构作用）并提示学生注意，“余既为此志，后五年，吾妻来归”，表明前志与后记之分，引发物是人非的感喟。

例如黄腊梅执教的《项脊轩志》（归有光）提纲挈领：居陋室为什么“可喜”？最后一段为什么写树（睹物思人）？讲“可悲”之处引归有光《家谱记》以及《先妣事略》，对理解作者情感很有必要。

需要说明的是，上述课例中的问题是由学生提出的，但教学取舍与权衡取决于教师。

2. 理清教学思路。教学思路犹如建筑施工蓝图和流程，核心问题是什么，分解为几个部分，设置哪些环节，从何处入手，先做什么，后做什么，怎样衔接，等等，要有整体安排，从而呈现教学思维走向。整体感和流畅性是教学思路的明显特征，清晰的教学思路呈现出明确的教学内容和流畅的教学过程。本届赛课在这方面有良好表现。

例如李琳执教的《白莽作〈孩儿塔〉序》。鲁迅文章言简义丰，情感深沉，语意隐晦，他自己也认为"晦涩"，教学难度较大。这篇文章简短斩截，解读隐含在文字中的深沉情感和丰富内涵并非易事。为此，教师提供了诸多参考资料，包括作者处境、相关作品、日记等。如果教学思路不清，引用这些资料很容易杂乱无章，喧宾夺主。实际教学效果并非如此，教师紧紧围绕作者情感的起伏变化，文本解读与材料引用水乳交融，进出自如，有条不紊。

再如吴玉妃执教的《苏幕遮·燎沉香》（周邦彦），依次勾勒画面—介绍阅历（客居京师）—体会乡愁。重点解读"五月渔郎相遇否"一句大有深意，深意何在？联系学过的《古诗十九首·涉江采芙蓉》，理解曲笔手法。教学过程流畅自然，水到渠成。

3. 探索创新。本届观摩课在文本解读方式上进行了探索，尽管这些探索有值得商榷之处，但其创新意识和借鉴价值还是值得肯定的。

例如李奇执教的《荷塘月色》（朱自清）。这是一篇广为熟知的散文，要讲出新意很不容易。该课独辟蹊径，引导学生从"荷塘月色"与"江南采莲""西洲曲"的关联中，解读作者所构建的精神世界，从而理解文中潜藏的两个世界——现实的与虚拟的，进而解读作者心灵世界的建构与破灭。这是一个独特的视角。解读方式也很独特，联系《卖火柴的小女孩》（安徒生）的构思，由童话中火柴的燃灭，映射本文内心世界的建构与幻灭。这种创意很新颖，但把《卖火柴的小女孩》

的构思作为一个“模板”，将课文的构思与童话中火柴的三次燃灭完全对应起来，未必妥当，应该点到为止，有所启发即可。

再如李琴执教的《将进酒》，步骤为：初读识风格—再读辨情感—读品看章法。作品是一个有机体，作品解读是整体感知过程，事实上不可割裂。风格、情感、章法只是解读的角度不同，并不是递进层次。类似做法还有：品诗—读诗（朗读）—画诗。总之，上述做法将教学过程“模板化”了。这节课也有值得借鉴之处，例如，教师授课伊始问道：“李白何处寻？你能读出这是李白的诗吗？”纲举目张，顺着这个思路进行下去，李白诗歌的特色就会彰显出来，教学重心也就明确了。当然教师未必没有注意到这一点，只是在实际教学中没有把握好。

顺便提及，本届观摩课书写和板书设计水平普遍较低，教学语言不够精练。教学基本功非一日之功，亟待加强。

从基础做起，步步为营[①]

——第五届“圣陶杯”课堂教学大赛现场评课

由中国教育学会中学语文教学专业委员会举办的“第五届‘圣陶杯’课堂教学大赛”于2015年7月18—20日在深圳市举行。现将本人在闭幕式上所作高中组赛课总评实录如下。

语文教学普遍存在的问题不可能通过一两次大规模的教学观摩课研讨活动得到解决，但类似活动坚持几年总还有些成效。

新课程实施以来，语文教学由于对人文性的“误读”，导致了两个明显倾向：淡化基础知识教学，语言文字知识鲜有涉及；课文解读脱离语言文字，就文本内容作漫无边际的讨论。似乎不这样做，就不能凸显“人文性”，就陷入了“工具性”窠臼。本次赛课在这两方面明显改观：重视基础知识，重视文本研读。基础知识教学很直观，毋庸赘述；文本研读相对复杂，需要研讨。

文本研读的新观念、新做法屡屡见诸专业期刊，可资借鉴，亦可商榷。然而，在实际教学中，文本研读的基本问题并没有解决，也少有关注。人们在奔着高大上的愿景匆匆赶路的过程中，往往忘记了从哪里起步，去往何方。这里只做老生常谈。

1. 教学目标和要点的确定。语文课程与其他学科明显不同，其他学科有严密的学科体系，每个章节的内容是确定的，教学目标显而易见。语文课程则不然，一篇篇课文，麻雀虽小五脏俱全，讲什么，不讲什么，取决于教学目标。同一篇课文，由于教学目标不同，教学内

① 原载：中学语文教学，2015，（9）. 原题：文本研读：从基础做起，步步为营 .

容也就不同；反之，同一个教学目标，可以选用这篇课文，也可以选用另一篇课文。日常教学中常有这种情况：为什么要讲这篇课文（目标），这篇课文讲什么（要点），并没有明确的想法、清晰的思路，教学指向不明。

研讨课例如下：

陈中（扬州大学附属中学）执教的《绝地之音》（马步升），确定的第一个教学目标是“领略黄土高原的广袤厚重和历史的沧桑”，紧扣这一目标展开文本研读，文本研读处理得很干净。

该课教学还设置了另外两个目标：体会作者对黄土高原和人民的深厚情感，以及对民族文化心理的深刻思考；品味质朴而深邃的语言，提高深入解读散文的能力。其实这两个目标在实际教学中形同虚设，没有达成。这节课好就好在实际教学中目标单一，因单一而明确。短短一节课，怎么能达成那么多目标？其实，在达成第一个目标的过程中，后两个目标也就迎刃而解了。“提高深入解读散文的能力”这样的教学目标不必提（笼统），既然学的是散文，当然是提高解读散文的能力，至于是否“深入”难以确定。

王春（东北师范大学附属中学）执教的“重读《雨霖铃》”。这篇课文高一学生已经学过，既是“重读”，就要避免“重复”。教学重点如何确定？如果还是理解作者情感之类，显然重复；如果是掌握解读词的方法，难免空疏。提“掌握方法”要审慎，须知方法是在实践中形成的，是学习体验的结果。如果这种方法仅限于“这一篇”，那又何必总结？如果这种方法“放之四海而皆准”，必是一劳永逸，那又何必再学一遍？有些教案列出的教学目标通常是：落实基础知识，体会作者情感，学习文章写法……落实什么知识？体会什么情感？学习什么方法？笼而统之。“重读《雨霖铃》”一课则不然，要点具体，指向明确：列锦、点染、铺叙有波澜。

2. 教学内容的限定与延伸。教学内容的限定与延伸是语文教学应该认真考量的问题。上面已经说过，一篇课文“麻雀虽小五脏俱全”，这意味着文本内容不等于教学内容，教学内容取决于教学目标。语文教学效率低下的一个重要原因是教学内容杂乱（课堂生成另当别论）。

先谈教学内容的限定。

《绝地之音》一课，确定的教学目标为“领略黄土高原的广袤厚重和历史的沧桑”，于是从第五段入手，抓住农夫那只一个“咧”字的歌唱（“咧—— 咧—— 咧”）展开文本研读：“无词，而饱含万有，无调，却调兼古今”“似情歌却含雄壮，似悲歌却多悠扬，似颂歌却兼哀怨，似战歌却嫌婉转”。回顾上文，是黄土高原的广袤风貌（环境描写）；进入下文，是历史的沧桑悲凉（情感抒发）。一篇长达 3000 多字的课文，教学内容边界清晰，教学过程流畅。

这节课值得商榷的是，让学生唱那个无腔无调的一字之唱“咧——咧——咧”，学生很是无奈，唱得无腔无调；教师再唱，气势恢宏，回肠荡气，好似帕瓦罗蒂，只是与那个赶性口拉碌碡的农夫不相干。即使唱的是黄土高原韵味，又怎能表达出“饱含万有，调兼古今”的意境？“似情歌却含雄壮，似悲歌却多悠扬，似颂歌却兼哀怨，似战歌却嫌婉转”，那是作品描摹的一种感受，并非写实，而是写意，何必当真？如何描摹声音感受是语文，如何歌唱就不是语文了。

以上谈教学内容的限定，取“长文短教”的例子。

再谈教学内容的延伸。

“重读《雨霖铃》”一课，补充了两首柳永的词：

雪梅香

景萧索，危楼独立面晴空。动悲秋情绪，当时宋玉应同。渔市孤烟袅寒碧，水村残叶舞愁红。楚天阔，浪浸斜阳，千里溶溶。

临风。想佳丽，别后愁颜，镇敛眉峰。可惜当年，顿乖雨迹云踪。雅态妍姿正欢洽，落花流水忽西东。无憀恨、相思意，尽分付征鸿。

凤衔杯

追悔当初孤深愿。经年价、两成幽怨。任越水吴山，似屏如障堪游玩。奈独自、慵抬眼。

赏烟花，听弦管。图欢笑、转加肠断。更时展丹青，强拈书信频频看。又争似、亲相见。

这个设计别具匠心，并非扩展阅读量那么简单：前者意在引导学生读出点染手法，后者引导学生领会铺叙有波澜（假想抒怀），学以致用。教学内容延伸的层次清晰明了。

可惜教学实施失当，功夫下在了重读课文《雨霖铃》上，后面两首词一带而过。头重脚轻，前紧后松，隆重开场，草草收兵。说到底，问题的关键是，对为什么“重读”课文认识还不清晰——重读的课文仅仅是个“例子”，主要文本不是课文而是补充的那两首词。

再有，讲列锦手法时，教师问学生能否举出例子，学生未能举出。教师也许顾忌越俎代庖之嫌，不了了之。这种情况下，可以提示马致远的《天净沙·秋思》：“枯藤老树昏鸦，小桥流水人家，古道西风瘦马。夕阳西下，断肠人在天涯。”还可举出温庭筠《商山早行》中的两句诗：“鸡声茅店月，人迹板桥霜。”其点染手法一目了然。这样的教学内容是不能舍弃的。

以上谈教学内容的延伸，取“短文长教”的例子。

3. 理清文本脉络与解读思路。文章各部分之间有其内在联系，这种联系通常被形象地称之为脉络，体现着作者思路，其外在形式是文章结构。文本研读理清了脉络，就会获得整体感知，教学思路就会变得清晰。研讨课例如下：

高翀骅（上海格致中学）执教的《〈宽容〉序言》（房龙），这节课不纠缠枝节，着眼全篇，提出了连续的问题：无知山谷的生活幸福吗？你眼中的漫游者是怎样一个形象？村民眼中的漫游者是怎样一个形象？人们怀着怎样的心情寻找漫游者？纪念是避免悲剧重演的方法吗？这一连串的追问，浓缩了文本内容，揭示了文本脉络。

对最后一个提问给出的答案是否定的，需要商榷。文章是这样写的，“无知山谷的村民把一块小石头放在先驱者足迹的尽头，石头上刻着先驱者的名字……他把人们引向了新的自由”，“石上还写明，它是由前来感恩朝礼的后代所建”。结尾一句是：“这样的事情发生在过去，也发生在现在，不过将来（我们希望）这样的事不再发生了。”前者表明了村民的忏悔和觉悟，后者表明了作者肯定的期待。

覃平（广西南宁市第二中学）执教的《尊生》第二则（庄子），这节课讨论的问题是：栎树是怎样一种树（散木，无用之才）？栎树如何看待“文木”（有用之才）？栎树如何看待自己？栎树如何看待自己与木匠的关系？理清文本脉络之后，引导学生结合自己的生命体验理解文意。这节课教学结构完整，环节紧凑，近乎完美。

可惜教师对文本原意的理解出现了“意外”，将文本主旨归结为：尊重生命，热爱生命，不要成为他人的杀手。基于这种理解，课程一开始用“PPT”展示了四个画面：抢救孕妇、打捞东方之星沉船、韩国归还中国抗美援朝志愿军遗骸、捐助唇裂儿童。结论是：不论何种形式存在的生命都应该得到尊重。这种理解有违文本原意。文中有这样两句话："且予求无所可用久矣，几死，乃今得之，为予大用。使予也而有用，且得有此大也邪？"在栎树看来，"无所可用"乃为"大用"，"无用之用"是其历经磨难修成的正果，不然怎么会活到今天！这则寓言的主旨是"无用之用"，即远离名利，以求保身。这是一种处世哲学，而不是一种悲悯情怀。

总之，教学就像盖房子，没有好图纸不行，有好图纸没有好材料也不行，有好材料没算计好用量还不行，料备准备好了房子盖歪了更不行。传说有座古建筑，建完只剩半块砖，那半块砖就留下来作为标志—— 好建筑不服不行。

知识准确是教学的基本要求。本届赛课中出现了明显的知识性错误，虽属个别现象，但不得不说。

例如作文课"学习写得有文采"，该课整体设计符合认知规律：从句子到段落，由理性认识到写作练习（描写画面：罗立中的油画《父亲》），但出现了知识性错误：

在讲"句式灵活"时用了下面的例子，比较哪个表达得效果好：

今天，这里有没有特务？你站出来！是好汉的站出来！你出来讲！凭什么要杀死李先生？（闻一多《最后一次讲演》）

今天，这里有没有特务？你站出来，是好汉的站出来。你出来讲，凭什么要杀死李先生。

其实，这两段文字只是标点不同（后者用错了标点，不符合语气），句式并没有任何变化：祈使句还是祈使句，疑问句还是疑问句。

在讲"富有意蕴"时，展示了这样的"优秀作文片段"：

有这样一棵诚信的树，它诚信于友情。这棵树上长满了伯牙、子期的高山流水，元稹、白居易的共看夕阳，欧阳修、范仲淹的互勉互励。这诚信的树里，深藏着王勃的“无为在歧路，儿女共沾巾”，韦应物的“相送情无限，沾襟比散丝”，高适的“莫愁前路无知己，天下谁人不识君”。这棵诚信的树啊，浓郁、隽秀。

有这样一方诚信的土，它诚信于人民。这方土中，培养出周恩来的鞠躬尽瘁，焦裕禄的不辞劳苦，孔繁森的一心为公，雷锋的无私奉献；这一方诚信的热血啊，洗礼出岳飞的精忠报国，戚继光的横扫倭寇，林则徐的虎门销烟。这一方诚信的土啊，深厚、凝重。

这两段文字表面看纵横古今，包罗万象，辞采华丽，可是哪个论据与“诚信”有关？言无主旨，语无伦次，不知所云；病句迭出，词不达意。板书中有这样一句话：“准确表达内容，切忌华而不实。”这不是反讽吗？

此类文章充斥作文竞赛，“优秀作文”“高考满分作文”已成痼疾，此种风气岂可助长？举出这个负面例子也意在表明，作文教学要遏制这种言不由衷、华而不实的风气。

借此机会也提醒青年教师，要有严谨的治学态度和清醒的学识意识。学识是教学的功底，也是教师专业发展的基础。学识第一，技巧第二。本末倒置，可得一时之利，难得长久之功。

最后就观摩课评委点评作一点说明，希望得到讲课人和听课人的谅解：好课多指出不足，促其进步；差强人意的课尽量肯定优点，增添信心。尽管如此，明显的教学失误不得不说。总之，“假话一句不说，真话未必全说”（季羡林先生语）。

突破单篇局限　坚守教学传统①

——第五届“中语杯”课堂教学大赛现场评课

中国教育学会中学语文教学专业委员会举办的“第五届‘中语杯’课堂教学大赛”于2016年11月9—11日在江苏省南通大学附属中学举行。

本届“中语杯”教学大赛（高中组）体现出的整体趋势是突破了单篇文本局限，同时也表现出对语文教育传统的坚守。需要商榷的问题主要是教学设计重于文本解读，形式大于内容。

一、突破单篇文本的局限

突破单篇文本的局限主要体现在两个方面，一是教学文本的拓展，二是向整本书阅读的延伸。

1. 教学文本的拓展。教学文本包括教材文本，又不限于教材文本。文本拓展是根据教学需要进行的文本重构。叶圣陶先生曾说过“教材无非是个例子”，这意味着教学文本应该不受教材局限。本届赛课在这方面呈现普遍趋势，体现在三个方面：同类文本阅读，阅读积累活化，参考资料阅读。

（1）同类文本阅读。同类文本阅读是教材文本阅读的迁移，拓展了课程资源。

蔡成兵老师（江苏如皋市一中）执教陆游的《钗头凤》（红酥手），拓展阅读唐琬的《钗头凤》（世情薄）：

① 原载：中学语文教学，2016，（12）.

世情薄，人情恶，雨送黄昏花易落。晓风干，泪痕残。欲笺心事，独语斜阑。难，难，难！

人成各，今非昨，病魂常似秋千索。角声寒，夜阑珊。怕人寻问，咽泪装欢。瞒，瞒，瞒！

这两首《钗头凤》的“本事”为人熟知，文本“珠联璧合”。如果就“凄婉”而言，唐婉的“角声寒，夜阑珊。怕人寻问，咽泪装欢”，也许不逊于陆游的“桃花落，闲池阁。山盟虽在，锦书难托”。教师在处理唐琬《钗头凤》时没有展开，依笔者拙见，这两个文本在教学比重上即使“平分秋色”也未尝不可。

（2）阅读积累活化。阅读积累活化，表面看与讲新带旧没什么两样，仔细考量还是有差异的。二者教学指向有所不同：讲新带旧偏向“温故”，阅读积累活化偏向“知新”。“温故”意在“知新”。

周瑜（吉林长春市第二实验中学）执教范仲淹的《苏幕遮》（碧云天），为凸显“柔中有骨”的风格，对比阅读旧课范仲淹的《渔家傲》（塞下秋来风景异）：

塞下秋来风景异，衡阳雁去无留意。四面边声连角起。千嶂里，长烟落日孤城闭。

浊酒一杯家万里，燕然未勒归无计。羌管悠悠霜满地。人不寐，将军白发征夫泪。

《苏幕遮》为羁旅之作，《渔家傲》为边塞之作，均含乡愁之意，相映成趣。通过比较，引导学生体会前者婉约，后者豪放。就这两首词来看，婉约与豪放是相对而言的。就此可进一步探讨，如果说前者“柔中有骨”，后者可谓“刚中有柔”。

（3）参考资料阅读。把参考资料直接提供给学生，而不是教师“据为己有”，这对培养学生的探究能力是必要的。这种做法使参考材料本身具有“阅读文本”的价值，成为阅读的有机构成。

赵福华（天津第二南开中学）执教《吻火》（梁遇春），为使学生理解“吻火”旨意，引导学生阅读梁遇春《观火》《救火夫》的有关资料：

梁遇春对“火”有一种独特的痴迷，经常独自坐在火炉旁边，静静地凝视瞬息万变的火焰。即使没有钱买烟，也会拿一匣火柴一根根擦燃来“解这火瘾”（《观火》）。

这则材料回答了作者为什么抓住“吻火”这一细节来构思悼念徐志摩的文章。这也正是《吻火》的高妙之处。

我相信生命是一块顽铁，除非在同情的熔炉里烧得通红的，用人间世的灾难做锤子来使他迸出火花来，他总是那么冷冰冰的，死沉沉的，惆怅地徘徊于人生路上的我们天天都是在极剧烈的麻木里过去——一种甚至于不能得自己同情的苦痛。（《救火夫》）

这则材料正与《吻火》中的一段话遥相呼应：“人世的经验好比是一团火，许多人都是敬鬼神而远之，隔江观火，拿冷酷的心境去衡量一切，不敢投身到轰轰烈烈的火焰里去，因此过个暗淡的生活，简直没有一点的光辉，数十年的光阴就在计算怎么样才会不上当里面而消逝去了，结果上了个大当。”隔江观火的心态与吻火者超然世外的童贞眸子形成鲜明对比。其实，《吻火》中的徐志摩只是作者眼中的徐志摩。这节课引用的参考材料恰到好处，与课文阅读有机融合，为学生解读文本提供了一把钥匙。

上述课例未必都是独创，却反映出一种普遍趋势，值得肯定。

2. 向整本书阅读延伸。向整本书阅读延伸涉及语文课程发展方向，《普通高中语文课程标准（修订征求意见稿）》的课程设置包括 15 个学习任务群，必修和选修课程均有“整本书阅读与研讨”。相对于文本阅读拓展形成的普遍趋势，向整本书阅读延伸还只是一种预兆，但其价值不可小觑。本届赛课表现出由单篇阅读向整本书阅读延伸的教学意识。

蒋明（安徽亳州市第一中学）执教《合欢树》（史铁生），向学生推荐了作者文集《答自己问》《我与地坛》。

王建军（浙江海盐元济高中）执教《一滴泪换一滴水》（雨果），向学生推荐了《巴黎圣母院》。

马娟（云南昆明市官渡区第二中学）执教《苏武传》（班固），突出《汉书》“赡而不秽，详而有体”的特点，将本课教学作为“走近《汉书》”的向导，归结到“迁文直而事核，固文赡而事详”。相对而言，这节课在整本书阅读方面导向明显。

作为整本书的选篇，应该强化整本书阅读导向，可以从整本书的阅读视域进行教学设计，为整本书阅读建立坐标。上述课例体现出的整本书阅读意识值得关注，整本书阅读指导值得期待。

二、对语文教学传统的坚守

20 世纪 90 年代以来，语文教学出现改革趋势，传统语文教学受到冷遇。近年来传统语文教学出现了复苏迹象，人们开始重新审视现代与传统的关系，从传统语文教学中找回失落的东西，汲取传统语文教学的成功经验。与教学改革相对应，本届赛课反映出对语文教学传统的坚守。

下面两节课受到评委和与会教师的普遍关注。

吴苏舟（青海油田第一中学）执教《六国论》（苏洵），重视字词落实，如对“厌”（暴秦之欲无厌）、“速”（始速祸焉）等古今异义字的辨识。我以为，语文知识教学可以讲得系统、完整一些，这是因为知识本身是有系统的，如果硬要在“系统”“完整”与“零散”“残缺”之间做出选择，宁可选择前者。现行课程标准强调“不宜刻意追求语文知识的系统和完整”，值得商榷。系统有宏观与微观之分，每个知识点犹如细胞，自成系统。上例中的“厌”是“满足”的意思，其书面文言字形为“餍”，本意是“吃饱”，“满足”是引申义。上例中的“速”是“招致”的意思，可以联系成语“不速之客”（邀请）加以甄别。如此，可以视为相对系统完整的知识。这节课采用传统的“串讲”方式，注重章法分析，理清文章脉络。先分析第一段句与句之间的关系，“弊在赂秦”是论点；再提问第二、三段与第一段中的哪句话呼应：第二段呼应“不赂者以赂者丧”（分论点），第三段呼应“赂秦而力亏”（分论点）；最后探究：文章到此已完成了六国破灭“弊在赂秦”的论述，为什么还要写第四段和第五段？这个问题切中要害，点明了《六国论》借古讽今的写作意图。文章论证环环紧扣，文本解读层层剥笋，板书设计清晰地呈现了文章脉络。

刘志江（北京市景山中学）执教《梦游天姥吟留别》（李白），先问学生记得李白的哪些诗句，提及“诗仙”之称；然后讨论学生在预习中提出的问题。因声求气，反复诵读文本；以批注方式解读文本，概括“梦游经历”，提出关键词语；借助关键词语提示背诵课文。在诵读、解读文本过程中，体会李白作为“诗仙”的艺术特色和思想境界，归结到："庄屈实二，不可以并，并之以为心，自白始。儒仙侠实三，不可以并，并之以为气，又自白始也。"（龚自珍《最录李白集》）。最后以属对方式结束全课，给出上联"江畔孤舟，途中瘦马，沉郁顿挫，杜子美为诗圣"，让学生撰写下联。这节课教学设计独具匠心，以"诗仙"之称导入，以李白诗歌的艺术特色和思想境界为重点，以诵读、批注、属对等传统教学方式解读文本。属对这个教学环节设计巧妙，尤其值得称道。属对将语法、词汇、修辞、逻辑、思维训练熔于一炉，凸显汉语文特点和汉语文学习规律。以属对方式隐含李白与杜甫诗歌风格比较，将教学重点与语言文字训练融为一体，独辟蹊径，一石二鸟。

这节课媒体课件创意新颖，令人瞩目。整个教学过程沙画与书法文本交替出现，营造出富有诗意的教学氛围，与古典诗歌吻合。沙画呈现出明显的国画风格，虚实映衬；书法由执教者手书，功底扎实，可谓"身教胜于言教"。这是该课被评为"最佳创意奖"的主要原因。

三、商榷意见：形式大于内容

教学设计是手段，文本解读是目的。形式服务内容，内容大于形式。在备课过程中，教学设计是在深入研读文本的基础上生成的；在讲课过程中，教学预设要根据文本解读进行实际调整。否则，教学设计就会成为文本解读的羁绊，甚至成为一只无形的手，掌控教学节奏，左右教学目标。

历届赛课执教者普遍重视教学设计，力求出新，但过犹不及。相对而言，教师对教学设计的重视程度胜过文本解读，致使形式大于内容。这种情况渐成趋势，应该引起注意。下面就具体课例进行商榷。

易少彬（江西赣州市第三中学）执教《念奴娇·赤壁怀古》（苏轼），由余秋雨的《苏东坡突围》导入新课——"心灵突围"：

他不知道，此时此刻，他完成了一次永载史册的文化突围。黄州注定要与这位伤痕累累的突围者进行一场继往开来的壮丽对话。

如果只是把这段话作为引子，创意是好的；分析上阕时，比较阅读陆游、范成大笔下的赤壁，体会苏轼笔下赤壁的特色，也是好的；解读教学难点“人生如梦，一尊还酹江月”，联系苏轼《前赤壁赋》“客亦知夫水与月乎”一段话，适得其时，恰到好处。可是结束这节课时，又回到了余秋雨的《苏东坡突围》：

这一切，使苏东坡经历了一次整体意义上的脱胎换骨，也使他的艺术才情获得了一次蒸馏和升华，他，真正地成熟了——与古往今来许多大家一样，成熟于一场灾难之后，成熟于灭寂后的再生，成熟于穷乡僻壤，成熟于几乎没有人在他身边的时刻。

由此可见，这节课的整体设计思路是：余秋雨的《苏东坡突围》不仅是文本解读的结论——“脱胎换骨”，并且是解读文本的框架。

余秋雨的《苏东坡突围》是一篇好散文，但不是学术文献；所做议论不单指《念奴娇·赤壁怀古》，也包括前后《赤壁赋》。这是作者在文章结尾点明的。

从《念奴娇·赤壁怀古》这首词来看，苏轼是否就此“脱胎换骨”，尚需探讨。

参见苏轼离开黄州，再贬惠州时作的《蝶恋花》：

花褪残红青杏小。燕子飞时，绿水人家绕。枝上柳绵吹又少。天涯何处无芳草。

墙里秋千墙外道。墙外行人，墙里佳人笑。笑渐不闻声渐悄。多情却被无情恼。

据《词林纪事》卷五引《林下词谈》：

子瞻在惠州，与（侍姬）朝云闲坐。时青女（指秋霜）初至，落木萧萧，凄然有悲秋之意。命朝云把大白，唱“花褪残红”，朝云歌喉将啭，泪满衣襟。子瞻诘其故，答曰：“奴所不能歌者，是‘枝上柳绵吹又少，天涯何处无芳草’也！”子瞻皤然大笑曰：“是吾正悲秋，而汝又伤春矣。”遂罢。朝云不久抱病而亡。子瞻终身不复听此词。

上阕“天涯何处无芳草”，化用《离骚》“何所独无芳草兮，又何怀乎故宇”，似乎是表现出一种随遇而安的旷达；下阕“多情却被无情恼”却是用“芳草美人”暗喻仕途失意的无奈。对咫尺天涯的“佳人”，苏轼并未释怀，何曾“脱胎换骨”？入世以儒家兼济天下，出世以道家超然自慰，这是士大夫的普遍心态，真要超然物外谈何容易？自慰而已。

蒋明（安徽亳州市第一中学）执教《合欢树》（史铁生），开头发问：努力与后悔哪一个更痛苦？随即出示《孝经》（展示“PPT”）：

身体发肤，受之父母，不敢毁伤，孝之始也 。

子曰：孝子之事亲也，居则致其敬，养则致其乐，病则致其忧，丧则致其哀，祭则致其严。五者备矣，然后能事亲。

立身行道，扬名于后世，以显父母，孝之终也。

提出“身、居、养、病、丧、祭”六字，问学生：作者做到这六个方面了吗？让学生分三组讨论“身、居”“养、病”“丧、祭”。

作业：通过这节课的学习，同学们不仅意识到母亲为了我们的成长如何操碎了心，更意识到“尽孝要趁早”这句话的深刻含义。为了不再出现“树欲静而风不止，子欲养而亲不待”的现象，请同学们回家后为母亲倒杯水、捶捶背、揉揉肩，并道一声“妈妈，你辛苦了！”

且不论“立身行道，扬名于后世，以显父母”等是否符合时代精神，也不论以《孝经》审视作者行止是否妥当，只问“合欢树”的寓意是“孝”吗？仅就教学设计而言，以《孝经》解读文本，或以文本阐发《孝经》，是否在“语文”边界之内？

马娟（云南昆明市官渡区第二中学）执教《苏武传》（班固），在讲解课文第五段卫律劝降苏武时，设计了一个“引字入文”的环节，在屏幕上打出一个大大的篆字“勸”，指出该字形旁是“力”，提示学生：“从‘劝’的角度出发，看对苏武做劝降工作的卫律怎样用‘力’。”其实“勸”的字形与文本内容无内在联系；即使有联系，简化字楷书的形旁也是“力”，用简化字楷书“劝”就可以了，没有必要使用篆书。再者“勸”的形旁是否为“力”也需要探讨。《说文解字》中确有这样的说法：“勸，勉也。从力，雚声。”那么“力”在古文字中又作何解释呢？据《汉语大字典》：“说文：‘力，筋也。像人之形。’……按：古文字‘力’像耒形，金文中从力之字，有时即从耒作。”（《汉语大字典》第二版，第 397 页）这显然是有意纠正《说文》的错讹。可见，“勸”的形旁是“耒”形，用字形来解读劝降之“力”也就失去了根基。由此想起一位老艺人说相声讲汉字，说到“男”字，大意是：“男”字为什么由“田”和“力”构成？男人有力气，让他下田干活去！其实“男”是会意字，从字形看是执“耒”耕“田”之意。《说文》

对“耒”的解释是“手耕曲木也”。据《汉语大字典》：“说文：‘男，丈夫也。从田，从力，言男人用力于田也。’按：男，从力田，力字即像耒形。”（《汉语大字典》第二版，第 2708 页）这又是在纠正《说文》的错讹。近年赛课常出现古文字（甲骨文、金文）或篆字，这是个好现象。古文字是象形文字，篆书保留了象形特征，可以由字形推知本义，直观感受到汉字所凝聚的智慧和美感，对于文言文教学来说这种做法很必要，但使用时要慎重斟酌。

古诗文教学：针对文本特点　遵循其教学规律①

——第六届“圣陶杯”课堂教学大赛现场评课

“第六届‘圣陶杯’课堂教学大赛”于2017年10月24日—26日在浙江桐乡召开。本届活动主题为“传统文化与古诗文教学”，所选课文均为古诗文。按惯例，初、高中各有10位中青年教师讲授观摩课。

本次课堂教学大赛集中展示了古诗文教学现状，对古诗文教学进行了有益探索，启发了对古诗文教学的深入思考。

赛课过程中有3位评委分别作了阶段评课，对每节课逐一点评。为探讨问题起见，总评所举课例，究其一点，不及其余，并不是对某一堂课的整体评价。本人在闭幕式作高中组赛课总评，现将现场评课实录如下。

一、明确古诗文教学目标与内容

1. 古诗文教学目标。母语教育包括两个基本元素：民族语言文字，民族文化。这两条决定了语文教育的目标：理解和运用民族语言文字，传承民族文化。同理，古诗文教学的基本元素是古代汉语、古代文化；其目标是学习古代汉语，传承古代文化。在语文课程中，语言文字是首要元素，否则不是语文；语言文字负载文化，文化传承通过学习语文得以实现，即古人所谓“文道统一”。自语文独立设科以来，“文”由语文课程独立承担，而“道”则由人文学科承担，但毕竟“文以载道”，没有内容的形式是不存在的。由此可知，阅读教学的基本途径是通过语言文字的解读理解文化。

① 原载：中学语文教学，2017，（12）.

《寡人之于国也》一课（执教者：北京市丰台第二中学吴非），开门见山点出孟子与梁惠王争论的要点："仁政"（应为"王道"）。在解读文本过程中辅以《论语》《孟子》中的有关章节，如"所谓西伯善养老者，制其田里，教之树畜，导其妻子，使其养老。五十非帛不暖，七十非肉不饱"，"梁惠王曰：'晋国，天下莫强焉，叟之所知也。及寡人之身，东败于齐，长子死焉；西丧地于秦七百里；南辱于楚。寡人耻之，愿比死者一洒之，如之何则可？'"这两则材料与文本互为印证（课时有限，其余几则材料应予取舍），极具参考价值。可见，教师在备课阶段对文本进行了深入研究，通过文本解读引导学生深入理解孟子思想，重视优秀传统文化的传承，体现了古诗文教学的独特价值。

但在处理文道关系方面，这堂课有值得商榷之处。在点出孟子的"仁政"思想后，直接从"不违农时""五亩之宅"两段讲起，分析"可持续发展"理念（第五段）和民本思想（第六段）。孟子如何以"王道"游说欲行"霸道"的梁惠王是"文"；孟子主张的"王道"本身不是"文"，而是"道"。同理，孟了如何阐发其民本思想是"文"；民本思想本身不是"文"，而是"道"。古诗文教学应该立足语文学科本位，因文悟道。

2. 古诗文教学内容。古诗文教学与现代文教学的主要区别何在？在于古代语言，即古代汉语。如果舍弃了这一点，古诗文教学与现代文教学又有什么差异呢？《普通高中语文课程标准（征求意见稿）》指出，"在解读文言实词词义和古今语言的比较中，树立语言文字发展的相关性和差别性的观念"，"通过对古今多义词词义关系的梳理，总结和认识引申规律，自觉丰富词汇"，"积累有汉语特点的成语和典故，观察其特殊的表达作用，建构有关方面的知识"，"不断关注汉语、汉字与中华文化的关系，体会语言的民族性，增强对汉语汉字热爱的感情”，由此可见对学习古代语言的重视。本届赛课对古汉语知识教学比较重视。下面课例可资借鉴。

《方山子传》一课（执教者：湖北华中师范大学第一附属中学袁昉），突出古今词义的差异，重视古汉语知识落实，教学预设具有针对性。这堂课的第一个环节是“指出下列语句翻译中存在的问题”，其中，“独来穷山中”一句译为“偏偏来到贫穷的山中”，引导学生辨识“穷”不是“穷困”，而是“僻远”。“见方山子从两骑”一句译为“看到方山子跟随着两名骑马的随从”，有学生指出这是使动用法：“方山子带领两个骑马的随从。”不足之处是，将“方山子从两骑”中的“骑”误读为“qí”（应读“jì”，即“一人一马”的合称）。

上述两例在传统文化和古汉语教学方面进行了探索，虽有瑕疵，但不乏借鉴价值。

目前古诗文教学不重视古汉语和古代文化常识，或视而不见，或见而不视。前者缺乏常识基础，后者缺乏常识意识，应该引起关注。

二、针对古诗文特点，遵循古诗文教学规律

古诗文为古代语言，又多为古代书面语，有其自身特点，毋庸赘述。古诗文教学要针对古诗文特点，遵循古诗文教学规律。

近体诗和词讲究格律，抑扬顿挫。本届赛课在这方面出现了好兆头，值得关注。

《登高》一课（执教者：吉林长春市十一高中石柳）一课，教学设计框架清晰，结构完整。用格律常识引导诵读，解读诗歌意象意境，归结出杜甫“沈郁顿挫”的诗歌风格，最后以“唐宋诗歌编年地图”向课外拓展，收束全课。从整体看，明显呈现出近体诗的教学要素和文本特点。其中，引导学生注意平仄与节奏、反复诵读，值得称道。

《水龙吟·登建康赏心亭》一课（执教者：内蒙古呼和浩特第四中学顾雪洁），最后环节让学生为作者辛弃疾写一副对联。这个设计与文本内容吻合，很巧妙；学生做的对联也博得满堂喝彩。这其实也反映了赛课观摩者对古诗文教学传统的肯定和回归古诗文教学传统的期待。不足之处是，学生做的对联不合对仗规则。问题不在于学生是否具备对仗能力，而在于有没有对仗意识。

《杜甫诗二首：〈登高〉〈秋兴（其一）〉》一课（执教者：四川成都市树德中学杨凌峰），解读“艰难苦恨繁霜鬓，潦倒新停浊酒杯”一句，提问：“繁霜鬓”可否改为“生华发”？教师此举意在强调诗人的际遇，若能在格律方面再进行点拨，教学内容就趋于完善了。就格律而言，“繁”对“浊”，二者均为“死字”（今为形容词）；“生”为“活字”（今为动词），与“浊”对不上。“虚字对虚，实字对实，半虚半实者亦然，最是死字不可对以活字，活字不可对以死字。”

目前古典诗歌教学仅关注文本解读，漠视诗词格律，学生积累的诗词格律知识聊胜于无，学生至少要学一点儿律诗对仗常识，如仄起平收之类，否则贴对联都会错位。一些名胜古迹的楹联，也常有上下颠倒的情况，实在大煞风景。古诗文教学应该重视诗词格律常识。

古典诗词有两个基本要素：意象和意境。古典诗歌的基本特点是：情景交融，托物言志。“一切景语皆情语”，景中含情。

《秋兴（其一）》（杜甫），作者“身在夔州，心系长安”。颈联直抒胸臆：“丛菊两开他日泪，孤舟一系故园心。”尾联写景，关合全诗：“寒衣处处催刀尺，白帝城高急暮砧。”若论艺术表达张力，尾联胜于颈联，呈现出秋寒迫近、凄凉彻骨的意境，把归心急迫的故国之思表达得更为深沉。与其说是景语，莫如说是情语。

三、借鉴传统语文教学经验

传统语文教学积累了丰富的教学经验，弥足珍贵，值得借鉴。这在本届赛课中有出色表现。下面以诵读为例。

诵读是古代最基本的阅读方式。汉代郑玄《诗谱序》云：“《虞书》曰：‘诗言志，歌永言，声依永，律和声。’然则诗之道，放于此乎？”宋代郑樵《通志·乐略·正声序论》云：“凡律其辞，则谓之诗；声其诗，则谓之歌。作诗未有不歌者也。”清代蘅塘退士（孙洙）《唐诗三百首题辞》云：“谚云：‘熟读唐诗三百首，不会吟诗也会吟。’”这里的“吟”不是“诵读”，是作诗。旧时常说“吟诗作赋”，“吟”与“作”互文对举。所谓“不会吟诗也会吟”，即不会作诗也会作，说的是熟读成诵，可以迁移到创作。

上面说的是读诗，下面再说读文。

朱熹后学总结朱熹论读书之要，谓之“朱子读书法”，共六条，第二条是“熟读精思”。朱熹强调：“凡读书……须要读得字字响亮，不可误一字，不可少一字，不可多一字，不可倒一字，不可牵强暗记，只是要多诵数遍，自然上口，久远不忘。古人曰：‘读书千遍，其义自见。’谓读得熟则不解说自晓其义也。”诵读有助于形成语感，熟读有助于理解文意。宋代张载认为，“不记则思不起，但通贯得大原后，书亦易记”。在熟读基础上精思，才能达到“心悟”的境界。

由诵读潜移默化到写作，这是古人总结的成功经验。清代王筠在其《教童子法》中记述了这样一件事：“吾乡有秀才，家贫，须躬亲田事，暇即好樗蒲；然其作文似手不释卷者。或问其故，则曰：我有二十篇熟文，每日必从心里过一两遍（不可出声，若只是从唇边过，则不济事）。”可见揣摩范文对写作的作用。叶圣陶先生指出：“从前的人学作文都注重诵读，往往说只要把几十篇文章读得烂熟，自然而然就能下笔成文了。这个话好像有点神秘性，说穿了也很平常，原来这就是锻炼语言习惯的意思。”

以上罗列表明，语文教育在漫长的历史发展中积累了丰富的经验，一些传统的教学原则和教学方法针对了古诗文特点，体现出古诗文教学的独恃规律。

本届赛课出现了传统的诗歌吟诵，这是本届赛课的亮点所在，是一个值得关注的迹象。

《短歌行》一课（执教者：天津市新华中学李勇），授课伊始，击鼓而歌，震撼全场；旋律多变，声情并茂。教师示范吟诵，学生击节而歌；观摩者主动参与，随之应和。品味文本内容，把握情感起伏；根据情感起伏，变换声调与节奏。在此过程中，理解曹操一匡天下的宏图大志，体会其深藏内心的隐忧和渴望：人生苦短，思慕贤才。最后在击鼓吟唱中结束。吟诵方式耳目一新，观摩者精神为之一振。学生兴趣高，积极参与，效果明显，获得普遍好评。

这堂课之所以引起关注并获得好评，不是因为击鼓，而是因为吟诵。《短歌行》情感基调时而深沉、时而高昂，故击鼓为宜。若吟诵《雨霖铃》“杨柳岸、晓风残月”之类，击鼓岂不大煞风景？笙箫琴瑟，较为适合。没乐器，亦可吟诵；不吟诵，亦可诵读。熟读成诵，学有所得。否则，形式翻新而无实效，虚有其表而已。

传统语文教学并不复杂，简便易行，注重实效，针对古诗文特点，体现出古诗文教学的独特规律，值得珍视。目前古诗文教学，没有厘清古诗文教学的特定内容，忽视古诗文特点及其教学规律，应该反思。

以上就本届赛课活动 “古诗文教学”主题，谈古诗文教学目标与内容，古诗文特点及其教学规律，以及对传统语文教学经验的借鉴。所引课例不乏借鉴价值。

四、赛课反映出的普遍问题

1. 形式大于内容。本届赛课教学设计多有创意，表现形式不乏新颖。形式为内容服务，内容是首位。参赛教师很重视教学设计创新，无可厚非；但不应本末倒置，忽视文本研读。

问题出在备课环节。通常情况是，文本还没深入研读，没有获得阅读体验，就看教学参考书。岂不知教师原始的阅读体验是教学设计的基本依据。就教学文本而言，教师首先是个读者，并且通常是“第一读者”，而学生是“第二读者”。同一个文本，“第一读者”与“第二读者”的阅读体验类似，不会相去甚远。教师没有独立深入地研读文本，没有动心之处，也没有阅读障碍（被教学参考书化解了），那么教学设计的针对性又在哪里呢？文本研读未深入，就急着搜集辅助材料（此指提供给学生的材料）；资料尚未严格斟酌取舍，又急着进行教学设计。简言之，功夫没有下在文本研读上，而是下在教学设计上。合理的做法是，先独立研读文本，获得阅读体验（教学参考书仅供“参考”），结合阅读体验选择辅助材料；根据文本阅读体验和辅助材料进行教学设计。正如俗语所说，“要想知道梨子的滋味，自己亲口去尝”（研读文本），“吃别人嚼过的馍没有味道”（读教学参考书），“看菜吃饭，量体裁衣”（教学设计）。

近年来，随着互联网的普及，阅读课上教学辅助材料大量出现，教学资源大为丰富，这是好现象，同时要注意一种倾向：过犹不及。辅助材料过多，或喧宾夺主，或斜逸旁出。材料本应支撑文本，文本却被材料淹没。文本就像水面上的木头，漂来浮去，不知所终。

教学设计本应把复杂的东西简单化，可实际情况是常常把简单问题复杂化，导致形式大于内容。

2. 问题指向不明。课堂上常见这样一种情况：问学生喜欢哪个词句或段落，为什么喜欢？这固然给学生提供了自由思考的空间，可随之而来的是学生的“喜欢”趋向一致。在这种情况下，再重复这种泛泛之问，学生为“配合”教师，就勉为其难了。这种提问指向不明，没有任何限制，常常偏离教学目标，打乱教学节奏，将课堂教学拖入尴尬境地。

《登高》一课（执教者：吉林长春市十一高中石柳），明显呈现出近体诗的教学要素和文本特点（见上文），但也有需要改进之处。教师诵读之后，问学生：你喜欢哪一句（联）？连续有两个学生回答喜欢第二联：“无边落木萧萧下，不尽长江滚滚来。”接下来的问题依然是：你喜欢哪一句（联）？此时，这已经不是一个“问题”了，结果所有的诗句都被学生“喜欢”了。其实，这是善解人意的学生为了“配合”教师，对教学困境进行的拯救。此时，教师应引导学生联系上下文，转移问题，明确解读指向。

教无定法。教法本身无优劣，只是要针对具体的教学内容、对象和情境，择机而用，适可而止。

3.肢解文本。一篇作品是一个有机体，不可分割，犹如常山蛇阵“击头则尾应，击尾则头应，击其中则头尾皆应”；又如中医所谓“脉络”，“标”在上而“本”在下。

《雨霖铃》一课（执教者：浙江桐乡市高级中学杨大忠），旁征博引，知人论世，文本解读连续追问，层层推进，一气呵成。教师授课气场强大，课堂气氛热烈，但过犹不及，若能有所节制，一张一弛，让学生静下心来思考，效果会更好。此外，要斟酌教学细节，如对“念去去千里烟波，暮霭沉沉楚天阔”的解读。分析“阔”字怎么理解，为什么“辽阔”？解读为：在女子的想象中楚天辽阔，担心多情才子移情别恋。这个解读忽视了句中的“念”是领起字，下文是词人自道，而非女子所思。教材中就有注释："傍晚的云雾笼罩着南天，深厚广阔，不知尽头。"意即：离愁漫无际，别绪到天涯。

《水龙吟·登建康赏心亭》一课（执教者：内蒙古呼和浩特四中顾雪洁），抓住关键词语理解作品，借助注释理解典故，文本解读具体而微。提一点商榷意见以供参考。课上解读"落日楼头，断鸿声里"，"落日"喻指南宋亡国，"断鸿"喻指江南游子。这样的解读就把意象讲得太实了。这句实际上是写词人所处环境，触景生情。又解读"把吴钩看了，栏杆拍遍，无人会，登临意"，提问：哪个词用得好？学生答：拍。又问：为什么？学生答："拍"是动词。其实凸显词人心情的不是"拍"，而是"拍遍"。为什么"拍遍"栏杆？因为"无人会，登临意"。登临何意？挥戈北上，收复中原。"拍遍"二字生动地表现出词人报国无门、壮志难酬的满腔愤懑。古典诗词或因表达需要，或受格律限制，语序灵活多变，不能理解得太死。

作者写作有一条思路，思路呈现在作品中就是脉络，脉络或隐或现，贯穿始终。解读作品要把握文本脉络，理清上下文联系。字不离句，句不离章，不可断章取义。

4. 忽视教学实效。教学设计目标在先。课堂教学理应落实教学目标，采取灵活有效的方式检验教学效果。

目前的语文教学，教学过程有诸多环节，唯缺教学效果检验环节。能力的提高非一日之功，提高多少，难以评价（当然也并非无法评价），但一堂课下来，总该落实一点确定的知识内容吧？例如古诗文教学，一首七律即使没讲好，总能让学生背诵、默写下来吧？一篇几百字的文言文，即使解读得不够深入，总能落实几个实词、虚词吧？如果删除标点，不分段落，恢复白文，学生诵读能否正确断句？如果连这些都做不到，教学目标如何达成，教学实效如何兑现？非不能也，是不为也。

综上所述，本届赛课活动给古诗文教学带来诸多启示：明确古诗文教学目标与内容；针对古诗文的特点，遵循古诗文教学规律；借鉴传统语文教学经验。同时，要注意阅读教学中普遍存在的问题：形式大于内容，问题指向不明，肢解文本，忽视教学实效。

切中肯綮　水到渠成①

——第九届“语文报杯”课堂教学大赛现场评课

第九届“语文报杯”课堂教学大赛于2013年7月26—28日在湖南长沙举行。本次竞赛，高中组参赛教师共15名，一等奖获得者6名，其余选手获二等奖。一等奖之外，竞赛设有三个单项奖——创新奖、朗读奖、板书奖。除朗读奖外，其余空缺（获得一等奖者，不再授单项奖）。

竞赛分为四个单元，每个单元均有一位评委作点评。现将本人在闭幕式上对高中竞赛组所作总评实录如下。

一、可资借鉴之处

1. 重视落实基础知识。课程标准对语文知识教学一直持审慎态度。《全日制义务教育语文课程标准（实验稿）》在“课程的基本理念”中强调，“不宜刻意追求语文知识教学的系统和完整”。《义务教育语文课程标准（2011年版）》在“实施建议”中对此进行了修订并强调，阅读教学“为了帮助理解课文，可以引导学生随文学习必要的语文知识，但不能脱离语文运用的实际去进行‘系统’的讲授和操练，更不应要求学生死记硬背概念、定义”，语法修辞知识教学“要避免脱离实际运用，围绕相关知识的概念、定义进行‘系统、完整’的讲授与操练”。新课程实施以来（义务教育始于2001年，高中始于2004年），在公开的观摩教学中，语文知识教学畏缩不前，教师对此心存疑虑，与课程标准的约束不无关系。毫无疑问，脱离实际运用的语文知识教

① 原载：中华语文网，王鹏伟的博客，2013-7-28.

学是应该否定的。“系统、完整”与“散在、残缺”是相对而言的，在没有脱离实际运用的前提下，是追求“系统、完整”，还是追求“散在、残缺”？应该是后者。

本次教学竞赛在落实基础知识方面，有明显改观。

《归去来兮辞》（吉林省实验中学李金红执教）一课，重点落实古今异义词，避免望文生义，以今释古，很有针对性。仅举两例：

由“悟以往之不谏，知来者之可追（补救）”，迁移到成语“追悔莫及”。

由“乃瞻衡宇，载（且）欣载奔”迁移到“载歌载舞”。

这是本次竞赛的第一节课，接下来的课，在落实基础知识方面多有良好表现。

2. 教学设问切中肯綮，呈现方式有创意。

（1）教学设问切中肯綮。设问于关键处，可以起到提纲挈领的作用，诸多问题会迎刃而解。例如下面几篇课文的教学。

《陈情表》一课（安徽马鞍山市第二中学周文福执教），设问：作者抓住什么打动朝廷？答案是“圣朝以孝治天下”。这是本文在“忠”与“孝”的二难选择中，申述辞官以尽孝的关键。

《人是能思想的苇草》（苏教版）一课（新疆生产建设兵团第二中学冯瑄执教），设问：作者说人是能思想的苇草，为什么不说人是能思想的白杨、松树？学生回答：苇草是脆弱的，以脆弱的生命，反衬思想的强大。细究起来，笔者也有一点疑惑，设问为“树”就可以了，为什么要分别设为“白杨树”“松树”？有什么深意吗？不得其解。

《说“木叶”》（广西柳州市铁二中学黄明杰执教），抓住“木叶”与“树叶”的区别，以表格形式进行详细区分，凸显了“木叶”所体现的凄清萧索氛围。

（2）呈现方式有创意。前面已经谈到单项奖之一的创新奖空缺，这反映了竞赛的整体情况，但不乏个例。

《装在套子里的人》一课（浙江宁波市鄞州高级中学张全民执教），利用“别里科夫纪念网页”进行整体设计，可谓别出心裁。内容包括：人生经历、精神面貌、最大爱好、人生格言、最看不惯的事、最意想不到的事……对此评委们是有争议的。我个人认为，这个设计值得肯定，至少值得关注，因为它拉近了语文与生活的距离，直面网络，拓展了“语文生活”视野，突破了语文教学的常规模式。

《咬文嚼字》一课（青海湟川中学第一分校訾赟执教），在疏通课文大意之后，重点讨论《清明》（杜牧）一诗的几种缩写样式。对此评委们也有争议，认为没有把功夫下在解读文本本身。我个人认为这种做法是可取的。理由是，这篇课文有其特别之处，即讨论语言文字的运用，因此教学应该与其他课文的教学区别开来。教学设计从文本阅读迁移到实际运用，把重点放在语言文字练习上，恰恰体现了学以致用。

3. 课程生成水到渠成。课程生成是随机的，却是以预设为起点的。问题在于课程预设是否从教学实际出发，“教”要立足于“学”。

作文课《让你的认识更加深刻》一课（河北石家庄市第二中学杨继先执教），先给出钱锺书的一段话引发讨论，大意是：有两种吃葡萄的方式，一种是先吃好葡萄，一种是先吃坏葡萄。表面看来后者是悲观的，但事实恰恰相反，因为它还有希望在。于是以“吃葡萄·悟人生”为题展开讨论，要求写一篇140字的作文片段，然后回到“如何让你的认识更深刻”。这节课课程生成自然顺畅，水到渠成。先讨论作文材料，中间插入对教材文本的理解，最后进入写作。呈现过程为：感性认识—理性认识—写作实践。这一过程符合认知客观规律，否则先认定教科书的理性认识，再按图索骥，就会先入为主，束缚手脚，缺乏针对性。先带着问题思考，后归纳方法，这是一个归纳过程，而非演绎过程。在一般情况下，语文教学采取演绎方式是不可取的。

这节课也有值得商榷处。一方面，教师的选择误解了题旨。学生的意见不是都倾向于钱锺书先生的选择，他们发生了争论。有的学生说，先吃坏葡萄，好葡萄不也会烂掉吗？先吃好葡萄，毕竟曾经拥有过。这是个两难选择，是排他的。教师却给出了第三种选择：把葡萄献给最爱的人吃。这等于说：我不吃葡萄，让别人吃去吧！这个选择超出了两难选择的范围，已经与题旨无关了。另一方面，教师的表态禁锢了学生的多元思考。教师指出，先吃好葡萄是现实社会的一种浮躁通病。其实，先吃好葡萄，还是先吃坏葡萄，是处世方式的自由选择，而不是人生价值观的是非选择。这是个论辩题目，能自圆其说即可，按主流意识进行说教，有违引导学生多元思考的课程理念，也有违人格教育宗旨，学生是不会心悦诚服的。

4. 扎实的语文功底胜于技巧。如果说语文教学是一门艺术的话，可以套用演艺界的俗语：台上一堂课，台下十年功。有人说，一位有学养的教师，讲课再差也差不到哪里去；一位没有学养的教师，讲课再好也好不到哪里去。这话说得虽然尖刻，但不无道理。如何提高学养？很简单，读书呗！不要以为听了几节好课，或几场好报告，就真的“胜读十年书”了。借鉴他人固然必要，功底的积累还要靠自己。说个故事：有个年轻人遇到了困难，到庙里跪拜菩萨，抬头一看，菩萨正在跪拜他自己。年轻人问，您怎么拜自己呢？菩萨说，求人不如求己啊！

回到上面的话题，我想说的是扎实的语文功底胜于技巧。

《陈情表》一课，以“除”“陈”两个金文象形字凸显仕途晋升与身份卑微之意。声情并茂地朗读，有催人泪下的效果；朗读效果不仅取决于朗读技巧，而且取决于对文本情感的准确把握；此外朗诵课文配了哀婉的音乐。我认为，还是不配为好。如果不配音乐，就足以证明那“催人泪下”的不是哀婉的音乐，而是声情并茂地朗读。

《归去来兮辞》一课的朗读也是声情并茂，只是表达归隐之心怎能用高亢的语调呢？陶渊明开田园诗之先河，诗风平淡自然，辞赋洗尽铅华。其归隐之心与魏晋清谈玄学、道家思想不无关系。陶渊明也偶有怒目金刚式的诗歌，如“刑天舞干戚，猛志固常在”（《咏荆轲》），朗读这样的诗，定基调为“高歌言志”（教师板书）才对，而《归去来兮辞》不能“高歌”。

就朗读技巧看，《陈情表》与《归去来兮辞》不相上下，但对文本基调的把握却有高下之分。

关于《装在套子里的人》一课。上文已经提到评委对《装在套子里的人》一课有争议，认为利用“纪念别里科夫网页”呈现教学内容以及引入相关文献，影响了对文本的深入解读。我个人认为，这些做法值得借鉴。引入与契诃夫同时代作家高尔基等的评述及卡夫卡《变形记》等作品，得益于此教师从事文学创作与研究，其视角与视野不同于一般语文教师，可以引发其他教师对教师专业发展的思考。

二、几点商榷意见

1. 语文因素与人文内容——教学取向的失衡。语文教学基本的价值取向在于语言运用，而不在于人文内容本身，即披文入情，析文入理。有些课的教学取向失衡。

《中国建筑特征》一课，教学设计有创意，搜集了大量图片资料，将古代经典建筑与“2013 年最丑建筑”（一个为金元宝状，一个为外圆中方铜钱状，拜金心理暴露无遗）比较。应该注意的是，语文教学的任务是解读《中国建筑特征》这篇文章，而不是学习“中国建筑特征”。课上讨论城市发展与建筑保护，失之毫厘，谬以千里。

《人是能思想的苇草》（苏教版）一课，突出了解读难点：“不幸就在于想表现为天使的人却表现为禽兽。”（这句话表达的是哲理而非“思想”）接下来的讨论却与“语文”不相干了。讨论安史之乱，守城将士身陷绝境而拒降，食妇婴以果腹；关于大学生价值观的调查，讨论路人对车祸幼儿的冷漠等。这些讨论不但脱离文本，而且已经脱离了“语文”，偏离到伦理道德范畴了。

其实，要索解帕斯卡尔《思想录》，可以读一读以马内利修女的《活着，为了什么？》。一个15岁的小女孩，在阅读作业中读到了一页文学作品，被开篇的一句话吸引了，“人不过是一根芦苇，是自然界最脆弱的东西。但他是一根能思维的芦苇”。心头为之一振，“嘿，总算有个人讲些还算有意思的话”。这时她看到了对面屋顶上那只伸懒腰的猫，她想，我和那只猫有什么区别呢？对了，我能思维，而那猫却不能。由此开始了对帕斯卡尔《思想录》长达几十年的索解，最后形成一本书——《活着，为了什么？》。她就是后来的以马内利（意为“神与我们同在”）修女。她几乎将毕生精力都献给了拯救穷人的慈善事业。在即将退休之际，她目睹开罗拾垃圾者的艰苦生活，为之震动，决定从此生活在他们中间，开始与他们同吃同住。直到1993年，85岁高龄的以马内利修女才被迫“退休”，回到巴黎，但仍然为拯救穷人奔走。从某种意义上说，她既是帕斯卡尔《思想录》的解读者，又是践行者。她是继特雷莎修女之后，又一位具有世界影响的伟大女性。

2. 文本构思与语言肢解。多年来，文本解读普遍存在寻章摘句的现象。讨论一个词用得如何贴切，一句话如何富有深意，这些固然必要，但文章的脉络，作者的思路，无人问津。套用两句古诗：无边“木叶”萧萧下，不见树木亦可悲！

读文章应该读出为文之道，以为写作借鉴。说到底，阅读的功效在于使学生领悟“文章应该怎样写”。鲁迅主张：不要看所谓作文教程之类的书，一切好的文章都在证明着文章应该怎样写。（大意如此）

在解读文章构思方面下面一课可资借鉴。

《项脊轩志》一课（湖南长沙市明德中学杨敏执教），引导学生理解文章写法：由轩记事，睹物怀人。取材日常生活片段，以项脊轩的变迁为线索贯穿全文，平淡之中见真情。此课教学呈现出文章的整体感，朴实无华。

顺便提及板书设计。板书有两个功能：一是呈现文本思路，二是呈现教学思路。二者高度浓缩，浑然一体。板书文字应该尽量用原文词语。在平日教学中，板书大多率性而为，杂乱无章；教学竞赛中的板书设计也很少出现呈现文章思路和教学思路的样本。

3. 古典诗歌教学：特点和要素的缺失。中国古典诗歌有别于外国诗歌和现代诗歌，其基本特点是情景交融，托物言志，“一切景语皆情语”。古典诗歌有两个要素：意象和意境。长期以来，语文教学对古诗特点和构成要素少有关注，本届竞赛也是如此。在教学内容方面，古典诗歌与一般文体教学并无二致，没有凸显情景交融的特点，没有从意象和意境的角度解读作品，依然是只言片语的零打碎敲。不妨设想一下，如果是一篇散文的话，不也是这么讲吗？那么古诗的韵味与旨趣哪里去了？

另外，古诗教学中诗词格律等一些基本常识很少提及，几近空白，这是不正常的。这或许与“淡化语文知识教学”的倾向有关。课程标准没有提及这些常识，但讲了未必“超标”。

4. 教学节奏失控，教学内容取舍失当。

（1）节奏失控。教学节奏的掌控是教学基本功之一。一篇长文有几千字，一篇文言文若是算上注释有上万字，教学环节多。课堂教学讲究节奏，每个环节应该分配多少时间，事关教学任务能否如期完成，应该严格控制。这是有效教学的必要措施。多年来，准备教学竞赛的功夫大多下在制作课件和朗读课文上，看重装饰效果，但教学节奏掌控意识淡漠。课件制作花样翻新，但板书设计水平低下；配乐朗读声情并茂，几近表演水准，但事关教学实效的课堂节奏屡屡失控。很多课前紧后松，草草收场。

（2）内容取舍失当。语文（阅读）不像其他学科那样，有严谨、系统的学科体系。一篇课文，麻雀虽小五脏俱全，教学内容的取舍要仔细斟酌。教师在这方面应该引起注意。

《长亭送别》一课，教学要点之一是彰显戏剧结构（据当场散发给听课教师的教案），在整体感知文本方面是可取的；入手处也准确：“晓来谁染霜林醉，总是离人泪。”这也是经典名句。可是总讲“离人泪”是不行的，这只是开篇，岂不见下文“听得道一声‘去也’，松了金钏；遥望见十里长亭，减了玉肌：此恨谁知”。又道是“意似痴，心如醉，昨宵今日，清减了小腰围”，何逊于“衣带渐宽终不悔，为伊消得人憔悴”（柳永《凤栖梧》）？二者有异曲同工之妙。课上引词句“剪不断，理还乱，是离愁，别有一番滋味在心头”，与《长亭送别》曲辞相比，前者写离愁，后者写别恨，细细品来，二者的旨趣是不同的。课文尚未卒读，又问古代爱情故事，涉及《梁祝》，何必节外生枝？

最后提一点建议：能不能让学生静下心来读书？《说“木叶”》一课让学生在没有教师干扰的情况下默读课文 5 分钟，已属罕见。许多课让学生读课文，教师却不停地说啊，说啊，就怕“冷场”（这已经成为一些教师的习惯），既不是提示，又不是交流，学生烦不烦啊？咋办？很简单——不说了！

同课异构：曾皙鼓瑟　风乎舞雩[①]

——第十八届东北三省四校观摩课现场评课

2010 年 5 月 16 日，东北三省四校第十八届青年教师观摩课活动在东北师范大学附属中学（以下简称“东北师大附中”）举行，这四所学校是东北师大附中、哈尔滨师范大学附属小学（以下简称“哈尔滨师大附中”）、辽宁省实验中学、鞍山市第一中学。四位青年教师讲的都是《侍坐》（《论语》），所谓“同课异构”。

能登上观摩课讲台，这本身就证明了授课教师的实力，但评课意在促其改进，因此我历来评课多指出其不足，初衷是引发思考。我虽多年评课，但公开发表听课意见还是第一次，担心给授课教师带来负面影响。既然意在讨论问题，而不是评价教师水平，还是把教师的姓名隐去为好。

本人评课实录如下。

一、辽宁省实验中学老师的课

抓住细节解读得法，现场板书设计精当——这在多年的公开课中罕见。

商榷：

1. 曾皙鼓瑟解读为“背景音乐”似乎不妥。孔子“六艺”——礼、乐、书、数、射、御是教学内容，用现代话来说就是“全面发展”。孔子时代“礼崩乐坏”，“乐”有其教化作用。

2. 诵读未受到重视，古汉语知识几乎未被提及（据课后了解，原因是课前学生已经预习了，课堂可曾有检测环节吗），例如，“鼓瑟”

① 原载：中华语文网，王鹏伟的博客，2010-6-1.

之“鼓”，为什么解为“弹奏”？是不是名词动用（鼓，本意敲击，据字形而推知）？“莫”为什么通“暮”（据字形，“莫”是“暮”的本字）？在学习古今异义词方面，以今释古屡见不鲜，有必要深究。

3. 在尚未熟读文本的情况下，引入大量相关文献资料，舍本求末，难收实效。

二、哈尔滨师大附中老师的课

教学设计切中肯綮，围绕“哂由”与“与点”展开讨论，牵一发而动全身。

商榷：

1. 教师用文字描绘“浴乎沂，风乎舞雩”的情景（用“PPT”展示），文情并茂，堪称范文。可是就这节课而言，其教学价值何在？在课文语境中，学生不能披文入情吗？可谓蛇足。

2. 课上引入东汉王充《论衡·明雩篇》，以证作为祭祀活动的“雩”，并就此讨论。在极其有限的时间里，讨论旁证资料而不是课文本身，横生枝节。

三、东北师大附中老师的课

从课中可以看出东北师大附中语文教研组提倡的“非教学性备课”效果（据教师本人“说课”）。教师在广泛研读的基础上备课，学生提出的问题具有开放性；扣住“哂”“叹”二字归结问题，恰当。

商榷：学生提出：孔子“喟然而叹”，意为“知我者谓我心忧，不知我者谓我何求”，这是说知己难觅。教师应就此深究：孔子何以“喟然”？因为“与我心有戚戚焉”。如此，则孔子之心何如，曾皙之志何在？这是要害处。

四、鞍山市第一中学老师的课

这节课比较“传统”，边读，边译，串讲。这样的课，用时下的眼光看，缺乏新意。但事实表明，这样朴素的课却能收到实效。

商榷：逐段翻译，未能突出重点词句，指向不明。

五、对观摩课整体看法

优点：

1. 授课切入点不同，教学设计各异。

2. 旁征博引，体现出较强的学术意识。

3. 问题探讨比较深入，表现出较强的课堂驾驭能力。

商榷：

1. 诵读与积累未受到重视。《侍坐》不足400字，一节课下来，学生记得什么？讲述与讨论比文本本身还重要吗？

2. 关于“文”与“道”的关系。“文以载道”，但在语文学科，“文”是前提，文之不解，何以明道？

3. 教师应该看到学生看不到的东西。例如，作为语录体的《论语》，惜墨如金，为什么要写“鼓瑟希，舍瑟而作”，是闲来之笔吗？于细微处见精神。孔子何以喟然？三子者出，而曾皙后，用心何在？等等。

4. 学生对文本的讨论大多是“揣摩”，可有原文语境为依据吗？学生屡屡游离文本，教师却听之任之。

5. 讨论几个问题为宜？可有效率意识？授课鲜有不超时者，教学节奏的把握取决于教学基本功。

重构教学文本，拓展阅读空间[①]

——第五届东北三省语文教学研讨会现场评课

第五届东北三省语文教学研讨会于2011年11月21—22日在长春市举行。东北三省语文教学研讨会由中国教育学会中学语文教学专业委员会原副理事长张翼健先生首倡（2008年逝世）。首届1996年（吉林省延吉市）、第二届1997年（辽宁省营口市）、第三届1998年（黑龙江省哈尔滨市）、第四届2000年（吉林省吉林市），第四届至本届间隔11年。本人作大会总结时表示：本届大会是一次继往开来的大会，大会盛况空前，与会者约700人。活动包括观摩课、论坛、教学设计、论文四项内容。按照惯例，由各省中学语文教学专业委员会联合推选出的“东北三省十佳中学语文教师”在大会上讲授教学观摩课。这十位教师分别是：东北师范大学附属中学闫佳伟、吉林省实验中学李金红、吉林大学附属中学王春、吉林毓文中学赵兴雅，哈尔滨师范大学附属中学张萌、牡丹江市第二高级中学史世峰、佳木斯市第一中学孙秀萍，东北育才双语学校杨晓明、鞍山市第一中学李战良、营口市实验高中李雅楠。

下面是本人在大会闭幕式上对“东北三省十佳中学语文教师”教学观摩课现场评课总评实录。

一、成绩

1.作文教学授之以渔，讲求实效，示范“下水文”。本届观摩课的一个引人瞩目之处是：三位讲授作文课的教师均以“下水文”示范，他们分别是闫佳伟、张萌、杨晓明。杨晓明老师以“下水文”贯穿整堂课，

① 原载：中华语文网，王鹏伟的博客，2011-11-28.

难能可贵。“下水文”意谓教师犹如教练，不能站在岸上指导游泳；对作文教学而言，“下水文”乃“以身作则”，不是言传，而是身教，其教学价值不言而喻。

张萌老师在学生原作基础上，重点指导改写，效果明显。改写是传统语文教学的成功经验，其目的在于揣摩语言文字的运用，应该引起关注。目前的语文教学，每次作文只是换个题目，质而言之，写作内容变了，写作层级并无提升。改写方式可以使学生切身体会到“文章应该怎样写”——这才是作文教学必须回答的问题。顺便提及，传统语文教学也有仿写方式。曾编写过蒙学读本《千家诗》的宋代学者谢枋得，还编过一本《文章轨范》，作为科举考试模仿范本，其评点侧重文章作法，以帮助初学者理解文意，掌握作文技巧。美国有段落训练体系，专门训练结构段落，并由段落扩展成文章，此种方式值得借鉴。

有了教师的亲身示范，有了学生的切身体验，作文实效才能从根本上得以解决。

这 3 节课，都当堂完成短文（或片段）训练，收到了实效，由段落（片段）练习到篇章练习符合作文学习规律。先学局部，后学整体；先学写轮廓，后学发挥充实。这也是传统语文教学的成功经验。每次作文都要求写 600 ~ 800 字左右的整篇文章，从教学内容角度看，这是不是一种重复呢？值得考量。

2. 重构教学文本，拓展阅读空间。课文是教学文本，文本内容不等于教学内容，讲什么是由教学目标决定的。从一定的教学目标出发，文本内容必须取舍，有舍才有得。麻雀虽小五脏俱全，文本阐释不能面面俱到，这是语文区别于其他学科的重要特点。表面看“舍”缩小了文本教学含量，本质上看却可以拓展阅读空间，二者辩证统一。

例如：李战良老师以小说的结构为目标，讲授《半张纸》，附加了一张“账单”（课堂练习《丈夫支出账单中的一页》），留了一个“招牌”（课后阅读《招牌》）。史世峰老师讲授“现代诗歌的结构美”，以痖弦的《秋歌》为研读范本，拓展至戴望舒的《烦忧》、余光中的《乡愁四韵》等七首诗歌。

3. 遵循语言习得规律，强化诵读。朱熹“读书六法”中有“熟读”“精思”。诵读符合语言习得规律，这在本届观摩课中有充分体现。“背”不等于“诵”，熟读成诵是一个基于理解的记忆过程。李金红、赵兴雅老师讲授诗歌都要求学生反复诵读。只是赵兴雅老师以评价替代示范，这是不妥的。指导朗读是以文本解读为基础的，要讲清楚应该怎样停顿，为什么要这样停顿；逻辑重音应该放在哪里，为什么要放在那里……同时教学示范（可以是教师，也可以是同学）是至关紧要的。

4. 扎实的教学基本功体现出教学美感，成为亮点。如前所述，身教胜于言教，教师的教学行为具有示范作用。教师的教学基本功对学生有潜移默化的影响，理应受到高度重视。

李金红老师讲授《抒情诗三首》，声情并茂地朗读和扎实的书法功底得到了与会教师的赞叹，其板书字体包括草书、行书、楷书。据李金红老师课后交流介绍，她曾专门到广播电台学习朗诵，研习书法多年，可见教学基本功的形成乃“冰冻三尺非一日之寒”。

李金红老师原来准备配乐朗读，听从张玉新老师的建议后，放弃了配乐，我赞同。战国时秦青“扶节悲歌，声振林木，响遏行云”，天籁之音，何须配乐？况且，配乐的教学价值又在哪里呢？

二、问题

本届教学研讨会的主题是“语文教学效率与美感”，下面仅从这个角度谈这次教研活动存在的问题。

1. 教学内容取舍不精，课堂结构比例失调。何谓教学效率？单位时间内完成的教学任务总量。这里包括时间和质量两个因素：一是教学质量因素，即教学行为在多大程度上转化为学生的学习成果；二是教学数量因素，即单位时间内完成了多少教学任务。这两个因素的顺序是不能倒置的，质量因素是数量因素的前提，并且这两个因素不可或缺。

闫佳伟老师讲授“心音共鸣——写触动心灵的人和事”，教学整体设计层次清晰，素材新颖，富有创意。只是从教学效率角度来看，有值得商榷之处。

（1）教学内容取舍不精。先后用了汶川地震的两幅照片（看图片，讨论）。前一幅是诗歌《拉住妈妈的手》的配图，教学中先出示图片，后给出诗歌，用于阐释“触动心灵”；后一幅显示的是一位军人，站在地震中死去的妻子和孩子墓前，用于阐释“独特的观察视角”。其实前者（包括图和诗）既可以达到“触动心灵”的效果，同时也可用以阐释“独特的视角”，一举两得；后者就多余了。

（2）课堂结构比例失调。由于教学内容取舍不精，导致这堂课教学结构失调。讨论时间过长，当堂作文时间仅有 5 分钟。应该注意的是，语文教学中，写什么不是重要的，重要的是怎么写，而怎么写是通过写作实践本身来实现的。这节课让学生当堂写作，值得肯定；遗憾的是由于教学结构失调，没有足够时间当堂作文，更没有时间当堂进行作文交流与指导。

2. 教学指向不明。李战良老师讲授的《半张纸》是值得借鉴的课例之一，前面已有肯定意见。这里谈一点商榷意见。

海明威说：“冰山运动之雄伟壮观，是因为他只有八分之一在水面上。”他认为在文学作品中，文字和形象是所谓的“八分之一”，而情感和思想是所谓的“八分之七”。前两者是具体可见的，后两者是寓于前两者之中的。作者只应描写“冰山”露出水面的部分，水下的部分应该通过文本的提示，让读者去想象补充。

李战良老师讲授《半张纸》（另有作为当堂拓展阅读的马克·吐温《丈夫支出账单中的一页》），将教学目标确定为探索小说的结构，因此，两次引入海明威的“冰山理论”是恰当的。但从教学过程看，指向不明，是以“冰山理论”来阐释小说结构，还是以这篇小说的结构来印证“冰山理论”？

再者，既然提到了海明威的“冰山理论”，就应该提及海明威“自鸣得意”的“电报式”语言风格，后者是前者的创作体现。课上讲授的两篇小说，尤其是后一篇马克·吐温的小说，都可以借海明威“电报式”语言风格加以阐释。

3. 文本阐发：内容大于语言。毫无疑问，文本语言是文本内容的载体。应该指出的是，语文学科是形式学科而不是内容学科，在语文课程中，语言习得是目标。刘勰在《文心雕龙》中说“披文入情”，即体现为语文教学过程。

王春老师讲授《子路、曾皙、冉有、公西华侍坐》，抓住“礼”阐释文本内容，很得要领，并补充了必要的参考资料。王春热心于《楚辞》的研究，有扎实的治学功底，这在讲课过程中有明显表现。治学是教学的根基，但又不是一回事，教学要从课程目标和学生实际出发。

王春老师的课需要商榷之处是：文化内容阐释有余，而语言文字解读不足。应该从语言文字层面深入解读，例如，曾皙“鼓瑟希，铿尔，舍瑟而作”，神形毕现，与其异乎三子的“风乎舞雩”之志交相辉映。《论语》是语录体，惜墨如金，微言大义，此处竟然出现白描，值得深究。

4. 课件制作：形式大于内容。本届教研活动中有众多教师参与说课项目。说课项目中，课件制作形式多样，不乏创意者。但整体而言，形式大于内容，内容含量低，手段成了目的。课件制作未能从教学实效出发，模板花哨，转移了注意力；色彩斑斓，字迹过小，影响视觉效果。许多直接取材于媒体库，多有雷同。这种现象在教学观摩课中较为普遍，应该引起注意。

三、方向

作为地域范围的东北三省中学语文教学研究平台，东北三省中学语文教学学术团体应该有具体而明确的教学方向。我提两点建议：

1. 针对汉语文的特点，循汉语文的教学规律。应该关注汉语文传统的一些基本范畴，例如，文气、文脉，意象、意境，字词的推敲、句子的整散、段落的展开、篇章的纵横，语言的节奏，语意的直婉，等等。简言之，看出读、写文章的门道。

2. 形成简约而厚重的教学风格。先说简约。简约不等于简单，去其烦琐修饰，体现实用价值，“素面朝天”。简约主义兴起于20世纪初期的瑞典，由一种建筑时尚潮流，逐渐形成一场理想主义运动，成为一种艺术境界、哲学理念和思想方法。其核心思想是“少就是多”，主张按照“减少、减少、再减少”的原则进行创作，以少胜多，以简驭繁。针对目前语文教学的烦琐现状，简约主义应该是一种方向选择。

再说厚重。厚重基于学养，丰厚的学养功底，加上批判意识，以此为基础讲课才有深度。追求厚重简单又不简单：写一笔好字——书法是最能体现民族文化精神品格和文人气质的艺术形式，即使写好“一笔”也需要些时日；读一本好书——能够影响一生的那“一本”，如果还没找到，那就一直读下去，腹有诗书气自华；写一篇好文章——自己感觉最好的那“一篇”，如果还没写出来，那就一直写下去，教师作文犹如“下水”，冷暖自知。教师类似教练，写字、读书、作文体现为教学示范行为，身教胜于言教。这是教师专业发展的根本，教学方法次之。

四、希望

本届教学活动产生了“东北三省十佳中学语文教师”，“十佳”有其样板价值，应该发挥其作用。作为样板，这次荣誉的获得只是个起点，成长之路还很漫长。本届东北三省语文教学研讨会与首届间隔十几年，往届东北三省十佳中学语文教师后来多有成就。近在眼前的有坐在主席台上的本届大会组委会主任张玉新老师，他是首届东北三省十佳中学语文教师之一，时任东北师范大学附属中学初中语文教师。大家今后怎么做，具体的我就不必说了，只说一点——见贤思齐。史世峰老师这次讲课时选了一首《见与不见》，我套用一下，以张玉新老师为例：

你见与不见，他人就在这里；你看与不看，他有著述在那里；你跟与不跟，“十佳”称号已经属于你。

成长寄语

每天都能看到自己的成长[①]

如今的高中教育唯高考马首是瞻，把学校办成高考工场。考前有誓师大会，奔赴考场之际鞭炮轰鸣，乌烟瘴气。名校以炫耀高考状元为荣，媒体连篇累牍；更有创造“奇迹”的县城中学一举成名，各地学校前往“取经”，更有名校与之结为“战略合作伙伴”，名曰探讨高中教育改革，实为讨教“高考秘籍”。在如此喧嚣的场景中，我们还有幸能听到些许高中教育改革进步的足音。

下面便是一例：

北京师范大学第二附属中学 2015 届 10 班毕业生共 29 人，在《光明日报》《北京青年》《中国教育报》《中国教师》《基础教育研究》《萌芽》等刊物发表作品 37 篇；出版作文集、论文集和小说集计 110 万字，待出版作品 140 万字；人均写作量超过十万字。有十多位同学在自主招生中凭借专题学习成果获得大学肯定。

这个班的语文教师李煜晖用自己成长的足迹昭示了教育改革的方向——为学生的未来发展奠定科学和人文素养基础；也昭示了青年教师的专业发展之路——“每天都能看到自己的成长”。

在当今的教育环境下，能带领学生取得如此“另类”的成绩，在别人看来，那要承担多大风险，付出多少心血，做出多大牺牲！可是李煜晖并不这么看：

我不同意将教师比喻成春蚕、蜡烛这些只讲奉献而不断损耗的事

① 原载：中学语文教学，2016，（11）.

物。优秀的教师，应该每天都能看到自身的成长，每个阶段都有研究的主题，每个研究都有行之有效的成果，每个成果都能发挥示范作用。所谓“踏石留印，抓铁有痕”。

李煜晖的这段话这并不否定在艰苦环境中坚守职责的教师为教育事业做出的贡献，以及所体现的无私奉献精神，而是意在表明在常态环境中教师自身发展的合理诉求。

夸美纽斯曾说“教师是太阳底下最光辉的职业”。教师应该是燃烧自己照亮别人的职业，但不应该是毁灭自己成就别人的职业。教师自身的专业发展是教育事业持续发展的希望所在。也正因此，教育是美好的事业，而不是悲壮的事业。

李煜晖的专业发展轨迹大体反映出青年教师专业发展的三个阶段：练好教学基本功，备好课，讲好课，这是一个合格的教师；反思教学行为，形成教育科研意识，改进教学方式方法，这是一个优秀的教师；突破常规，独辟蹊径，探索教育改革方向，这是一个具有发展潜力的杰出教师。

有些青年语文教师刚刚步出大学校门，面对尚在遥望大学校门的中学生，大有学富五车的感觉，旁征博引，口若悬河，讲得天花乱坠，学生赞许有加，如此满足了自我实现的存在感。那些犹如醍醐灌顶的学生，其实尚在五里雾中。这不足为怪，这些青年教师迟早会意识到这是在“讲”语文，而不是在“教”语文。

李煜晖终于从毕业生的反馈中猛醒过来，当然这已经是执教三年之后的事情了。于是他研读课程标准，思考为什么而教，教什么，怎么教；借鉴多元智能学说，进行教学设计课题研究；把学科研修与教学实际结合起来，实现与学生的同步发展。

他进行的“多元智能理论指导下的高中语文教学设计”课题研究，使课程面貌大为改观：“以诗解诗”“唱词悟词”“看戏演戏”“《登高》的样本研究”等教学设计为学生提供了共同参与的平台。在课题研究的引领下，三年的教学改革取得了实效。

令人瞩目的是，李煜晖没有止步于此，进而思考教学设计背后的“大问题”，追求他“心目中理想的语文课”。从 2009 年至 2011 年，开设了专题选修课：“四大名著专题研究”“鲁迅小说中的爱恨情仇”“史传文学与史论写作”“杜诗欣赏”“文言文精彩语段品读”“《论语》讲读”等。2012 年开始尝试将专题选修课推向“正课”，先后开设了专题课：“从《祝福》到《彷徨》中的女性诉求”“鲁迅作品专题研读”。2013 年至 2015 年大幅度压缩必修课，将专题教学正式推向“正课”，开设了“余华小说鉴赏与创作实践”“《史记》：整本书的阅读”“思情思美：高中百篇必背古诗词鉴赏”“《论语》的当代伦理价值”“《红楼梦》中的女性形象”等专题课，从而“发现”了一条语文课程改革的新路径——专题教学：整合必修和选修，链接课内与课外，打通阅读与写作，兼顾成绩与素养。

目前语文教学界旗号林立，“流派”纷呈，而实际情况是，教学改革仍处在教学方式方法层面，语文课程整体架构层面的改革少见。语文课程整体架构的改革是语文课程改革的方向，李煜晖“专题教学”的价值正在于此。从这个意义上说，李煜晖即使不是一个拓荒者，至少是一个卓有成效的探索者。

应《中学语文教学》杂志约稿，写教师“成长之路”专栏的评述文章，还是要回到青年教师成长的话题上：以课题研究带动教学改革，是教师发展的有效途径。教学方式方法的改革，可以使你“优秀”；探索课程改革的大方向，走一条目前少有人走或尚未有人走的路，可以使你“杰出”。楼房不能从第二层盖起，路也是有起点的，要静下心来走路，这条路很长，要有耐心。这也是李煜晖成长之路给我们的启示。

☆成长案例☆

我的语文教育进阶之路[①]

北京师范大学第二附属中学　李煜晖

李煜晖，北京师范大学第二附属中学语文高级教师。北京市西城区语文学科带头人。荣获 2011 年北京市基础教育成果奖。参与中国教育学会“十二五”重点课题“普通高中文科实验班课程改革实践研究”，担任执行组长。在《光明日报》《中国教育报》等报发表教育教学论文 60 余篇，主编教材、读本多部。

“我只觉得自己好像是一个在海边玩耍的孩子，有幸拾到光滑美丽的石子，但真理的大海，我还没有发现。”如果牛顿这样说，体现出一个科学家的谦逊，那我引用这句话，则是作为语文老师的实事求是。从教十三年，面对语文教育的大海，或许我连一块“光滑美丽的石子”也未拾得，但又有什么关系呢？我看见了自己的成长，并将长久伫立在海边，和我的学生，我的伙伴，愉快地玩耍。

“你讲得真好，但我没多少收获”

对课文有精深通透的理解，能站在讲台上，坦然自信地面对学生，深入浅出地讲，条分缕析地讲，旁征博引地讲，声情并茂地讲，使学生听来如痴如醉，醍醐灌顶，欣喜感叹，赞不绝口。

① 原载：中学语文教学，2016，（11）.

这就是我教书前三年追求的目标。据我当时的认识，这样的老师是好老师，这样的语文课是好课，这种教法最有效。

当时流行一句话：学生有三怕，一怕文言文，二怕周树人，三怕写作文。这“三怕”恰好是我的“三爱”。于是，我要求自己：古诗文须背诵如流，不可依赖教科书和幻灯片上课；熟读《鲁迅全集》，做好批注，整理与高中课文有关的内容，随时取用；讲作文，必须在10分钟之内构思甚至口述出一篇一类卷。

“达标”的过程充满辛苦，也充满快乐。

说到辛苦，我不知道现在刚入职的老师要花多长时间备一节课，查多少文献材料，反正我当时日以继夜地看书、思考。有时讲一篇课文要读几十篇学术论文，讲一篇作文要从十几个角度设计构思。每有懈怠之心，我就会想起学生求知若渴的眼神，好像鲁迅偷懒时想到藤野先生似的，然后继续挑灯夜战。

说到快乐，探索钻研，对经典课文常读常新，一乐也；侃侃而谈，收获众多粉丝，二乐也；屡“遭”表彰，所有教学比赛都得一等奖，虚荣心极大满足，三乐也。

快乐之后，就有些“飘飘然”，年轻人很容易飘飘然。直到一天，和第一届毕业生小聚，一位“得意门生”前来敬酒，说：“李老师，您的课讲得真好！”对这种没有创意的表扬，我一向不置可否。哪知他接着说：“但我没多少收获。”我问其故。答曰：“就是因为您讲得太好！我觉得我们不是学生，好像是您的听众，只要牢牢记住您的结论就行。有时候有问题，有时候想说几句，有时候想跟您辩论辩论，都没机会，有也说不过你，所以收获不大。”

这就有些“尴尬”了。看着学生的眼睛，我突然意识到，过去三年，我是不是太“目中无人”了？当我站在讲台上自我陶醉时，有多少学生的思考被替代了？有多少学生的表达被压抑了？有多少人感觉不好却又不好意思说起？带着这样的疑问，我陆续询问了十几名不同班级、不同类型的学生，收到的反馈颇相似。

惊出一身冷汗！幸好发现得早，不然我得陶醉到什么时候！

语文老师，不是语文好就可以，更要做一个好老师。而后者，我还有很长的路要走。

“你的课很有收获，但我想更好地学语文”

知耻近乎勇。如何让学生参与课堂？如何由教“书”变成教“人”？这是我第二轮教学思考最多的问题，同时我做了三件尝试。

一是学习《高中语文课程标准》（以下简称“课标”），这是一个纲领性的政策文件，语文课是什么，为什么而教，教什么，怎么教，许多答案都在其中。前三年陷于经验主义，我竟从没认真读过。

二是加入“借鉴多元智能，开发学生潜能”课题组，这是“十一五”国家教育科研规划重点课题，我承担了一项子课题“多元智能理论指导下的高中语文教学设计”。

三是把这些学习和研究与课堂教学实际结合起来。我要求自己“一课一主题”“一课一设计”“一课一文章”。根据课标的精神和要求，借鉴多元智能理论的观念和工具，把以前主要由我讲授的内容设计成贴近生活的“情境”、新颖有趣的“问题”、富有挑战的“任务”和广泛参与的“活动”。最后，写一篇总结反思的文章。

这三年的语文课很“热闹”，至少表面上看，课堂已经不再是我的“独角戏”，而成了大多数学生共同参与的舞台。“以诗解诗”“唱词悟词”“看戏演戏”“为别里科夫画像”“绘制《项链》的情节曲线”“《登高》的样本研究”“寻找《前赤壁赋》的密码”……对学生而言，上一届的遗憾基本消失。对我自己而言，出书若干，写文章一百多篇，仍旧在各种比赛中拿一等奖，成就感也是有的。

这次我没有飘飘然。理智告诉我，热闹的“设计”背后还有很大的问题。我主动对两个班学生进行调查和访谈。

一位学生的话让我很受启发：上您的课很有收获，但我还想更好地学语文。可能出于类似的想法，他们直言不讳地提出了许多意见：

为什么要一篇一篇讲零碎的文章？我想多读书，何时让我们系统地学习一个作家或者读一整本书呢？

为什么好问题都是您提出来的？我们不管怎么讨论，最后出现的也大多是您的答案，让我们自己研究问题，您来指导，如何？

为什么学那么多课文，却只写区区几篇作文？学了两年语文，似乎除了考试成绩高之外，没什么学习成果啊！

……

几十条意见和建议，几乎涉及了教学内容、教法、评价的方方面面。有的问题是我造成的，有的则是语文课程和评价机制造成的。我扪心自问：这种基于文本解读和教学设计的常规课，真的是我心目中最理想的语文课吗？

课文只不过是个例子，有些选文我自己都读不下去，为什么还要逐篇去教？这三年的课堂，似乎符合“自主”“合作”“探究”的理念，学生比以前有更多发言和活动的机会，但多少次，我为了“赶进度”，急匆匆抛出准备好的答案，终止了他们意犹未尽的思考？更别说放开手脚让学生畅所欲言地提问了。再说写作，读和写是一体两面，除了所谓“作文”，为什么没训练他们多写一写学术论文、研究报告、书评、应用文或者文学作品？

任教全国名校理科实验班的我感到惭愧：李老师，尔志不远也！

多亏我的学生，从那时起，我又有了新的目标：抛开陈腐旧套，系统建设一种让学生满意，也让自己满意的语文课程。

“你的专题选修，为什么不在‘正课’上”

2009年起，我任教文科实验班。这些学生有志于从事文科方向的深造，基础好，能力强，为我要进行的改革提供了便利条件。最初三年，我试图在选修课上有所突破，我以每学期一门的速度，先后开设了六门专题选修课：“四大名著专题研究”“鲁迅小说中的爱恨情仇”“史传文学与史论写作”“杜诗欣赏”“文言文精彩语段品读训练”“《论语》讲读”。

这些选修课经过系统设计。比如“四大名著专题研究”，从四大名著中横向提炼出24个专题，整理数百篇经典文献，在课上与学生分享和讨论。再如“文言文精彩语段品读训练”，从哲学、文学、史学典籍中精选了180个相对完整的文言语段，分成18个主题，从中品读和理解传统文化的核心观念……

我之所以不辞辛苦，寒暑假撰写课程纲要，自编教材，是希望能够在选修课这块阵地上找到一条能够改善学生语文学习的路：尽量摒弃“碎片化”“浅表化”“程式化”的语文模式，建构一个综合的学习活动场域，全面训练学生听说读写，帮助他们建立起深度阅读和研究的领域。

遗憾的是，希望落空了。首先，听课人多且杂。教室里站满“蹭课”的学生，他们来自不同班级，不同年级，甚至不同学校。预期的语文活动难以组织，只能回到讲座模式。其次，学生投入难以保证，考试主要考查国家规定的必修课程，学生大部分精力还放在所谓“正课”上。最后，节假日或学校活动，经常挤占选修课的时间，选修课难以系统实施。

和学生谈起我的苦恼。有学生说：“学校把课程切分成若干块，好像多学几个模块，加在一起就会收获更大。其实我们学习的时候头绪多了反而不好，既增加了负担，又没有思维深度。如果能跟您学三五个专题，其他的书我们自然会读，文章也自然会写。”有学生说：“反正高考也不考课文，专题选修为什么不能在正课上？”学生的话再次给了我启发，通过模块累加追求理论合力的课程架构也应该变一变了。但是怎么改，怎么变？当时我并没有想好。

2012年，第三届全国语文专题教学研讨会在北京师范大学召开。主办方请我做专题教学公开课。“专题教学”是什么？在那段时间里，我一边读论文，一边做设计，一边做实验。我的第一个专题教学“从《祝福》到《彷徨》中的女性诉求”就这样完成了：共20课时，持续一个月。研讨会上展示了一个“横断面”：70分钟的总结研讨课。这节课没有达到我期待的效果，表演痕迹太重——当时的我还不能免俗。但这不重要，重要的是我发现了一种整合必修和选修，链接课内与课外，打通阅读与写作，兼顾成绩与素养的语文课程改革新路径——专题教学。

2012年底，在郑国民教授的悉心指导下，我设计和实施了“鲁迅作品专题研读”，并据此完成硕士论文，提出了高中语文专题教学的设计理念、实施原则、基本课型、评价模式和成效分析策略。基于这种实验范式，2013年至2015年，我开始大幅度压缩必修课中的单篇教学，先后和学生们进行了“余华小说鉴赏与创作实践”“《史记》：整本书的阅读”“思情思美：高中百篇必背古诗词鉴赏”“《论语》的当代伦理价值”“《红楼梦》中的女性形象”等五个不同类型的专题。

虽然我做每个专题都非常艰苦（单给学生作品写评语，最多时每个月就有6万字），虽然我清楚地知道这种教学还需要扎实的理论研究，探索普适性的实操策略，但还是体验到了身为老师的深度满足。

2015届10班毕业生29人，在《光明日报》《北青报》《中国教育报》《中国教师》《基础教育研究》《萌芽》等刊物发表作品37篇；

出版作文集、论文集和小说集计 110 万字，待出版作品 140 万字；人均写作量超过十万字。有十多位同学在自主招生中凭借专题学习成果获得大学认定……

教师节前夕，一位毕业生在“公众号”写道：“那是人生的一段黄金岁月，提问、写论文、绞尽脑汁地让自己的文字凝练和深刻。如果我今天还能读一点书，写一点东西，想问题稍微深一点，高中时期大量的阅读和写作积累功不可没，而所有这些都归功于我的语文老师。”

欣慰之余，我想说，我更要感谢你们，不只 2015 届，而是所有与我有过交集的学生。我教你们语文，是你们的荣幸，更是我的荣幸。感谢你们的批评质疑，感谢你们的默契配合，感谢你们的相伴成长，感谢你们的真心相待。愿你们有一个灿烂的前程，我只愿面朝大海，春暖花开。

☆教学语录☆

我的教育理想：为教育立心，为学生立命，为先师继传统，为国家开太平。

学习和生活不是对立的两面，会生活，才能会学习；智力和人格是不可分割的整体，人格健全，智力发展才有意义。

学生高考成绩的取得应该是综合素养发展的自然结果。为了追求分数进行集中营式的强化训练，会降低学生对真学问的兴趣，消解他们对美好未来的向往。

我不同意将教师比喻成春蚕、蜡烛这些只讲奉献而不断损耗的事物。优秀的教师，应该每天都能看到自身的成长，每个阶段都有研究的主题，每个研究都有行之有效的成果，每个成果都能发挥示范作用，所谓“踏石留印，抓铁有痕”。

教师的幸福不能完全建立在学生的发展之上，教师必须不断提升自己的学识、素养和视野。只有自身建立了确固不拔的价值，他的幸福才会源源不绝地滋养自己和他人。

读书四要：博观约取，熟读精思，手披目视，口咏心惟。

文章鼎足：情、思、识。情者，意之动；思者，智之端；识者，文之魂。三足立而文章成。

读书可以改变什么？①

拜读蒋洪兴老师《走在语文教学的“博约”之道上》，感受最深的是读书。

读书能改变什么？可以改变教师自身，进而改变学生；这两者都改变了，教育还奢求什么呢？

就语文教师而言，读书是提升自身学养的根本途径；就语文教学而言，读书是语文教学的原点。语文教学改革的根本途径是“少做习题多读书”。

为什么说读书是语文教学改革的根本途径？恢复高考几十年来，各科教学坠入题海，有谁顾及课外阅读？其实从课程宏观视野看，“课外阅读”只是个约定俗成的说法，整本书的阅读时间在课堂之外，但阅读任务却在课堂之内。在开放的课程系统中，是没有“课内”与“课外”之别的。课本可以在课外读，课外读物可以在课内指导。教科书不是“圣经”；教师不是“牧师”；课堂不是“教堂”，即便是教堂，信徒在家中也要读经吧？经书未读，如何“布道”。

蒋洪兴老师毕业于某师范学校，若论学历不高，若论学识不浅。他的成功得益于读书。求学期间，他曾创下1个月读20部长篇小说的记录。正是因为有读书的切身体验，任教伊始，他才能想到去“撩拨”学生的读书情绪，并且撩拨得异常高涨。这本身就是了不起的教学改革之举！

我赞同并欣赏蒋洪兴老师侃快的论断：“哪一个爱读书的学生语文成绩会不好？哪一个爱读书的语文教师会教不好语文？书读百本，

① 原载：中学语文教学，2013，（1）.

语文不好也难！”

书怎么读？和学生一起读，一举两得。自己增学养，学生终身受益。蒋洪兴老师是极有资格和学生一起读书的，他有阅读积累的资本。那么，是不是没有阅读功底的教师就没有资格和学生一起读书了呢？其实并非如此。新课程实施伊始就提出了一个理想化的口号：教师和学生建立起一个“学习的共同体”。和学生一起读书意味着教师与学生共同发展，学习共同体的建立，将使教师和学生处于同一条起跑线上。让学生“逼”着读书，是促进教师发展的动力。

读什么书？长期以来，语文教学的视域局限于文学。岂不知，任何名著都是学习语文的范本，并非只有读文学才能提高语文素养。《史记》是史学名著，《论语》是伦理学名著，《老子》是哲学名著，《天工开物》《梦溪笔谈》是科学名著，读这些名著不是照样可以学习古代语文吗？读文学是“披文入情”，读科普是“披文入理”。语言文字是文化载体，在解读文本过程中，接受文化熏陶，拓展视野，增长见识，启迪思想，何乐不为？再者，学生阅读兴趣不同，怎么能强求一律读文学呢？其实，课程标准已经在“课外阅读建议”中指出，要与有关学科教师协商，推荐历史、科普等读物。蒋洪兴老师的成长之路印证了这一点，他突破了文学阅读的局限，除了教育专业的课程论、教学论，还广泛阅读了哲学、美学、史学著作。我们不必期待吃了牛羊就会生出犄角，但营养丰富却是毋庸置疑的。

读书可以改变什么？蒋洪兴老师这篇文章本身就是实例：在诸多专业期刊中，已经很少能读到这么缜密、干净、洗练的文字了。文字功夫见功底，教师写文章不就类似学生写作文吗？

“问渠那得清如许，为有源头活水来。”蒋洪兴先生倡导并践行“博约”教学主张，其根基在于博览群书。篇幅所限，只能就读书谈一点浅见了。

☆成长案例☆

走在语文教学的“博约”之道上①

无锡市锡山区教研室　蒋洪兴

蒋宏兴，江苏省无锡市锡山区教研室主任，无锡市语文学科带头人，江苏省“333 高层次人才培养工程”培养对象。在《中学语文教学》《中学语文教学参考》等核心期刊发表论文多篇。主持《区域推进“三品课堂”建设的实践研究》等多个省、市级课题。

钦仰清代史学家章学诚，喜爱《文史通义》，熟读“博约篇”。以孔子的“博学于文，约之以礼”为人生格言，孟子的“博学而详说之，将以反说约也”为治学准则。二十多年的语文教学之路，与“博”相知，与“约”相守，直至与“博约”结下不解之缘，凝练成“博观约取，以约驭博”的语文教学思想。

“博”——起点

“语文，博大精深；语文教师，应该成为博学的‘杂家’。”初为人师，还未真正跨入语文教学的门槛，就不知天高地厚，妄想饱读诗书，以学问和才情征服学生。只是，命运似乎总不屑眷顾我这样的人。破败不堪的校舍，长满杂草的操场，布满尘埃的图书、仪器……二十世纪九十年代伊始，我的语文教学之路，就在这样一所乡村初中启程了。

---

① 原载：中学语文教学，2013，（1）.

校园硬件无法改变，但可以改变我的课堂、我的学生。于是，我真成了一个“杂家”。和学生一起搬石块筑路，一起割草种菜，一起油漆门窗，在外墙上写学生守则，在教室里涂学习标语，成立文学社、广播站……现在想想，这些都是实实在在的语文活动啊！假如缺少了生活的磨砺和滋养，语文无根的绿洲迟早会被荒漠替代！

我的语文课，似乎总是与众不同。上《变色龙》，画出警官奥楚蔑洛夫的变化图谱，学生根据文本，评价哪里画得出神入化，哪里画得糟糕透顶，不知不觉中，掌握了契诃夫入木三分的语言艺术。上《古代诗歌五首》，按照平仄押韵仿写几首，让学生品头评足，说长论短，一段时间，学生中还掀起了学写古诗词的热潮。上《中国石拱桥》，和学生撑着小船，到村边的水塘，探访古代的石桥。课外，我和学生比赛读文学作品，凭着自己在师范学校学习期间曾经创下的一个月读20部长篇小说记录的读书“功底”，和学生一起览古阅今，把学生阅读课外书籍的情绪撩拨得异常高涨。

《论衡》中说：“能多种谷，谓之上农；能博学问，谓之上儒。”多读书是博学的基础。现在想来，哪一个爱读书的学生语文成绩会不好？哪一个爱读书的语文教师会教不好语文？书读百本，语文不好也难！“博”，是语文学科的基本性质，也是我七年初中教学对语文的深切感悟。

“约”——支点

因工作需要，后来我随着学生一起“升”到了高中。高中学生视野更开阔，思路更宽广，因而，语文学习可以更广博。于是，我的语文课堂谈古论今，肆意纵横，以活跃、热闹、学生主动性高为大家称道，我也因此沾沾自喜，乐此不疲，撑着“博”的大旗，向语文教学的高地进发。但很快，进军路上的一瓢凉水将我泼得神清目明。

那一次讲《项链》，从莫泊桑到法国社会，从故事情节到人物形象，还引起了学生对玛蒂尔德应该肯定还是否定的激烈争辩，课堂的气氛一如既往的热烈。我顺势按照课后习题，要求学生描写玛蒂尔德得知项链是假的以后的心理，并设想假如项链丢了以后立即得知是假的，玛蒂尔德的结局将会怎样。学生的描写精彩纷呈，结局的设想也丰富多彩。我踌躇满志，请大家谈课堂感受，准备小结下课。一女生举手发言："我感觉课上太'嘈杂'了，我就喜欢原文的结尾：'唉！我可怜的玛蒂尔德！可是我那一挂是假的，至多值五百法郎！……'这句话静静地读，静静地品，小说味道全在其中。大家写的和说的，好是好，但太假！"

谁能说这个女生不是一语中的？我们往往善于从社会学、伦理学、经济学甚至政治学等角度来分析情节和人物，还读写结合，让学生联想拓展。这样的课堂看似广博，实则肤浅；思维看似开阔，实则狭窄。"博"是语文的学科性质，但不是语文的教学特点。语文教学就应该从静态的字里行间去品悟动态的思想情感和文化内涵。

从那以后，我沉下心来读文本。以"一字不肯放松的谨严"，在文本中寻找充满张力、"举一纲而万目张"的语言。教《祝福》，重点揣摩祥林嫂的眼睛，通过眼睛的变化透视社会人生；教《荷塘月色》，品读朱自清的心理，通过"（荷塘）总该另有一番样子吧"这句话，引导学生触摸作者真实的心灵。在我的语文课堂上，表面的热闹逐渐被深层的思维代替，喧嚣的形式逐渐被深邃的内容置换，我努力从语言文字中，找到一个撬动整个课堂的支点。《文史通义·答客问》中说："多闻而有所择，博学而要于约。""学"贵博而能约，"教"难道不是这样吗？七年的高中语文教学，为我语文教学的发展重新定位，那就是，要"博观"，但更要"约取"。

"博约"——生长点

由"博"而"约"，这条路我走了整整十四年，直到我成为江苏省无锡市锡山区教研室的语文教研员。在恩师赵宪宇主任的指引下，我的阅读领域突破了文学作品的局限，广泛涉猎了课程论、教学论、哲学、美学、史学，深入研习了钱梦龙、于漪、欧阳代娜等名家的教学理论和经典课例。我又系统研究了章学诚的治学思想，揣摩"博文以为约礼之资，详说以为反约之具"的独特思维，品味"博而不杂，约而不漏"的深刻意蕴，从"博"与"约"的辩证关系中，寻找中学语文教学的生长点；形成了"目标简约，过程立体"的课堂教学主张，"博观约取，以约驭博"的语文教学思想，以此指导、引领区域的初高中语文教学。

我和我的研究团队一起围绕"博约"思想来设计创意课堂，曾作为核心期刊栏目主持推出了一批有创意的课堂设计。我和教师一起同课异构，设计《我的五样》，引导学生研读文本，围绕毕淑敏的"取"和"舍"，通过理清思路读出其身份、分析语言品出其性情、问题探究悟出其精神三个环节，逐层深入地分析毕淑敏这个"人"，使一个立体的、可感的毕淑敏站在学生面前。我和教师一起同课异构，教《呼兰河传（节选）》，整节课围绕一个语文活动，把"《呼兰河传》（节选）"作为副标题，为课文拟一个正标题。当学生根据文本纷纷将"美丽、快乐、自由"等修饰词来形容祖父的后园时，引导学生仔细揣摩"只是天空蓝悠悠的，又高又远"这句话，把握文字背后蕴含的情感和深意，走进作者萧红的内心世界。课后，学生争着读完了《呼兰河传》全本。

我享受着在"博约"中研究，在"博约"中收获了愉悦。在形成基本的实践课型、大量的教学课例基础上，逐步构建"博约语文"的理论体系，期待我的语文教学的"博约"之路远走越宽广。

☆教学语录☆

如果说“博”是一颗珍珠，“约”就是一串项链，“博约语文”课堂的构建就是“一线串珠”的过程，强调“博”与“约”的辩证统一，强调“博观约取”，强调“以约驭博”。

语文教学目标简约，需要以教师对文本深刻独到的解读为前提，读出自我，读出能够“牵一发而动全身”的一条“线”，并且围绕这条“线”设计课堂活动和训练，有了这个基础，教师才能在课堂上驾轻就熟，左右逢源。

语文阅读教学要善于领着学生寻找潜藏在字里行间的文本的真谛和作者的灵魂。从一个小巧、平实又不乏创意的小口切入，逐层深入，立体互动，使学生和文本充分对话，从而逐步实现“读通句读、读懂文意、读透纸背”的文本阅读三重境界。

语文教学不仅要教给学生实实在在的解读文本的方法，更要让学生懂得伤其十指不如断其一指，面面俱到不如深挖一点的道理。教师不能做点水的蜻蜓，只领着学生在肤浅的知识表层浮光掠影，而应该做“用心一也”的蚯蚓，每一篇让学生掌握一个特点，每一节让学生学会一种方法。这样的语文课才是有效的语文课。

语文知识体系的模糊性和隐秘性，决定了语文课堂教学目标设定的不确定性和可选择性。在真实的语文课堂教学情境中，有大量的教师缺乏认识教材、解读教材的能力，因而东一榔头西一棒子，一堂课看似什么都讲到了，实质上对学生的语文能力提升及素养养成毫无用处，反而削弱了学生语文学习的兴趣，这样的课堂有百害而无一益。

语文教师不是新闻主播，不能照本宣科，唯教参、教案是从。语文教学不是溜冰，在规定的场地平面化地转动；而是登山，引领学生一步一步去攀登，去领略“无限风光在险峰”的情致，去体会“会当凌绝顶，一览众山小”的气概。

语文教学不能信马由缰，要贴着地面走路。工具性和人文性需要并重，但对基础教育而言，不守住工具性这条底线，人文性就成了空中楼阁。

衡量一堂语文课是不是好课，关键是看学生的学习活动是否有效。而学生学习活动的有效与否，取决于课堂上是否涌动着学生的思想，取决于我们的语文课堂是否有足够的学生思想的空间。任由教师思想主宰的课堂注定是没有生命力的课堂，也注定是低效的课堂。

课堂评价是指挥棒，评课面面俱到，势必造成教师贪多求全，漂浮浅显。其实，评价一节好课的标准不应求全责备，或者看课堂师生的互动，或者看学生的参与面，或者看教学流程的独特创意，或者看学生的思维碰撞或智力挑战，或者看师生的个性是否得到张扬，根本的是要看学生有没有长进。

只有有了热情与兴趣，才能享受与学生亦师亦友、平等交流、和谐共处的感觉，才能脚踏讲坛、心系国家、胸怀世界，以一种社会道义感来审视学生的存在与发展，对学生的发展负责，对社会的发展负责。只有有了热情与兴趣，才会发自内心，主动地学习、思考，主动地探究教育的真谛，以达观的心态与积极的情绪对待事业，不断地为发展学生、发展学校、发展教育而努力提升自己的教育教学品质，达成自我价值的实现与超越。

求索渐进境界①

读钱冰山谈自己成长经历的文章《生命中那生动如诗的音符》，使我想起王国维的话。王国维在《人间词话》中说："古今之成大事业、大学问者，必经过三种之境界：'昨夜西风凋碧树，独上高楼，望尽天涯路'，此第一境也；'衣带渐宽终不悔，为伊消得人憔悴'，此第二境也；'众里寻他千百度，蓦然回首，那人却在，灯火阑珊处'，此第三境也。"不要说成就大事业、大学问，即便是在某个领域能够有所建树也是如此。起步时目标要高远，目标有多高，路便有多长；坚守目标要持之以恒，走过漫漫求索路，忽然发觉朴素的真理离我们很近。但是，如果因为真理离我们很近，就无须走得那么远，那就错了。接近真理是一个求索过程，距离决定境界。

人们对事业和学问的追求过程，其实也像人生本身一样，由绚烂归于平淡。

像多数青年教师一样，钱冰山从教伊始，浪漫情怀，文学偏好，天马行空，无所羁绊。然而教学并不是率性而为的个人行为，教学价值不在于表现自己，而在于启发学生。多数青年教师在受到应试棒喝时，对语文的热诚，对事业的憧憬，一落千丈，满腔失落，"归顺"应试，事业也就成了"职业"。青年教师发展的分野就是从这里开始的。有志者，归于理性，决定走一条突破常规的路。钱冰山老师就是这样，在遭遇了教学成绩差强人意的遭遇后，借鉴钱梦龙老师的"三主"教学思想和魏书生老师的"自觉学习"教学思想，提出"互助学

① 原载：中学语文教学，2014，（4）.

习”的教学理念，把教学的基点由教师的“教”转变为学生的“学”，教学方式由此产生质变。这一教学理念的提出早在上20世纪80年代，与今天新课程倡导的自主合作学习相契合，可谓“独上高楼”。互助学习的价值，不仅在于激发学生的学习兴趣，更重要的是探究精神和培养创造能力。他把被教师奉为圭臬和“秘籍”的教学参考书发给学生，这是对教师权威的自我挑战——教学不能照本宣科，必须传达出教师独到的体验和见解，教学相长，从而实现教师自身的专业发展。

求索是行走的动力。在践行“互助学习”20年后的2006年，钱冰山老师在研讨张洁《拣麦穗》一文教学时，把文化主题这一概念引入阅读教学，教学视野大为改观。由作品主题延伸到文化主题，从文化层面理解特定历史和社会背景下人物的行为，由一篇作品的解读延伸到对社会和人生的省察。后来，他做公开课时，便用文化主题来贯穿教学。例如，讲老舍《济南的冬天》，确立的文化主题是“对农业文明的呼唤”；讲莫泊桑《福楼拜家的星期天》，确立的文化主题是“美好人性的赞歌”，等等。虽然我们还不能肯定文化主题对于中学阅读教学的实际价值，以及是否有必要用文化主题贯穿阅读教学，并作为惯例，但至少它打开了解读作品的一扇窗子。作为课程的开发者，教师的眼光应该穿越本文本身，追索到作品折射的那个时代。

专业成长是不断历练的过程，而根基是学养。钱冰山的导师程少堂为他确立的目标是：“个（提出一个有影响的观点）十（打造十节有创新、有影响的代表课）百（发表一百篇文章）千（读一千本书）万（业余时间多做一万小时的训练）。”这是成功者的经验之谈。钱冰山老师说：“我知道，哪怕我能做到三分之一，也必将出类拔萃。”据《英国每日邮报》报道，2008年柏林音乐学院最新研究结果显示：天才约等于训练1万小时。天才尚且如此，常人自不待言。常言道“读书破万卷，下笔如有神”，提出有影响的观点，打造有创新的课，根基在于学养，学养源于读书。正如要攀登一座高峰，首要的不是技术，而是体能。真理就这么朴素，可是需要走很长的路才能默认它。目前，钱冰山老师的阅读视域不局限于文学，已经徜徉于哲学、美学书林中了，经过哲学和美学的熏陶，语文教学将是另一番境界。这或许是钱冰山老师留给我们的期待。

☆成长案例☆

生命中那生动如诗的音符[①]

钱冰山

钱冰山，深圳市坪山新区中学语文教研员。“全国十佳校园文学社”首席指导教师，深圳市首批支援香港教学专家，深圳市中青年骨干教师。深圳市教学比赛第一名，深圳市坪山新区首批学科带头人。发表教学论文 30 余篇。

岁月无痕，三十年转瞬，有欢笑，有失落，依然风雨兼程。

1984 年初登讲台，在内地一所重点高中（位于相对闭塞的一个乡镇）教书。一个不到二十岁的青涩青年，面对一群十六七岁的学子，有初生牛犊之豪气。没有教条的羁绊，我在课堂上尽情挥洒，那些如饥似渴的学生们睁大好奇的双眼，跟随我徜徉在文化的长河中，我收获了一种满足感，然而差强人意的教学成绩让我如鲠在喉。那时，教学效果比较好的老师基本上属于经验主义型，我不想过早地让自己的

① 原载：中学语文教学，2014，（4）.

教学生涯烙上刻板的印记。为此，一方面，我重新进入古典文学的意境中，在“豪放”与“婉约”间追寻诗意；另一方面，搜集有限的教学资料，认真研究钱梦龙老师的“三主”教学思想和魏书生老师的“自觉学习”教学思想。在课堂教学中，大胆改变往日潇洒的知识灌输方式，提出“互助学习”主张，将教师视为重要武器的教学参考书等相关资料印发给学生自学，引导学生在自觉学习、自主学习的基础上开展互助学习。在解答学生提出的问题时，我没有照本宣科，而是将自己平时所学融合在一起，既引领学生学习知识，激发学习兴趣，又继续展示一个青年教师的学识魅力。在接下来的教学实践中，教学成绩尤其是高考成绩，总能让人刮目相看，先后获得了市里教学比赛一等奖和“教学能手”称号。十年磨一剑，我从青涩逐步成长。我深深体会到课堂教学的关键是学生自主发展，教师智慧引领，在互助中共赢。

1997 年，在深圳市罗湖区面向全国招聘优秀教师的考试中，我获得了第一名，被分到了一所区属重点高中任教。当年，区教研员周启泰老师辅导我主讲叶君健《看戏》的公开课。我继续采取“互助学习”的方法，教学设计几经打磨，最后获得了近百听课教师一致好评。周老师说这在罗湖区公开课中还是第一次，为教师的成长起了引领作用。当然，这堂课为我在一个新的城市扎根打下了坚实的基础。在日常教学中，我继续坚持“互助学习”的方法，基本上每节课三分之二的时间交给学生，在自学、互学的基础上，分小组汇报所学的内容；在剩下三分之一的时间里，我会从更深入的层次和更宽泛的角度进行讲解。在我的课堂上，学生学得轻松，学得愉快，学有收获。学生在互助中语文素养得到提高，而我在教学中有更大的空间充分展示个人的学识魅力。良好的教学效果让我成为学校讲公开课的“专业户”，在 2002 年学校申报广东省国家级示范高中的评估中，我是接受专家听课的核心人员之一，示范课受到评估专家的充分肯定。在多年的高考中，我所教的班级均取得了很好的成绩，尤其是2002年，学校第一个高考语文标准分800分的学生出自我的班级；同年在深圳市的教学比赛中，我获得第一名，后来还获得全国教学比赛一等奖。

2004年，国务院港澳事务办公室委托深圳市人民政府选派优秀教师支援香港的教学，因程少堂老师的推荐，我成为其中一员。

初次接触香港的中学语文教学，其高负荷、慢节奏、全封闭的教学状况让我惊诧莫名。课堂上老师基本上是照本宣科，学生成了典型的知识容器。如何帮助他们改变这一现状呢？认真思考后，我决定尝试“互助学习”的教学方法。开始，我写好教案，让老师照着讲，但效果不佳，他们很难在短时间里改变固有的思路。在征得有关部门同意后，我登上了讲台，让学生先自学、互学，然后小组汇报，在此基础上老师点拨引领，把学习的自主权逐步交还给学生。一年下来，学生的学习状况有了较大改观，学习兴趣和语文素养得到了较大提升，教师们对这一教学方法从怀疑到学习到尝试再到接受，语文教学既轻松又愉快。由于支教工作取得了很好的效果，在原定一年的支教时间基础上又延长了一年。支教工作结束后，我不仅受到了香港教育交流研究中心的嘉奖，还收获了著名国学大师饶宗颐先生为我们主编的《古今阅读》一书的亲笔题字。我想，这次支教的意义，不仅是我个人获得了提升，更是在内地与香港两地教学之间架起了一座桥梁。

2006年回到单位后，我在全市上公开课，讲的是张洁的《拣麦穗》。程少堂老师希望我在教学中能够有一个新的思路和高度，并帮我确定“忧郁是美丽的——以张洁的《拣麦穗》为例谈”这一文化主题。在教学中引入文化主题，这是我平生的第一次，难度很大。为此，我认真研读了孙绍振教授的《文学演讲录》《名作细读》，作家张洁的有关文集和其他有关教学书籍，基本明白了作者在文中是如何将“忧郁是美丽的”这一主题隐藏其中的。莎士比亚说：“少女可以为失去的爱情而歌唱，守财奴却不能为失去金钱而歌唱。”张洁的《拣麦穗》《挖荠菜》等文章所表现的就是这一主题。

在备课时，我抓住文中的两个矛盾（矛盾一：曾经痴想，但不曾拥有；矛盾二：曾经拥有，不能永久）来设计教学。在教学过程中，我引导学生理解文中通过两个场景来表现这两个矛盾：第一个场景是写姑娘们拣麦穗时对美好婚姻的向往，作者对那些农村妇女命运的感伤，因为对嫁出去的幻想与现实不一样；第二个场景是写“我”和卖灶糖的老汉之间的纯真情谊，对老汉逝去的忧伤。课堂上通过学生的互助学习和老师的引导，学生基本明白了文章所写的“幻想中的爱情温馨美丽，现实中的爱情失落忧郁；‘我’享受拥有童话爱情的美好，‘我’怀念逝去童话爱情的忧郁”亦即“忧郁是美丽的”这一文化主题。我还从文中段落短，多用逗号，语句平实，少用修辞等方面入手，借助教材中鲁迅《伤逝》《秋夜》、史铁生《我与地坛》等文章来延伸，让学生明白表现这一主题所运用的相关手段。在设计练习时，要求给张洁写的故事（一个和善的厨师为她做了很难吃的面条，勉励她吃完）补充结尾，进一步认识这一主题。

反思整堂课的教学，我认识到不单是张洁的文章蕴含这一主题，其实古今中外优秀的文学作品大都蕴含类似的主题，这也是人类文化的共同情感。学生有了这样的认识，才会真正感受到文本的情韵之美。

后来，我又主讲了市、区的初中语文公开课，讲老舍《济南的冬天》，确立的文化主题是“为什么是写冬天而不是春天——老舍在《济南的冬天》对农业文明的呼唤”；讲莫泊桑《福楼拜家的星期天》，确立的文化主题是“美好人性的赞歌”。这样的教学设计，给老师们开启了一种新的思维方式，为课堂教学注入了活力。用文化主题来贯穿教学，实际上就是要把作者的生命体验带入文本的分析中，让语文课充溢着文化氛围。

无论是作为多次获奖的一线教师、支援香港教学的专家，还是作为区教研员，在教学中，我基本能做到游刃有余，但在科研上，我明显感到自身能力的薄弱。这也是我作为一个成熟的教师不能成长为名师的主要原因。

我的教学教研生涯真正掀开崭新的一页，要归功于程少堂老师的指导。他经常对我说："一个人要有所建树，必须要做到'个（提出一个有影响的观点）十（打造十节有创新、有影响的代表课）百（发表一百篇文章）千（读一千本书）万（业余时间多做一万小时的训练）'。"我知道，哪怕我能做到三分之一，我必将出类拔萃。他专门给我列出了教育、文学、哲学、美学等方面的书单，要求我认真阅读，形成系统认知，提升理论素养，增强思维的力量。他用向他汇报读书笔记的形式来引导我读书；用给我确立论文主题的形式来推动我写论文，并帮我修改；让我十多次参加市高三模拟考试命题工作，这是用另一种方式激励我前进。就这样，我走进张世英的哲学世界，漫步于叶朗的美学殿堂，领略李宗桂的中国文化魅力；用刘长林的系统思维去审视语文，思考托马斯·哈代"呼唤者和被呼唤者很少相互应答"的真谛；聆听"你们要进窄门。因为引到灭亡，那门是宽的，路是大的，进去的人也多；引到永生，那门是窄的，路是小的，找着的人也少"（《圣经·新约·马太福音》7 章 13—14 节）的呼唤，体味"语文味"的文人情怀。

从此，我登上了深圳市第三批名师的"列车"，成为"程少堂科研专家工作室"的骨干，并获得了深圳市坪山新区教研员的岗位。十多年来，我不仅结识了深圳中语界的许多名师，从他们身上获取更多的能量，而且还邂逅了很多活跃在全国中语界的专家、学者、特级教师，如孙绍振、温儒敏、苏立康、魏书生、韩军、王君等。在一种隐秘的召唤中，心怦然而动。

☆教学语录☆

语文教学要善于挖掘潜在的文化主题。这是文本主题和教师生命体验相融合的个性化认知。在教学中，将文本的文化气息和教师的人文情怀相融合，能涵养学习者优雅的文化风度。

语文教学要善于追求和谐的教学境界，要追求教师、学生、文本之间的和谐统一（主客观的统一），不仅要用教材讲述作者，也要用教材讲述教师自己。这既是“我注六经”，也是“六经注我”。

语文教学要充满生命力，要有人性的温情、人格的体察、人道的滋养，这样充满生命力的教学过程才真正契合中国艺术的生命内核。

语文教学之美，在于引领学生徜徉在灿烂的文化长河，与丰富而美好的人类情感共呼吸，聆听先贤振聋发聩的呼唤，打开心窗，启迪智慧，为人类不屈的精神而赞叹。换言之，美在“体贴”。

“互助学习”主张让学生通过课前自学、课堂讨论等方式，学习文本中的基础知识和基本情感等显性知识；通过老师的深入分析，将学生逐步带入到生命体验和文化主题等隐性知识的学习中，继而达到一种和谐、灵动的教学境界。

警惕语文教学的“三多”“三少”。在新课标理念指引下的语文教学改革，虽然取得了长足的进步，但“三多”“三少”现象依然普遍，即情感泛滥的迁移多，知识的积累与运用少；老师喧宾夺主的灌输多，学生发自内心的感悟少；突出学科的工具性特点多，重视学科的人文性特点少。因而课堂教学依然在追求热热闹闹的视觉盛宴，而忽视了温情脉脉的情感交融。

当今语文教学之伤，一方面是师范大学教育缺位。许多师范生满足于拿学分，而不愿意从书写、朗诵、阅读、写作等方面夯实基本功，以致在教学中，缺乏应有的素养。另一方面是教学改革添堵。当今课堂教学改革观点纷呈，莫衷一是；在实践中生搬硬套，忽视语文的本质和规律，以致语文教育依然是带着镣铐舞蹈，横遭“误尽苍生”之诟病。

"自度"是一种修行①

时剑波老师的一段教学语录耐人寻味："在人生的渡口，我愿溯流从之，成为一个摆渡人，以审美、怡情、明智的语文来摆渡学生，成为更趋完整、完善的人，也用以摆渡自我、修行生命。"初看这两句话是有些费解的：怎么把摆渡学生放在摆渡自我之前呢？岂非本末倒置？

或许说者无心，听者有意。这使我联想起佛学所说：自度度人，自觉觉他。按世俗的理解：己尚不度，何以度人？自觉未圆，何以觉他？在世俗眼中，自度与度人、自觉与觉他是有先后之分的：自度是度人的前提，自觉是觉他的前提。但佛学不这么看："自未得度，先度人者，菩萨发心；自觉已圆，能觉他者，如来应世。"（《楞严经》）意思是：自己尚未得度，却发愿先度他人，是菩萨的发心；自身已觉悟圆满，并能使他人觉悟，是如来应世。按照佛学所说，自度与度人、自觉与觉他是不分先后的：度人在先是菩萨发心。佛学与世俗境界不同，一目了然。这对理解教师的自我修行很有启发：教师修行如果意在度人，那么修行本身也就具有度人觉他的品质。

时剑波老师之所以徜徉于落英缤纷的语文之路，破除迷境，问津觅渡，乐此不疲，与其"摆渡"学生的初衷不无关系。

时剑波老师摆渡自我是伴随着摆渡学生而进行的，例如在其专业发展的不同阶段厉行的"切片式"教学反思、非预设教学生成、开设选修课。

"切片"一词深得课堂观察旨趣。通过一个教学环节、一个教学过程的截面，剖析教学得失，窥一斑而见全豹，牵一发而动全身。正

① 原载：中学语文教学，2015，（6）.

所谓：须弥藏芥子，芥子纳须弥。

非预设教学生成，针对目前教学的“教案剧”现状，着眼学生学习的原始感受，进行富有弹性的教学设计。正如时剑波老师所言：课堂的非预设意味着课前的全预设，教师只有全面准备才能应对课堂不时出现的“旁逸斜出”。

选修课的开设意在培养“终身思想者”，包括名家名作、时文品评、文化论著等，引导学生点评批注、交流心得、质疑问难，进入思考境界，获得心灵自由，精神独立。

纵观时剑波老师成长之路的三个阶段，境界不同，是一个渐进过程。先是满足于把课讲得生动、丰实，得一己之功；继而追求自己的研读视域与学生的研读视域有机融合，除弊启智；最终着眼立人，培育精神，指向“人的自由发展”，即教育的本质。

自度度人，自觉觉他。从这个意义上说，教师的自度与自觉是一种修行，“摆渡”自我与“摆渡”学生并行不悖、相辅相成。如果怀着一颗度人之心而自度，对学生是尽其本分，对自己则是一种鞭策。教育是一条船，本身并不与人身外之物，语文教育也如此。时剑波老师称自己是一个“摆渡者”，此言得之，愿与青年教师共勉。

☆成长案例☆

语文路上的觅渡者[①]

时剑波

时剑波，浙江省宁波中学语文教师。曾获宁波市教坛新秀一等奖。

① 原载：中学语文教学，2015，（6）.

在《中学语文教学》《语文学习》《中学语文教学参考》等刊物发表论文30多篇，其中《发掘“课核”，构建“课脉”》被人大复印资料全文转载。发表散文作品30余篇。课题“构筑高中语文人文价值实践策略的研究”获宁波市人民政府基础教育成果二等奖。

人生总是在一次次寻觅与摆渡中行进，回首我的语文之路亦如此。往事并不如烟，我一如那武陵渔人，面对“芳草鲜美，落英缤纷”的语文，在迷失前路中苦苦追寻，又在觅得津渡时欣然前行。

从“借别人的智慧”到“拥有自己的智慧”

大学毕业后，我进入一所新建学校——宁波镇海龙赛中学工作。那时，讲台上的我并不是一个妙语连珠之人，又觉得课文深度有限，于是如何把课讲生动、讲丰实就成了我教学的第一要务。校长很重视年轻教师的专业发展，给予我们外出学习的机会。一次听余映潮老师的讲座，余老师谈到教师如何成长时说：“资料积累是借别人的智慧来充实发展自己。”“没有资料积累，缺少知识储备，永远成不了名师。”这些话对我启发很大。我于是自订刊物，边阅读边做资料摘抄、目录索引、课例汇编，以及综合性、研究性学习等专题辑录，从未间断过。每年的寒假是我最忙碌的时候，要对一年的资料进行汇总、整理，虽然累但很快乐。这种分课文、分专题、分领域的追踪式积累让我受益良多，对于刊物上的资料，基本能做到心中有数，也成了同事眼中的“资料库”。凭着“别人的智慧”，我慢慢把教材读厚了，也把课教实了，而且积累的习惯自觉内化，伴随至今。工作第三年我便获得区教坛新秀一等奖，这有赖于丰厚积累的瞬时利用。欣喜之余有人转给我一句评委的评语：“读了不少资料，课堂有底气，不过少了点自己的理解。”真是一语中的！我开始沉思：只做资料的“中转站”，旁征博引中缺少了自我，那么，课堂上何以体现出我的智慧呢？

为了在课堂上体现自我，每上完一课，我开始尝试做“切片式”回顾，不放过每一个教学环节，及时回放、记录，既定格收获，也反思失败，不让其稍纵即逝。越来越厚的备课笔记见证着我的努力，我又尝试着“变文字为铅字”。1998年，无意中投稿的一篇小文在《语文学习》刊发，虽是“豆腐块”，却给了我莫大的信心。

接下来我又给《中学语文教学》投稿，并在一次活动中结识了史有为主编。出于对年轻人的提携，史老师给我提出了一些很好的建议：从文本研读起步，做整套教材的教学设计研究，再进行一课多案研究，不断追求教学创意。史老师多次鼓励我写稿，并毫不留情地指出稿件中的问题所在，在反复地整理修改文稿中，我获得了研读与写作的双丰收。以教学促进研读，又以研读引导教学，我就这样“复前行，欲穷其林”。

从追求研读深度到追求“非预设中生成”

随着文本研读与教学设计类文章发表渐多，我却感到越来越困惑，课堂上的师生对话时常不在同一层面，由于过于注重自我推进又让这种错位愈发严重，我的课堂常常陷入沉闷之境，学生的见解、智慧被遮蔽了。如何让教师研读与学生视域有机融合？一日翻阅资料，我看到胡适在《中学国文的教授》中说道：“上课只有三件事可做：学生质问疑难，请教员帮助解释；教员可先问本班学生有能解释的没有；如没有人解释，教员可替他们解释。”我心有戚戚，开始思考，课堂需要框架式的弹性设计，需要兼容学生的原始感受、体验与疑问，而非一味地上演“教案剧”。我开始关注来自学生的诉求。一次教学《错误》一课，课上有学生问：“‘你的心如小小的寂寞的城’‘你的心是小小的窗扉紧掩’，为什么文中两次强调‘小小的’？”同样也是学生回答："这既强调女子的哀怨，也说明她的心里已经被她所思念的那个人装满，她再也容纳不下别人。"问与答细腻而精彩，问题来自学生又由学生解决，课堂激荡起思维的活力。

我将自己所得与语文特级教师崔国久研讨，崔老师提出了一个长久思考后的课题："非预设性教学形态"研究，即教学以学生的质疑问难展开，教学内容由课堂生成，思维流程由学生引发，课堂呈多向互动。这是一种表面随意自由实则要求很高的教学方式，课堂的非预设意味着课前的全预设，教师只有全面准备才能应对课堂不时出现的"旁逸斜出"。

我开始付诸实践"非预设课堂"，从一开始遭遇学生不说话的尴尬处境，到以问题为导向激活学生，再到在课堂上促成学生间的质疑与交流，在不断地探索中走过了两年时光。"非预设课堂"在注重"自由感悟"的过程中追求内容的"自然生成"，学生的"自主发展"。作为课题研究成果展示，2005年我在浙江省阅读教学研讨会上执教《边城》一课，学生思维深度有了可喜的突破，一女生的质疑"都说'善有善报，恶有恶报'，为什么人性皆善到最后造成的却是令人难忘的悲剧？"得到专家好评，对此质疑我引领着学生围绕悲剧进行对话，让教学呈现出"带着问题进课堂，带着更多问题出课堂"的局面。而这一疑问也深深触动了我，不仅促使我写作《〈边城〉教学退思录》一文，而且使我意识到教师要善于引而弗发、开而弗达，让学生在非预设的自由中焕发智慧。

这一课题后来获得了宁波市教育科研成果一等奖、浙江省教育科研课题二等奖。2008年我参加宁波市教坛新秀比赛，讲授余光中《莲恋莲》。我先勾连《听听那冷雨》"短句皆有情，长句亦有致"的诗性语言特质，之后把课堂交给学生，以"涵泳体味赏语言"的非预设环节，唤醒了文字的灵性，得到了评委的肯定，获得了第一名。这些经历让我对“教，就是帮助学生学”有了更深的体验，也感觉到前方“山有小口，仿佛若有光”。

从追寻课堂教学到寻求课程立人

2004年我调入宁波中学。在一次访学活动中，有幸师从顾之川先生，并多次跟随他参加学术会议。顾老师更寄来成套资料，嘱我学习。其中介绍语文名家的《中国语文人》丛书让我拓展了视野，也让我对语文教学有了更深的理解，尤其李镇西老师从“语文教学”到“语文教育”“给学生心灵自由”“点燃学生思想”的观点启发了我的思考。

如果说“非预设教学”着眼于课堂学生思维自由的话，那么从教学到教育，语文还承担着促进学生精神立人、培育思想的重任。人何从立？我谋划构建了“内外兼修、一体两翼”的语文课程：“内”即在课堂教学中，追寻文本生命和学生生命的交融共振，进而让学生在生命的相互体认中走向自我精神的独立；“外”即建设选修课，尤其是阅读课，为学生打开思想源头与智慧星空。

课堂中，我通过唤醒文字的灵性，让学生获得情感的共鸣，促发其想象力、感悟力。2013年在宁波举办的“全国中学语文小说教学名家大讲堂”活动，我受邀执教的《骑桶者》一课就体现了这样的特点。我以“卡夫卡式的隐喻”为“课核”，通过《变形记》的铺垫，引导学生进入隐喻空间自由感悟，从而超越同情卑微、批判冷漠的起点状态，在虚构与写实的比较中，学生渐而有悟，从“我”的不得不骑桶读到沉重、孤独、绝望、怯懦、逃避，从“桶”处读到匮乏、希求、寻找，从“老板娘”处读到隔膜、疏离、无法沟通等，并体验到“我”的背后是现代人的共同困境，进而感悟到每个人其实都是骑桶者。由唤醒文字到生命觉醒，这就是语文“立人化育”的功能所在。

受到马小平《叩响命运的门》一书的影响，为了让学生思想活起来，成为“终身思考者”，我构建了名家名作、时文品评到文化论著的系列选修课，以阅读点评、交流心得、分析质疑的方式，让学生在且读且思中成为思考者。我越来越觉得，语文教育通过内外融通去唤醒生命、培育思想才是佳境。

在语文的觅渡之旅上，我仍在朝着“复行数十步，豁然开朗”的境界行进着，也许这一彼岸终我一生无法抵达，但我愿一路前行……

☆**教学语录**☆

在人生的渡口，我愿溯流从之，成为一个摆渡人。以审美、怡情、明智的语文来摆渡学生，使其成为更趋完整、完善的人，也用以摆渡自我、修行生命。

教育是爱心事业、心灵艺术和生命工程。教育首先是“人的教育”，要慢慢守候学生精神的成长、心智的成熟、思想的丰盈。教育要发现和尊重每一个学生的特质，有多元性才会有个性，有个性才会有创造性的基础。

韩愈说教师有“传道之师”与“小学之师”，我们不能把教师降低为只是传递知识的“小学之师”。语文教师是传递精神火把的人，所谓薪火相传，是指教师的使命应该是把思想、文化的火种传递下去。

语文教学是唤醒，要唤醒文字的灵性，唤醒生命的智性。语文教学要以精神培育精神、以情感点燃情感、以智慧启迪智慧。

语文课最美妙的一刻往往来自“细微中的韵味，平淡处的华章”，而品尝这样的美妙需要慧眼与才情。语文要追求每一节课都能有“语言的魅力，文学的韵味，文化的底蕴”。

“好的文学应该让人看到自己。”（莫言）好的语文教学，也应该将文本与学生的生命建立连接；应该让文本显现其当下意义，与现实建立连接。

语文教学的最高境界是打通“阅读”与“写作”的“任督二脉”。阅读以博雅思想，写作以涵养心性，语文要留下与学生共读共写的故事。

作为语文教师，吾日三省吾身：今天我读了吗？今天我写了吗？今天我的课学生有收获吗？经常这样扪心自问，或许就意味着自我提升。

追问语文教育的真谛[①]

——《十年非常语文梦：孤舟话语》序[②]

语文是什么？不同的人有不同的阐释。青年教师吴春来如是说：

它是清风明月的诗意人生，它是山清水秀的田园风光，它是诗人出塞的豪情，它是剑客跃马的痴狂，它是悲天悯人的济世情怀，它是仰天出门的洒脱身影，它是精神的图腾，它是生命的绝唱。

这段文字豪情四溢，文采飞扬，读来让人回肠荡气。它触摸到了语文生命的质感，而其本身又是一段“语文”的华章。

春来笔名洞庭一扁舟，自诩：“读点书，写点文字，游点山，玩点水，做个幸福的教书人。”读书作文、游山玩水，如此雅好堪称清福。此等清福是语文教师所应该享受的吧！一叶扁舟、半蓑烟雨也是一种超凡境界吧！

春来是个富有才情的文学青年。他的文章，行云流水，舒展自然；他的授课，才情并茂，兴致盎然：有这本《十年非常语文梦：孤舟话语》为证。有这样的青年做语文教师，是语文教育事业的一种“偏得”。他的文章和授课，可为学生学习语文的示范。语文教师本应如此，可事实并非如此。一个游泳教练，首先应该是一名优秀的游泳运动员，因此才有教师写“下水文”的说法。在目前的教育环境中，能“下水”的教师又有多少呢？关于这一点，春来有自知之明，他说：“作为老

① 原载：语文建设，2013，（5）.

② 吴春来 . 十年非常语文梦：孤舟话语 . 天津教育出版社，2013.

师你能妙笔生花吗？你能学富五车、博览群书吗？你能笔走龙蛇、深谙书法吗？你能出口成章、口吐莲花吗？从未见过不会唱歌而去教人唱歌的人，不会武术而去教人站桩的人。”

才情得益于读书。在应试教育中挣扎了五年之后，他开始广泛涉猎教育学、哲学、史学、美学、语言学、逻辑学，博览群书600余部。“学然后知不足，教然后知困。”在这方面他深有体悟：“每一次阅读、每一次思考，都是一次人生的打磨，人生就在这样的打磨中，晶莹剔透、光彩熠熠。”他在读书中反思教学，不断超越自己，并把反思与感悟诉诸文字，笔耕不辍。

身教胜于言教。在他带领下，仅高二一个学年，全班学生读书达上百部：《理智与情感》《爱的教育》《了不起的盖茨比》《以眨眼干杯》《你是人间的四月天》《呼兰河传》《爱的教育》《行者无疆》《生如夏花》《生活如此无奈，你要足够淡定》《方圆之道》《人间的事·安娜也会出错》《不能承受的生命之轻》……在文学与文学之外的浩瀚空间里，他指引学生仰望星空。

更为可贵的是，在读书与教学中，他不断追问语文教育的真谛：在无休止的语文教育争论中，有谁关心了生命？

一本书，可以改变一个人。

一首诗，可以让一个人喜欢上语文。

一句鼓励的话，可以让绝望的心开始乐观。

一堂精彩的语文课，可以给学生一生的回忆。

我们不能忽视语文跳跃着的鲜活的生命。

他的语文教育观念逐渐明晰起来，他把语文教育视如生命形态，提出了“生命语文观”。他呼唤生命的语文，呼唤语文的本真状态，呼吁把人的发展写在教育的旗帜上。他主张用教师的激情点燃学生的激情，唤起学生的生命体验。他主张上课要生动、随心、自然、大气，不拘泥于技巧，营造课堂语言场，再现文字生命的精气，让学生置身于生命方舟，任意徜徉于文学与人生的精神海洋。他坚持开展系列语文活动，把语文学习引向更广阔的听、说、读、写天地。他坚持课前五分钟演讲、举办读书报告会、创办班刊《雏凤清声》，引导学生在语文的天空里自由翱翔。

同时，他又强调，读书，是不需要跪着的。千古风流人物，皆以独立之人格、自由之精神卓立于世。我们何时才能告诉学生，要站成人的姿势——高昂着你的头颅，挺直你的腰杆？

大体看来，《十年非常语文梦：孤舟话语》是一部教育叙事之作，富有文采，而又充溢着追问激情。作者重新审视自己从教经历中司空见惯的幽微细节和重要事件，把思维触角伸向语文教育生活的深层，凸显了看似平淡的日常教育生活中蕴含的非凡意义。

如上所言，春来是一位富有文才和追问激情的青年教师，本书又是教育叙事之作。也许正因此，其才情胜于哲思，文采胜于推论。尽管如此，仅仅十年的从教阅历，竟然积淀下这洋洋20万言的著述，实在值得称道。

再过十年呢？春来对语文教育的追问给我们留下了诸多期待。

读书心得，聊以为序。

后　记

课堂观察是教学领域的田野调查，以原始素材呈现教学生态，有其独特价值。这是我编写本书的愿望所在。

这一愿望能够付诸实施，得益于语文出版社同人的鼎力支持。由衷感谢他们对语文教育事业所做的无私奉献！

感谢《语文建设》主编李世江先生、编辑张家智女士为策划出版此书付出的真诚努力；感谢责任编辑付佳女士为此书付出的辛劳，其敬业精神令人感佩！

《中学语文教学》杂志常年向我约稿，至今汇集成书，为这一愿望播下种子。值此之际，深表谢意！

回首往事，感慨良多。从2008年起，李世江先生连续三年向我约稿，为《语文建设》撰写高考作文题述评，由此相识相知。当年的花，结出今天的果。

王鹏伟

2017年8月20日于深圳